형이상학의 진보

라이프니츠와 볼프의 시대 이후 독일에서
형이상학이 이룬 실질적인 진보는 무엇인가?

발견

모든 새로운 순수 이성 비판을 이전의 비판에 의해
불필요하게 만드는 발견

형이상학의 진보

라이프니츠와 볼프의 시대 이후 독일에서
형이상학이 이룬 실질적인 진보는 무엇인가?

발견

모든 새로운 순수 이성 비판을 이전의 비판에 의해
불필요하게 만드는 발견

임마뉴엘 칸트 지음 / 최소인 옮김

지은이와 옮긴이

임마뉴엘 칸트Immanuel Kant

1724년에 동프로이센 쾨니히스베르크의 독실한 루터교 경건파 신자의 집안에서 태어났다. 1732년에 경건주의 신학교에 입학했고, 1740년 쾨니히스베르크 대학에 신학생으로 입학했으나 철학과 수학에 관심을 가지고 공부했다. 졸업 후 9년간의 가정교사 생활과 15년간의 사강사 생활을 하면서 강사와 저술가로서 큰 명성을 얻게 되었다. 프로이센 교육부 문학 교수와 베를린 대학 시학 교수직 제의를 거절하고 쾨니히스베르크 대학의 철학 교수가 된 뒤 교수 취임 논문으로 〈감성계와 지성계의 형식과 원리들〉을 발표하는데, 이 논문은 칸트 비판기 철학의 시작을 알리는 저술로 평가된다. 그 후 10여 년간의 침묵기가 흐르고《순수 이성 비판》(1781), 《실천 이성 비판》(1788), 《판단력 비판》(1790)이 잇달아 발표되면서 칸트는 자신의 비판철학의 정수를 선보이게 된다. 이후 급격히 건강이 악화되는 와중에도 〈이성의 한계 내에서의 종교〉(1793)와 〈학부들의 논쟁〉(1798)과 같은 논쟁적인 논문을 발표한다. 1804년 2월 12일 칸트는 자신이 태어나 평생을 살아온 쾨니히스베르크에서 운명한다.

최소인

한국외국어대학교 이탈리아어 학과를 졸업하고 연세대학교 대학원 철학과에서 공부한 후 독일 요하네스 구텐베르크 대학에서 철학 박사학위를 받았다. 현재 영남대학교 철학과 교수로 재직중이다. 저서로는 *Selbstbewußtsein und Selbstschauung*(Walter de Gruyter, Berlin/New York, 1996), 《포스트모던 칸트》(공저), 《가능성》(공저)과 역서로는 《감성계와 지성계의 형식과 원리들》(2007)이 있으며, 〈현대성을 넘어서–"사이"의 사유〉, 〈근거의 사유에서 탈근거의 사유에로〉 등 다수의 논문을 발표하였다.

형이상학의 진보 / 발견

임마뉴엘 칸트 지음 | 최소인 옮김

초판 1쇄 펴냄 2009년 9월 21일

펴낸곳 | 이제이북스 펴낸이 | 전응주 출판등록일 | 2001년 6월 26일 등록번호 | 제10-2178호
주소 | 121-840 서울시 마포구 서교동 395-200호 대표전화 | 02-333-7126 팩시밀리 | 02-333-3675
이메일 | ejbooks@korea.com 종이 | 대림지업 인쇄 | 한영문화사

ISBN 978-89-5644-105-4

차례

형이상학의 진보
1791년 베를린의 왕립학술원에 의해 공모된 현상 과제

라이프니츠와 볼프의 시대 이후 독일에서
형이상학이 이룬 실질적인 진보는 무엇인가?

발견
모든 새로운 순수 이성 비판을 이전의 비판에 의해 불필요하게 만드는 발견

일러두기

1. 번역의 판본으로 〈형이상학의 진보〉는 바이셰델W. Weischedel 판(Schriften zur Metaphysik und Logik Bd. 5, 583-676)과 베를린 학술원 판(AK. 20, 253-332)을, 그리고 〈형이상학의 진보〉에 포함된 낱장문서는 학술원 판(AK 20, 333-351)을, 마찬가지로 〈발견〉도 바이셰델 판(Schriften zur Metaphysik und Logik Bd. 5, 293-373)과 학술원 판(AK 8, 185-251)을 사용했으며, 이와 더불어 영어 번역본(Immanuel Kant, *Theoretical Philosophy after 1781*, edited by H. Allison and P. Heath in *The Cambridge Edition of the Works of Immanuel Kant*. Cambridge University Press, 2002)을 함께 참조했다.

2. 번역서에 학술원 판의 쪽수를 병기하였으며, 독일어 원본에는 없으나 독자의 이해를 돕기 위해 또는 우리말 번역을 위해 역자가 보충하거나 삽입한 것들은 [ ]로 표시하였다.

3. 《순수 이성 비판》은 A(초판)과 B(재판)으로 인용하였으며, 칸트의 나머지 저작들은 학술원 판에 의거하여 인용하였다. 학술원 판은 AK 5(권), 37(쪽)로 표시하였다.

4. 역자 주는 반괄호로 표시했으며, 영어 번역본에 포함되어 있는 역자 주들도 참조하여 작성하였다.

형이상학의 진보

1791년 베를린의 왕립학술원에 의하여 공모된 현상 과제

라이프니츠와 볼프의 시대 이후 독일에서
형이상학이 이룬 실질적인 진보는 무엇인가?

257 이 저작이 써지게 된 계기는 잘 알려져 있으므로 여기서 이에 대해 장황하게 이야기하지 않아도 될 것이다. 이 저작이 다루고 있는 현상 과제가 공표되었을 때, 당연히 적지 않은 주목을 받았다. 세 명의 저명한 학자인 슈밥Schwab, 라인홀트Reinhold와 아비히트Abicht가 상을 받았으며, 이들이 쓴 논문들은 1796년 이후로 이미 대중의 손에 들어갔다. 이들이 각기 고유한 방식으로 연구를 수행한 것처럼 칸트도 그의 고유한 길을, 그것도 매우 상이한 길을 갔지만, 그럼에도 이 길은 칸트가 이 현상 과제를 자신이 대답해야 할 것으로 받아들일 경우 그가 선택하리라 가정할 수 있는 유일한 길이기도 하다.

이 논문의 세 가지 수고들이 존재하지만, 유감스럽게도 그것들 중 어떤 것도 완전하지 않다. 그러므로 이 중 하나의 수고로부터 나는 이 저서의 처음의 절반, 즉 첫 번째 단계의 마지막까지의 부분을 가져와야 했으며, 다른 수고는 나에게 나중의 절반, 즉 두 번째 단계의 시작부터 논문의 마지막까지의 부분을 제공해 주었다. 각각의 수고는 주어진 재료를 가지고 다르게 작업하고 있으며 게다가 조금씩 편차들을 보이기 때문에, 논문이 통일과 일치를 어느 정도 결여하고 있다는 것을 때때로 느끼지 않을 수 없지만, 이런 상황 아래서 일치와 통일의 결여를 전적으로 없애는 일은 가능하지 않다. 세 번째 수고는 어떤 면에서는 가장 완성된 것이라 할 수 있지만, 저서 전체 중 단지 첫 번째 시작만을 포함한다. 다양한 작업들을 강제로 하나로 녹여낸다 할지라도 언급했던 불일치가 오히려 더 커지지 않는다 해도, 세 번째 수고의 내용을 부록으로 보내거나 아예 인쇄하지 않는 길밖에 나에게는 남아 있지 않았다. 그러나 마지막 방법은 비판철학의 모든 동지들의 기대를 독단적으로 침해하는 것처럼 여겨졌기 때문에, 나는 처음의 탈출구를 선택했다. 또한 부록은 원고의 여백에 있는 칸트 자신의 주석들과 내가 처음의 수고라 부른 것에서 나온 두 번째 단계의 시작을 제공한다.

그러나 처음의 두 수고들이라 불리는 것들이 포함하고 있는 것에도 몇몇 공백들이 있는데, 칸트는 이 공백들을, 아마도 그가 자주 그렇게 하듯이, 그가 붙여 놓았지만 잃어버린 쪽지들을 가지고 보충하려고 했을 것이다. 나는 이런 공백들이 나타나는 자리에 별표들**을 삽입해서 표시했다. 258

이상이 이 저작을 평가하려는 사람이 이 저작에 대해 올바른 관점에 설 수 있도록 하기 위해, 이 저작의 원고들에 대한 나의 편집에 대해 이야기해야 한다고 생각했던 것이다. 이 저작을 칭찬하거나 이 저작이 결함투성이의 형태를 갖고 있음에도 이 저작의 좋은 측면을 부각하는 일은 내가 보기에 필요하지 않다. 방금 알게 된 것인데, 칸트는 자신의 삶의 거대한 역할을 마감했다! 칸트의 뛰어난 정신이 무해한 방식으로 여기저기서 야기했던 원망이 사그라지고 더 완벽한 공평성에 의해 칸트가 이룬 본질적 공적의 가치가 진솔하게 인정될 수 있기를 기대한다.

1804년 기념 박람회에

링크

259 왕립 학술원은 유럽 학계의 한 지역에서, 그리고 또한 현 세기의 한 시기 동안에, 철학의 한 부분에서의 진보들을 열거할 것을 요구하고 있다.

이것은 쉽게 해결될 수 있는 과제처럼 보인다. 왜냐하면 이 과제는 역사에 관한 것이며 또한 경험과학들인 천문학과 화학의 진보의 역사를 서술할 사람을 이미 찾아냈으며, 동일한 지역, 동일한 시기에 이루어진 수학적 해석학이나 순수 역학의 진보의 역사를 서술할 사람 역시 원한다면 곧 찾게 될 것처럼, 여기서 논의되는 학문의 경우에도 마찬가지로 거의 어려움이 없는 듯 보이기 때문이다.

그러나 이 학문은 형이상학이며, 이 점이 사태를 전면적으로 변화시킨다. 이것은 해안이 없는 바다여서 진보의 흔적이 남아 있지 않으며, 이 바다의 수평선에는 눈에 보이는 목표가 없어 우리가 이 목표에 얼마나 가까이 다가갔는지 파악할 수조차 없다. — 거의 언제나 그 자체로 단지 이념에 머물러 있던 이 학문과 관련하여 제출된 과제는 너무나 어려운 것이어서, 이 과제가 해결될 가능성에 대해서 절망하게 되며, 혹 해결이 이루어진다 할지라도 이 학문이 이룬 진보들을 얼마 안 되는 말로 명확하게 설명하라는 제시된 조건 때문에 어려움은 더욱 커진다. 왜냐하면 형이상학은 본질적으로 그리고 마지막 의도에 따라볼 때, 완결된 전체, 즉 아무것도 아니거나 전부이며, 형이상학의 최종목적을 위해 요구되는 것은 항상 끝없이 진보해 가는 수학이나 경험적 자연과학처럼 단편적으로 다루어질 수 없기 때문이다. — 그럼에도 우리는 이 일을 시도해 보고자 한다.

아마도 처음의 가장 필요한 질문은 다음의 질문일 것이다. 이성은 형이상학으로써 실제로 무엇을 원하는가? 이성은 형이상학적 작업을 하면서 어떤 최종목적을 의도하고 있는가? 이것은 이성이 사변을 수행하면서 의도할 수 있는 커다란, 아마도 가장 큰, 게다가 유일한 최종목적이다. 왜냐하면 이 최종목적이란 모든 사람들이 적든 많든 그것에 관여하고 있으며, 그리고 만일 이성이 이에 대해 가지는 관심이 우리가 가질 수 있는 가장

내적인 관심이 아니라면, 이 영역에서의 이성의 노력들이 언제나 헛된 것
으로 드러남에도 불구하고, 시시포스의 돌을 굴리는 일을 언젠가 한 번은
결국 멈추어야 한다고 사람들에게 소리쳐 알리는 일이 왜 허사였던가를 260
알 수 없기 때문이다.

형이상학 전체가 겨냥하고 있는 이 최종목적은 쉽게 발견될 수 있으며, 이 점에서 형이상학의 정의에 토대를 제공한다. "형이상학은 이성에 의해 감성적인 것에 대한 인식으로부터 초감성적인 것에 대한 인식으로 전진해 나아가는 학문이다."

그러나 감성적인 것[1]에는 단지 그것의 표상이 감관들과의 관계 속에서 고찰되는 것뿐만 아니라, 지성의 순수 개념들이 단지 감관들의 대상들에 적용되어서, 즉 가능한 경험을 위해 생각될 경우, 또한 지성과의 관계 속에서 고찰되는 것도 속하며, 따라서 비감각적인 것, 예를 들자면 원인 개념은 지성에 자리하고 있으며 지성에서 기원하는 것임에도 불구하고, 이 개념에 의한 대상 인식이 문제시될 경우, 여전히 감각적인 것의 영역에, 즉 감관들의 객관들의 영역에 속하는 것이라 불릴 수 있다.

존재론[2]은 (형이상학의 한 부분으로서) 감관들에 주어지는 대상들에 관계하며, 따라서 경험에 의해 증명될 수 있는 한에서의 지성의 모든 개념들과 원칙들의 체계를 형성하는 학문이다. 이 학문은 형이상학의 최종목적인 초감성적인 것을 다루지 않으며, 따라서 진정한 형이상학의 예비학, 현관 혹은 앞마당으로서 형이상학에 속하며 선험철학이라 불린다. 왜냐하면 이 학문은 우리의 모든 선천적 인식의 조건들과 제일 요소들을 포함하고 있기 때문이다.

아리스토텔레스의 시대 이후 이 학문에서는 그리 많은 진보가 이루어지지는 않았다. 왜냐하면 문법이 언어 형식을 기초적인 규칙들로 분해하며 또는 논리학이 사유 형식을 그런 방식으로 분해하는 것과 마찬가지로 이 학문은 선천적으로 지성에 자리하며 경험에서 사용되는 개념들로 인

식을 분해하기 때문이다. — 이것은 우리가 경험적 인식을 위해 이런 개념들과 원칙들을 올바르게 사용하기 위한 규칙들만을 목표로 한다면, 그것을 건설하기 위해 그리 고된 노력을 기울이지 않아도 되는 체계이다. 왜냐하면 이 경우 경험이 언제나 올바른 사용을 증명해 주거나 교정해 주기 때문이다. 그러나 우리가 감성적인 것에서 초감성적인 것으로 전진할 의도를 가지고 있을 경우 이런 일은 일어나지 않는데, 물론 이런 목적을 위해서 어디로부터 그리고 무엇에 의지하여 이성이 경험 대상들로부터 경험 대상들이 아닌 것들로 감히 이행하고자 할 수 있는지 알기 위해 지성 능력과 그 원리들이 상세하고 주의 깊게 측정되어야 한다.

261 그런데 유명한 볼프는 앞서의 능력[지성 능력]을 분명하고 확실하게 분해함으로써 존재론을 위해 논쟁의 여지가 없는 공헌을 이루었지만, 그러나 재료가 떨어졌기 때문에 이 영역에서 인식의 확장을 이루지는 못했다.

그러나 단지 우리가 형이상학으로써 무엇을 원하는지만을 제시해 주며 형이상학에서 무엇을 해야 하는지는 제시해 주지 않는 앞의 정의는 형이상학을 단지 철학에, 즉 낱말의 고유한 의미에서 지혜론[3]에 속하는 가르침으로 다른 이론들과 구분하여 나타낼 것이며, 이성의 전적으로 필연적인 실천적 사용에 원리들을 지정할 것이다. 그런데 이것은 우리가 직접 수행하고자 하는 특정한 선천적 이론 인식들의 스콜라적인 학문과 체계로 이해되는 형이상학과는 간접적으로만 관계한다. 그러므로 강단의 이해 방식에 따라 형이상학을 정의하자면, 형이상학은 개념들에 의한 순수한 이론적 이성 인식의 모든 원리들의 체계이다, 혹은 짧게 표현하자면 형이상학은 순수 이론 철학의 체계이다.

그러므로 형이상학은 순수 이성의 실천적 이론들을 포함하지는 않지만, 그럼에도 실천적 이론들의 가능성의 밑바탕에 놓여 있는 이론적 학설들[4]은 포함한다. 형이상학은 수학적 명제들을, 즉 개념들의 구성에 의해 이성 인식을 산출하는 명제들을 포함하지 않지만, 수학 전반의 가능성의 원리들은 포함한다. 그러나 이런 정의에 의하면 이성은 단지 선천적인, 즉 경험적이지 않은 인식 능력을 의미한다.

그런데 최근에 형이상학에서 발생한 것에 대한 척도를 가지려면, 우리는 이것을 형이상학에서 그 이전부터 행해져 왔던 것과 비교하고 그리고 이 양자를 형이상학에서 행해져야만 했던 것과 비교해야 한다. — 그러나 우리는 사유 방식의 준칙들에 의거해 숙고된 의도적인 후진을 전진에 함께 속하는 것으로, 즉 소극적인 전진으로 간주할 수 있게 될 것이다. 왜냐하면 단지 단단히 뿌리 박혀 있으며 결과들에서 널리 확산되어 가는 오류를 제거할 뿐이라도, 이것만으로도 형이상학에는 매우 유익한 것이 생겨날 것이기 때문이다. 이것은 올바른 길에서 벗어났지만 나침반을 손에 넣기 위해 출발한 지점으로 되돌아온 사람이 적어도 잘못된 길에서 계속 방황하지도 않고, 그 자리에 서 있지도 않았으며 방향을 잡기 위해 출발 지점으로 다시 왔다고 칭찬 받는 것과 마찬가지이다.

형이상학에서의 최초의 그리고 가장 오래된 걸음들은 미심쩍어 하면서 시도된 것이 아니라 선천적 인식들의 가능성에 대해 먼저 조심스럽 262
게 검사해 보지도 않은 채 전적으로 확신에 가득 차서 이루어졌다. 이성이 이처럼 자기 자신을 신뢰한 이유는 무엇이었는가? 그것은 성공에 대한 오산이었다. 왜냐하면 철학자들의 모든 기대를 뛰어넘어, 수학에서 이성은 사물들의 성질을 선천적으로 인식하는 일에 성공했기 때문이다. 그렇다면 철학에서도 왜 이처럼 성공하지 못할 것인가? 이성 자신이 감각적인 것에서 개념들을 구성하며, 즉 직관에서 선천적으로 현시하며, 그렇게 해서 대상들을 선천적으로 인식할 수 있기 때문에 수학은 감각적인 것의 지반 위에서 움직이지만, 이에 반해 철학은 수학의 경우와는 달리 그 대상을 앞에 제시할 수 없으며, 마치 공기 중에서 우리 눈앞에 어른거리고 있는 것 같은 순전한 개념들에 의해 이성 인식을 확장하려고 기도한다는 사실이 형이상학자들에게는, 선천적 인식의 가능성에 관해 볼 때, 중요한 과제로 삼을 만큼 엄청난 차이로 생각되지 않았다.[5] 수학을 제외하고도 순전한 개념들에 의한 선천적 인식의 확장은 충분히 가능하며, 그것이 참을 포함한다는 사실은 그런 판단들과 원칙들이 경험과 일치함에 의해 증명된다.

그런데 형이상학에서 이성의 최종목적이 지향하는 초감성적인 것은 이론적 인식을 위해서는 원래 어떤 지반도 갖고 있지 않음에도 불구하고, 형이상학자들은 물론 선천적인 기원에서 나왔지만 단지 경험의 대상들에만 타당한 그들의 존재론적 원리들의 지도 아래 자신 있게 계속 진행해 나갔으며, 그리고 이 길에서 한도를 넘어선[6] 통찰들을 획득할 것이라는 잘못된 기대는 경험을 통해 증명될 수 없는 것이었음에도 불구하고, 또한 바로 이 통찰들은 초감성적인 것에 관계하는 것이기 때문에 경험에 의해 결코 반증될 수도 없었기에, 그래서 사람들은 단지 자신의 판단들 속에 자기 자신과의 모순이 스며들지 않도록 조심해야 했을 뿐인데, 이런 판단들과 판단들 밑에 놓여 있는 개념들이 완전히 공허한 것일 수 있음에도 불구하고 이런 일은 또한 매우 잘 이루어 질 수 있다.

플라톤과 아리스토텔레스의 시대보다 훨씬 이전 시기부터 시작되었으며 라이프니츠와 볼프의 시대까지도 포함하는 독단론자들의 이런 행보는, 비록 올바른 것은 아니지만, 그럼에도 불구하고 이성의 성공적인 수행방식을 유추하여 실행한 모든 것에서 이성이 성공할 것임에 틀림없다는 그럴듯한 확신과 이성의 목적에 의거해 볼 때, 가장 자연스러운 행보이기는 하다.

거의 그만큼 오래된 형이상학의 두 번째 걸음은 이에 반해 후진이었는
263 데, 그러나 그 자리에 머물러 있기 위해서가 아니라 더 이상 앞으로 전진해 나아가려 하지 않고 오히려 새로운 방향으로 나아가려고 결심하고 처음의 출발점에까지 갔더라면, 이 후진은 현명하며 형이상학에 유익한 후진이었을 것이다.

더 나아간 모든 계획들을 수포로 만드는 이런 후진은 형이상학에서의 모든 시도들이 완전히 실패했다는 점에 의거한다. 그러나 형이상학의 방대한 계획들이 이처럼 실패했으며 좌초하고 닳았다는 것을 우리는 어디서 알 수 있었는가? 어쩌면 형이상학을 반박했던 경험에서인가? 결코 아니다. 왜냐하면 수학에서뿐만 아니라 존재론에서 이성이 가능한 경험 대상들에 대한 인식의 선천적 확장이라고 주장한 것은 앞으로 나아가는 실질적인 걸음들이며, 이를 통해 이성은 확실히 영토를 확보할 수 있다. 아니, 그것은 감관이 파악하지 못하는 자연의 절대적 전체 및 마찬가지로 신, 자유 그리고 영혼불멸이 문제가 되는 초감성적인 것의 영역에서 많은 것을 획득하고자 했으며 획득하리라 오산했기 때문이며, 특히 이성이 실천적 관심을 가지는 나중의 세 대상들에 관해 볼 때, 이 대상들에 관계하는 모든 확장의 시도들은 좌초하는데, 이것을 알 수 있는 것은 고차의 형이상학인 초감성적인 것에 관한 더 심오한 인식이 앞서의 입장들과는 정반대의 것을 우리에게 가르쳐 주기 때문은 아니다. 왜냐하면 우리는 한도를 넘어선 것인 이런 대상들을 알지 못하므로, 이 정반대의 것을 앞서의 입장과 비교할 수 없기 때문이다. 오히려 우리가 이것을 알게 되는 것은 우리의 이성에는 이런 대상들에 대한 모든 확장적 명제에 겉보기에 마찬가지로 그 만큼 확실한 반대 명제를 대립시키는 원리들이 놓여 있으며, 그래서 이성 스스로 자신의 시도들을 무효화시키기 때문이다.

회의론자들의 이런 행보는 물론 조금 늦게 생겨났긴 했지만 그럼에도 충분히 오래된 것이며, 동시에 순수 이성의 관심과는 다른 관심이 여기에서의 이성의 무능력을 은폐하도록 많은 사람들을 강요함에도 불구하고, 도처에서 명민한 두뇌를 지닌 사람들에게서 지속되고 있다. 감성적인 것에 대한 인식의 원리들에까지, 그리고 경험 자체에까지 회의론이 확장되는 것을 우리는 당연히 철학의 한 시기에 생겨났던 진지한 의견으로 간주할 수 없으며, 오히려 회의론은 아마 경험의 가능성이 의거하고 있는 선천적 원리들을 증명하고, 이런 일을 할 수 없을 경우에는, 이 원리들을 의심스럽게 생각하라는 독단론자들에 대한 요구였을 것이다.

형이상학이 수행했던 그리고 형이상학의 운명을 결정해야만 하는 세 번째 가장 최근의 걸음은, 감성적인 것에 관한 것이든 초감성적인 것에 관
264 한 것이든, 인간 인식 전반을 선천적으로 확장하려는 이성 능력과 관계하는 순수 이성 비판[7] 자체이다. 순수 이성 비판이 약속한 일을 수행했다면, 다시 말해 이성 능력의 범위와 내용 및 한계를 규정했다면, — 순수 이성 비판이 이런 일을 독일에서 그것도 라이프니츠와 볼프의 시대 이후에 수행했다면, 왕립 학술원의 과제는 해결되었을 것이다.

그러므로 철학이 형이상학을 위해 통과해야만 했던 세 단계들이 있다. 처음 단계는 독단주의의 단계이며, 두 번째는 회의주의의 단계이고, 세 번째는 순수 이성의 비판주의의 단계이다.[8]

이런 시간적 순서는 인간의 이성 능력의 본성에 근거해 있다. 처음의 두 단계들을 거쳐 갔을 때, 형이상학의 상태는 오랜 세기에 걸쳐 이성에 대한 무한한 신뢰에서 무한한 불신으로 그리고 다시금 불신에서 신뢰로 건너뛰며 동요하고 있을 수 있다. 그러나 이성 능력 자체에 대한 비판에 의해 형이상학은 외적으로나 내적으로나, 게다가 증가도 감소도 필요 없지만 단지 그럴 능력만이 있는 안정된 상태로 옮겨 갔을 것이다.*

---

* 들어가는 말의 두 번째 원고와 논문의 처음 두 단락은 부록 No.1(본서 81쪽 이하)에 있다.

265 논문

제시된 과제의 해결은 두 부분들로 나뉠 수 있는데, 이 중 한 부분은 이론적 학문인 형이상학을 성립시키는 이성의 수행 방식에서 형식적인 것을 다루며, 다른 부분은 이 수행 방식에서 재료적인 것을 이끌어 내는데, 이것은 이성이 형이상학으로써, 도달했든 도달하지 못했든, 의도하는 최종목적이다.

그러므로 첫 번째 부분은 형이상학을 위해 최근에 이루어진 걸음들을 보여 줄 것이며, 두 번째 부분은 순수 이성의 영역에서의 형이상학 자체의 진보들을 보여 줄 것이다. 처음 부분은 선험철학의 최근 상태를 포함하며, 두 번째 부분은 진정한 형이상학의 최근 상태를 포함한다.

1절. 최근에 우리들 사이에서의 선험철학의 역사

이런 이성의 탐구에서 이루어진 첫 번째 걸음은 분석판단들과 종합판단들을 전반적으로 구분한 것이다.[9] — 만일 이 구분이 라이프니츠나 볼프의 시대에 명확하게 인지되었더라면, 우리는 그 이후에 발간된 논리학이나 형이상학에서 이 구분이 언급될 뿐만 아니라 중요한 것으로 강조되어 있는 것을 발견했었을 것이다. 왜냐하면 첫 번째 종류의 판단은 언제나 선천적 판단이며, 판단의 필연성에 대한 의식과 결합되어 있기 때문이다. 두 번째의 것은 경험적일 수 있으며, 논리학은 선천적 종합판단이 발생하기 위한 조건을 제시할 수 없다.

두 번째 걸음은 단지 '어떻게 선천적 종합판단들이 가능한가?'라는 질문 266
을 제기한 것이다. 왜냐하면 이런 판단들이 있다는 사실은 보편적 자연론, 특히 순수 수학의 수많은 예들이 증명하고 있기 때문이다. 흄은 이미 한 가지 경우, 즉 인과법칙의 경우를 거론하는 공을 세웠는데, 이를 통해 그는 모든 형이상학자들을 곤경에 빠뜨렸다. 만일 그든 아니면 다른 누구든 이런 질문을 일반적으로 생각해 보았더라면, 어떤 일이 일어났을까! 형이상학 전체는 이 질문이 해결될 때까지 오랫동안 보류된 채 있었을 것이다.[10)]

세 번째 걸음은 '어떻게 종합판단들로부터 선천적 인식이 가능한가?'라는 과제이다. 인식이란 객관적 실재성을 지닌 개념이, 즉 경험 중에 대응하는 대상이 주어질 수 있는 개념이 산출되는 판단이다. 그러나 모든 경험은 대상에 대한 직관과, 즉 그것을 통해 대상이 인식을 위한 것으로 주어지는 직접적이고 개별적인 표상과 개념으로, 즉 이를 통해 대상이 사유되는 많은 대상들에 공통된 징표들에 의한 간접적인 표상으로 구성된다. — 이 두 종류의 표상들 중 한 종류의 표상만으로는 결코 인식이 이루어지지 않으며, 그리고 선천적인 종합적 인식들이 있음에 틀림없다면, 또한 선천적 직관들뿐만이 아니라 선천적 개념들도 있어야 하는데, 선천적 개념들의 가능성이 먼저 설명되어야 하며, 그리고 나서 이 개념들이 경험의 가능성을 위해 필연적으로 사용됨으로써 이 개념들의 객관적 실재성이 증명되어야만 한다.

선천적으로 가능해야 하는 직관은 그것 아래에서 대상이 직관되는 형식에만 관계할 수 있다. 왜냐하면 어떤 것을 선천적으로 표상한다는 것은 지각에, 즉 경험적 의식에 앞서서 또한 이런 의식과 독립하여 어떤 것을 표상한다는 것을 의미하기 때문이다. 그러나 지각에서 경험적인 것, 즉 감각 또는 인상이란 직관의 재료이며, 따라서 여기서 직관은 선천적 표상이 아닐 것이다. 그런데 단지 형식에만 관계하는 직관은 순수 직관이라 하며, 그런 직관이 가능해야 한다면, 그것은 경험으로부터 독립한 것이어야 한다.

그러나 직관을 선천적으로 가능하게 만드는 것은 있는 대로의 객관의 형식이 아니라, 주관의 형식, 즉 어떤 종류의 표상의 능력이든 감관의 형식이다. 왜냐하면 이 형식이 객관들 자체로부터 취해져야 한다면, 우리는 이 객관을 먼저 지각해야만 하며, 오직 이런 지각에서 객관의 성질을 의식할 수 있을 것이기 때문이다. 그러나 이 경우 그것은 선천적인 경험적 직관일 것이다. 그러나 우리가 단지 객관에 이런 형식을 부가하는 판단이 필연성
267 을 동반하는지 아니면 그렇지 않은지의 여부에만 주목한다면, 이 직관이 후자의 것[경험적인 것]인지 아닌지에 관해 곧바로 확신할 수 있다. 왜냐하면 후자의 경우라면[필연성을 동반하지 않는다면], 그것은 단지 경험적이기 때문이다.

그러므로 오직 선천적 직관에서 표상될 수 있는 객관의 형식은 이 객관 자체의 성질에 근거하지 않으며 오히려 대상에 대한 직관적 표상의 능력인 주관의 자연 성질에 근거하며, 대상의 직관을 위한 수용성인 감관의 형식적 성질에서 주관적인 것은 단지 선천적으로, 즉 모든 지각에 선행하여 선천적 직관을 가능하게 만드는 것인데, 직관의 측면에서는 이런 직관과 선천적 종합판단들의 가능성은 매우 잘 이해될 수 있다.

왜냐하면 어떻게 그리고 어떤 형식 아래에서 감관들의 대상들이 직관될 수 있는지, 다시 말하자면 어떻게 객관들을 직관하기 위해 주관의 수용성인 감성의 주관적 형식이 동반되는지에 대해 우리는 선천적으로 알 수 있으며, 정확하게 말하자면, 우리는 순수 직관에서 객관의 형식이 우리에 의해 표상된다고 말해서는 안 되며, 오히려 그것은[객관의 형식은] 우리가 그것 아래에서 주어진 대상들을 선천적으로 직관하는 감성의 단순히 형식적이며 주관적인 조건이라고 말해야 하겠기 때문이다.

그러므로 이것은 오직 감각적 존재자인 우리에게 대상들의 표상이 가

능한 한에서, 우리 (인간의) 직관의 고유한 성질이다. 우리는 아마 감성의 조건들에 의거하지 않는, 따라서 지성에 의해 객관들을 직관하는 대상에 대한 직접적인 표상 방식을 생각해 볼 수도 있을 것이다. 그러나 이런 표상 방식에 대해 우리가 확실하게 알지 못한다 해도, 그럼에도 불구하고 인식 능력을 지닌 모든 존재자들을 우리의 직관 형식에 종속시키지 않기 위해 그런 지성을 생각해 볼 필요는 있다. 왜냐하면 어떤 세계 존재자들은 동일한 대상들을 다른 형식 아래에서 직관할 수도 있을 것이며, 또한 모든 세계 존재자들에게 이 형식은 게다가 필연적으로 동일한 것일 수도 있지만, 그럼에도 불구하고 우리는 인식에서 모든 감성으로부터 그리고 동시에 개념들에 의거하여 인식해야 하는 필요로부터 자유롭게 대상들을 순전한 (지적) 직관에서 완전하게 인식하는 최고의 지성의 가능성을 알지 못하듯, 이런 필연성 역시 알지 못하기 때문이다.

그런데《순수 이성 비판》은 공간 표상과 시간 표상에 관해 이 표상들이 선천적으로 사물들에 대한 우리의 모든 인식의 밑바탕에 놓여 있으려면 반드시 있어야 한다고 우리가 요구했던 바로 그런 순수 직관들이라는 268
것을 증명하며, 그래서 나는 반박들을 걱정하지 않고 확신을 가지고 이 증명에 의지할 수 있다.

단지 내감에 관해서 볼 때, 자기 의식에서의 이중의 자아가, 즉 내적인 감각적 직관의 자아와 사유하는 주체의 자아가 많은 사람들에게는 하나의 인격에서 두 주체들을 전제하는 것처럼 보인다는 점을 지적하고자 한다.

그런데 이것은 공간과 시간이란 우리의 감각적 직관의 주관적 형식들일 뿐이며 전혀 객관들 자체에 속하는 규정들은 아니지만, 바로 이런 이유에서 우리는, 예를 들자면 기하학에서처럼, 이런 직관들을 규정하는 판단

들의 필연성을 의식하면서 이 직관을 선천적으로 규정할 수 있다는 이론이다. 그러나 규정한다는 것은 종합적으로 판단하는 것이다.

이 이론은 공간과 시간의 관념성[11]에 대한 이론이라 할 수 있다. 왜냐하면 공간과 시간은 전혀 사태 자체에 달려 있지 않은 어떤 것으로서 표상되기 때문이다. 이 이론은 순전히 선천적인 종합적 인식의 가능성을 해명할 수 있도록 해 주는 가설과 같은 것이 아니라 증명된 참이다. 왜냐하면 도대체 어떤 직관도 밑에 두지 않는다면, 주어진 개념을 넘어서서 인식을 확장하는 일은 절대 불가능하며, 만일 확장이 선천적으로 이루어져야 한다면, 선천적 직관을 밑에 두지 않고서는 이런 확장은 전적으로 불가능하며, 또한 선천적 직관을 객관의 형식적 성질이 아니라 주관의 형식적 성질에서 구하지 않는다면, 선천적 직관이란 불가능하기 때문인데, 그 이유는 전자의 경우를 전제한다면[선천적 직관이 주관의 형식적 성질이라는 것을 전제한다면], 감관들의 모든 대상들은 이런 성질에 의거하여 직관에서 표상되며, 따라서 대상들은 선천적으로 또한 이러한 성질에 따라 필연적인 것으로 인식될 것임에 틀림없지만, 이에 반해 만일 후자의 경우가 가정된다면[선천적 직관이 객관의 형식적 성질이라고 가정한다면], 선천적 종합판단들은 경험적이며 우연적인 것이 될 것인데, 이런 일은 자기모순이기 때문이다.

그럼에도 공간과 시간의 관념성은 현상들, 즉 그 형식이 감관들의 주관적 성질에 의존하는 직관들인 (외적이며 내적인) 감관들의 대상들과 관계해서는 동시에 공간과 시간의 완전한 실재성에 대한 이론이기도 한데, 이런 대상들에 대한 인식은 순수 직관의 선천적 원리들에 의존하는 것이므로 확실하고도 증명가능한 학문을 허용하며, 따라서 감관 직관의 재료와 관련하여 보자면, 감각인 감관 직관의 성질에 관계하는 주관적인 것, 예를 들자면 색깔인 빛 속의 물체, 음색들인 울림 속의 물체 혹은 신맛인 소
269 금[12] 속의 물체 등은 순전히 주관적인 것으로 머물며 결코 객관의 인식에

서, 따라서 경험적 직관에서 모든 사람에게 타당한 표상을 제공할 수도, 이런 인식의 실례를 제공할 수도 없다. 왜냐하면 공간과 시간과는 달리 이것들은 선천적 인식들을 위한 자료들을 포함하지 않으며, 도대체 객관들의 인식으로 전혀 간주될 수 없기 때문이다.

게다가 우리가 사물들에 관하여 그것들이 현상들이라고 말할 경우, 선험적 의미의 현상은 내가 이 사물은 나에게 이러저러하게 보인다고 [−] 이것은 물리적 현상들을 지시하고 있다고 생각되며, 따라서 외관이나 겉모습[13]이라 불릴 수 있다 [−] 말할 때와는 완전히 다른 의미를 가진 개념이라는 점에 주목해야 한다. 왜냐하면 경험적으로 말하자면 나는 감관들의 대상들을 단지 다른 감관들의 대상들과 비교할 수 있기 때문에, 이를테면 하늘을 하늘의 모든 별들과 비교하기 때문에, 비록 하늘은 단지 현상임에도 불구하고, 마치 사물 자체처럼 생각되며 또한 하늘에 대해 궁륭의 외양을 가진다고 말할 때, 여기서 겉모습은 하나의 사물의 표상에서 주관적인 것을 의미하는데, 이 주관적인 것이 판단에서 잘못 객관적인 것으로 간주되는 원인일 수 있기 때문이다.

그러므로 감관들의 모든 표상들은 우리에게 단지 현상들로 인식되는 대상들만을 제공할 수 있을 뿐이라는 명제는, 관념론자가 주장할 수 있듯이, 이런 표상들은 단지 대상들의 겉모습만을 포함한다는 판단과 같은 것이 전혀 아니다.

그러나 모든 감관들의 대상들을 순전한 현상으로 간주하는 이론에서 낯설게 보이는 것은 단지 내감의 대상으로, 즉 영혼으로 고찰되는 나는 나 자신에게 사물 자체인 대로가 아니라 단지 현상으로 알려질 수 있을 뿐이지만, 그럼에도 불구하고 나 자신에 대한 모든 인식의 밑바탕에 놓여 있는 순전히 형식적인, 선천적인 내적 직관인 시간 표상은 이 형식을 자기의식의 조건으로 인정하는 가능성 외에 다른 설명 방식을 허용하지 않는다는 것이다.

객관들에 대한 모든 직관의 밑바탕에 선천적으로 놓여 있는 감성의 형식에서 주관적인 것은 우리에게 현상하는 대로 우리가 객관들에 대해 선천적으로 인식할 수 있게 해 준다. 이제 우리가 이 객관들을 단지 현상들로 인식한다고 말할 수 있기 위해, 이 주관적인 것을 우리의 감관이 내적인 대상에 의해서나 (즉 우리 자신에 의해서나) 외적인 대상들에 의해 자극되는 방식을 나타내는 표상 방식으로 설명함으로써 이 용어를 좀 더 자세히 규정하고자 한다.

270 내가 나 자신을 의식한다는 것은 이미 이중의 자아를, 즉 주관으로서의 자아와 객관으로서의 자아를 포함하는 사유이다. 어떻게 생각하는 내가 나 자신에게 (직관의) 대상일 수 있으며 그렇게 해서 나를 나 자신으로부터 구별할 수 있게 되는가는 [−] 이것은 의심할 수 없는 사실임에도 불구하고 [−] 전혀 설명할 수 없지만, 그렇다고 해도 이것은 모든 감관들의 직관을 훨씬 넘어서 있는 고차의 능력을 알려 주는데, 이 능력은 지성의 가능성의 근거로서 자기 자신에 대해 나라고 말할 수 있는 능력을 부여할 이유가 없는 모든 동물들과의 완전한 분리를 그 결과로서 가지며, 스스로 만든 무한히 많은 표상들과 개념들을 조망한다. 그러나 이에 의해 이중의 인격성이 의미되는 것은 아니며, 단지 사유하고 직관하는 자아는 인격이지만, 나에 의해 직관되는 객관인 자아는 내 바깥의 다른 대상들과 마찬가지로 사태이다.

첫 번째 의미에서의 자아(통각의 주체)에 관해, 즉 선천적 표상인 논리적 자아에 관해 그것이 도대체 어떤 존재자인지 그리고 어떤 자연 성질을 가지고 있는지에 대해 더 이상 아무것도 결코 인식될 수 없는데, 이것은 마치 내가 실체적인 것에 내속해 있는 우연적 성질들을 모두 제거했을 때 남아 있는 실체적인 것이 더 이상 전혀 인식될 수 없는 것과 마찬가지이다. 왜냐하면 우연적 성질들이란 바로 내가 그것에서 실체적인 것의 본성을 인식할 수 있었던 바로 그런 것이었기 때문이다.

그러나 (지각의 주체인) 두 번째 의미의 자아는, 즉 경험적 의식인 심리학적 자아는 다양하게 인식될 수 있는데, 그중에서 내적 직관의 형식인 시간은 선천적으로 모든 지각들과 지각들의 결합의 밑바탕에 놓여 있으며, 지각들과 지각들의 결합의 감지[14]는 주관이 그것에 의해 자극되는 방식에, 즉 시간 조건에 따른다. 왜냐하면 감각적 자아는 이 조건을 의식으로 받아들이기 위해 지성적 자아에 의해 규정되기 때문이다.[15]

우리는 우리가 수행한 내적인 모든 심리학적 관찰을 경험적 자아가 그
런 것이라는 사실에 대한 증거와 실례로 사용할 수 있다. 왜냐하면 무엇
보다도 우리 자신에 대한 직관에서 내감이 우리에게 제공하는 것에 관해
인식하려면 우리는 내감을 부분적으로는 아마 성가실 정도로까지 주의
력을 기울여 자극할 필요가 있는데(왜냐하면 표상 능력의 사실적 규정들
인 사유들은 또한 우리의 상태에 대한 경험적 표상에 함께 속하기 때문이
다), 그 경우 우리 자신에 대한 직관은 우리가 우리에게 현상하는 대로 우
리 자신을 표상하도록 해 주지만, 이에 반해 논리적 자아는 순수 의식에 271
서 그 자체로 있는 대로의 주관을, 그것도 수용성이 아니라 순수한 자발
성으로 드러내지만, 그러나 이런 주관의 본성에 대해서는 더 이상 아무것
도 인식하지 못하기 때문이다.

선천적 개념들

감성의 대상들을 현상들로 간주하는 이론에 따르면 반드시 그래야 하는 것처럼, 감성의 주관적 형식이 객관들의 형식들로 객관들에 적용된다면, 이 형식은 객관들의 규정에서 이 규정과 분리될 수 없는 표상인 합성된 것의 표상을 가져온다. 왜냐하면 우리는 공간을 그려 보임에 의해서만, 즉 하나의 공간에 다른 공간을 덧붙임으로써만 특정한 공간을 표상할 수 있으며, 시간의 경우에도 사정은 마찬가지이기 때문이다.

그런데 합성된 것 자체의 표상은 순전한 직관뿐만이 아니라, 공간과 시간 안의 직관들에 적용되는 한에서 합성[16]이라는 개념을 필요로 한다. 그러므로 이 개념은 (그 반대 개념인 단순한 것이라는 개념과 함께) 직관들에 포함되어 있는 부분 표상으로서 직관들로부터 이끌어 낸 것이 아니라, 하나의 근본 개념이며 그것도 선천적인 것으로서, 결국 근원적으로 지성에서 감관들의 대상들에 관한 모든 개념들의 밑바탕에 놓여 있는 유일한 선천적인 근본 개념이다.

그러므로 감관들에 주어지는 대상들이 종속해야 하는 선천적 개념들은, 의식을 동반하는 합성(종합)의 종류만큼, 즉 직관에 주어진 다양한 것의 통각의 종합적 통일의 종류만큼 지성에 놓여 있을 것이다.

이 개념들이 우리의 감관들에 나타날 수 있는 모든 대상들에 대한 지성의 순수 개념들인데, 이 개념들을 아리스토텔레스는 물론 낯선 종류의 개념들과 뒤섞긴 하였지만 범주들이란 명칭으로 나타냈으며, 아리스토텔레스와 같은 실수를 범하긴 하였지만 스콜라철학자들은 주술어들[17]이란 명칭으로 나타냈던 것들로, 만일 판단들의 형식에서 다양한 것에 관해 논리학이 가르친 것이 이전에 체계의 연관성 속에서 열거되었더라면, 체계적으로 정리된 표로 만들어질 수 있었던 것들이다.

지성은 개념들 전반과 관련된 의식의 통일 [−] 이 통일이 분석적인 것인지 종합적인 것인지 확정되지 않더라도 [−] 이외에 다른 것이 아닌 판
272 단들에서만 자신의 능력을 보여 준다. — 그런데 직관에서 주어진 대상들 전반에 관한 지성의 순수 개념들은, 단지 이 개념들이 직관 전반에서 주어진 다양한 것에 대한 통각의 종합적 통일을 선천적으로 표상하는 한에서만 바로 이와 동일한 논리적 형식들이므로, 범주들의 표는 앞서의 논리적 표와 나란히 완벽하게 기획될 수 있었지만, 이런 일은《순수 이성 비판》이 출간되기 이전에는 이루어지지 않았다.

그러나 이 범주들은, 혹은 다른 경우에 불리듯, 주술어들은 공간과 시

간과 같은 (예를 들자면 우리 인간에게만 가능한 직관처럼) 특정한 종류의 감각적 직관을 전제하지 않으며, 또한 그것이 어떤 종류의 것이든지 그리고 우리가 특수하게 개념을 형성할 수 없는 초감각적 직관일 경우라 할지라도, 직관 전반의 대상에 관한 개념을 위한 사유 형식들일 뿐이다. 왜냐하면 우리는 언제나 순수 지성에 의해 대상에 관한 개념을 형성하는데, 만일 우리가 나중에 그 개념이 한도를 넘어선 것이며 또한 그 개념에는 어떤 객관적 실재성도 부여될 수 없다는 것을 발견한다 하더라도, 우리는 이 개념에 의해 어떤 것을 선천적으로 판단하고자 하므로, 범주는 그 자체로는 공간과 시간이라는 감성의 형식들에 의존하지 않으며, 만일 우리에게는 전혀 사유될 수 없는 다른 형식들이 모든 인식에 선천적으로 선행하는 주관적인 것에만 관계하며 또한 선천적 종합판단들을 가능하게 하는 것이라면, 범주는 이런 형식들을 밑받침에 가지고 있을 수도 있다.

그럼에도 지성의 근원적 개념들인 범주들에는 또한 범주들의 합성으로부터 생겨난 준술어들도 속하며, 또한 파생된, 순수 지성의 선천적인 개념들이나 감각적으로 제약된 선천적인 개념들도 여기에 속하는데, 이것들 중 처음의 것들[파생된 순수 지성의 선천적인 개념들]에 관해서는 분량으로 표상된 현존인 지속이나 대립된 규정들을 지닌 현존인 변화가 그 실례를 제시하며, 두 번째 것[파생된 감각적으로 제약된 선천적인 개념들]에 대해서는 공간에서의 장소의 변화인 운동 개념이 그 실례를 제공하는데, 이것들 역시 완벽하게 열거되어 체계적으로 하나의 표로 나타낼 수 있었을 것이다.

지금 그 요소들이 완전히 제시된 《순수 이성 비판》인 모든 선천적 인식 전반의 가능성에 대한 이론은, 즉 선험철학은 형이상학의 정초를 그 목적으로 하며, 다시금 순수 이성의 최종목적인 형이상학의 목적은 순수 이

성을 감성적인 것의 한계로부터 초감성적인 것의 영역으로 확장하려는 것
273 인데, 이 이행이 원리들의 동일한 질서에서의 연속적인 진행이 아님에도 불구하고 위험한 도약[18)]이 되지 않으려면, 이 이행은 양 영역의 경계에서 전진을 방해하는 회의를 필요로 한다.

이런 사실로부터 순수 이성의 단계들은 확실한 전진인 학문론 — 정지 상태인 회의론 — 그리고 형이상학의 최종목적으로의 이행인 지혜론으로 구분되며, 따라서 처음의 것은 이론적-독단적 학설을, 두 번째의 것은 회의적 지침을, 세 번째 것은 실천적-독단적 학설을 포함하게 될 것이다.

1절.* 순수 이성의 이론적-독단적 사용의 범위

이 절의 내용은 '순수 이성의 이론적 인식의 범위는 단지 감관들의 대상들에까지만 미친다'는 명제이다.

설명가능한 판단인 이 명제에는 두 명제들이 포함되어 있다.

1) 사물에 대한 선천적 인식 능력인 이성은 감관들의 대상들에까지 미친다.
2) 이론적 사용에서 이성은 물론 개념들의 능력이지만, 그렇다고 해도 감관들의 대상일 수 없는 그런 대상에 대한 이론적인 인식 능력은 결코 아니다.

첫 번째 명제의 증명에는 또한 감관들의 대상들에 대한 선천적 인식이 어떻게 가능한가에 관한 해명이 속한다. 왜냐하면 이런 해명이 없다면, 우리는 앞서의 대상들에 대한 판단들이 실제로 인식들인지를 정당하게 확

* 1절이라는 제목이 여기서 실수로 두 번이나 등장한다. 아마 선행하는 두 문단들은 원래 다른 구절에 속한 것일 수도 있을 것이다.

신할 수 없기 때문이다. 그러나 선천적 판단인 그런 판단들의 속성이 문제될 경우, 이 속성은 자연히 판단들의 필연성에 대한 의식에 의해 드러난다.

하나의 표상이 인식(여기서 나는 항상 이론적 인식을 의미한다)이기 위해서는 하나의 동일한 표상에서 결합된, 대상에 대한 개념과 직관이 필요한데, 전자의 개념은 후자의 직관을 자신 아래에 포섭하는 것으로 표상된다. 그런데 개념이 감관 표상에서 가져온 개념이라면, 즉 경험적 개념이라면, 징표인, 즉 부분 표상인 이 개념은 감관들의 직관에서 이미 파악된 274
어떤 것을 포함하며, 또한 단지 논리적 형식에 의거하여, 즉 일반타당성에 의거하여 감관들의 직관과는 구별되는데, 이를테면 말의 표상에서 네 발 달린 동물이라는 개념이 그런 것이다.

그러나 개념이 범주라면, 즉 지성의 순수 개념이라면, 개념은 전적으로 모든 직관의 바깥에 있지만, 그럼에도 불구하고 이 개념이 인식을 위해 사용되어야 한다면, 이 개념 밑에 직관이 놓여 있어야 하며, 또한 이 인식이 선천적 인식이어야 한다면, 개념 밑에는 순수 직관이 놓여 있어야만 하며, 그것도 범주들에 의해 사유된 직관의 다양한 것에 대한 통각의 종합적 통일에 들어맞게 있어야 하는데, 다시 말해 표상력은 지성의 순수 개념 밑에 선천적 도식을 두어야 하는데, 이 도식이 없다면 개념은 결코 대상을 가질 수 없을 것이며, 따라서 인식을 위해 쓰일 수 없을 것이다.

그런데 인간이 할 수 모든 인식은 감각적이며 인간의 선천적 직관은 공간이나 시간이지만, 이 양자는 대상들을 사물들 전반이 아니라 감관들의 대상들로 표상하기 때문에, 우리의 이론적 인식은 전반적으로 [–] 그것이 선천적 인식이라 할지라도 [–] 감관들의 대상들에 제한되어 있으며, 또한 이런 범위 내에서만 이성은 감관들의 대상들의 총체인 자연에 자신이 선천적으로 지정한 법칙들에 의해 독단적으로 진행할 수 있으며, 자신의 개념들을 가지고 자신을 이론적으로 확장하기 위해 이 영역을 결코 넘어갈 수 없다.

감관들의 대상들 그 자체에 대한 인식이, 다시 말해 우리가 (결합된 지각들에 의해) 의식하는 경험적 표상들에 의한 인식이 경험이다. 따라서 우리의 이론적 인식은 결코 경험의 영역을 넘어서지 못한다. 그런데 모든 이론적 인식은 경험과 일치해야 하기 때문에, 이런 일은 단지 두 방식들 중 하나의 방식으로만 가능하다. 즉 경험이 우리의 인식의 근거이든 아니면 인식이 우리의 경험의 근거인 그런 방식으로만 가능하다. 따라서 만일 선천적인 종합적 인식이 있다면, 그것은 경험 전반의 가능성의 선천적 조건들을 포함해야 하는 것 이외에 다른 해결책은 없다. 그러나 그 경우 이 인식은 또한 경험 전반의 대상들의 가능성의 조건들을 포함한다. 왜냐하면 단지 경험에 의해서만 이 대상들은 우리에게 인식가능한 대상들일 수 있기 때문이다. 그러나 오직 그것에 의해서 경험이 가능해지는 선천적 원리들이란 대상들의 형식들을, 다시 말해 공간과 시간 그리고 자신 아래에 경
275 험적 표상들을 포섭할 수 있는 한에서 의식의 선천적인 종합적 통일을 포함하는 범주들이다.

따라서 선험철학의 최상의 과제는 '어떻게 경험이 가능한가?'이다.

모든 인식은 오로지 경험에서 시작한다는 원칙은 사실의 문제에 관한 것으로 이 과제에 속하지 않는데, 이 사실은 주저 없이 승인된다. 그러나 인식이 또한 최상의 인식 근거인 경험으로부터만 도출될 수 있는지의 여부는 권리의 문제이며, 이에 대해 긍정적으로 대답할 경우 선험철학에 경험론이 도입될 것이며, 부정할 경우 이성론[실재론][19]이 도입될 것이다.

처음의 대답은 자기 자신과 모순된다. 왜냐하면 모든 인식이 경험에서 기원하는 것이라면, 선천적으로 지성에 그 근거를 가지고 있을 수 있으며 또한 우리가 항상 인정할 수 있는 반성과는 그리고 반성의, 모순율에 의거한 논리적 법칙과는 무관하게, 경험의 본질을 형성하는 인식에서 종합적인 것은 순전히 경험적인 것이며 후천적인 인식으로서만 가능하고, 또한 선험철학은 그 자체로 말도 되지 않는 것[20]이기 때문이다.

그러나 그럼에도 불구하고, 예를 들자면 '모든 변화는 원인을 가진다'와 같이, 가능한 경험에 선천적으로 규칙을 지정하는 그런 명제들은 엄밀한 보편성과 필연성을 가지며, 또한 그럼에도 불구하고 그런 명제들이 종합적이라는 사실은 논박될 수 없기 때문에, 인식에서 우리 표상들의 모든 종합적 통일을 순전한 습관의 문제[21]라고 억지 주장을 하는 경험론은 전혀 지지될 수 없으며, 그리고 또한 우리가 이성을 자기 자신을 무효화시키는 것으로 표상하고자 한다면, 전적으로 해결 불가능한 또 다른 과제가 등장한다 할지라도, 선험철학은 우리의 이성에 확고하게 기초해 있다. 어디로부터 감관들의 대상들에 함께 있음이란 합규칙성과 연관성이 주어져서, 지성이 감관들의 대상들을 보편적인 법칙들 아래에서 파악할 수 있게 되고 또한 원리들에 따른 대상들의 통일을 발견할 수 있게 되는가? 그런데 이것은 모순율만으로는 불충분하다.[22] 왜냐하면 만일 그렇다면, 불가피하게 이성론을 불러들이게 될 것임에 틀림없기 때문이다.

그러므로 만일 우리가 부득이하게 경험 자체의 가능성의 선천적 원리를 발견해야만 한다면, '이것이 어떤 종류의 원리인가?'라는 것이 문제이다. 하나의 경험을 이루는 표상들은 모두 감성에 속할 수 있지만, 오직 한 종류의 표상, 즉 합성된 것 자체의 표상은 예외이다.

합성은 감관들에 속할 수 없으며 우리 스스로 만들어야 하는 것이기 때문에, 합성은 감성의 수용성에 속하지 않으며 선천적 개념인 지성의 자발성에 속한다. 276

주관적으로 볼 때, 공간과 시간은 감성의 형식들이지만, 순수 직관의 객관들인 공간과 시간에 대한 개념을 형성하려면(이런 개념이 없다면 우리는 공간과 시간에 대해 아무것도 말할 수 없을 것이다), 합성된 것이라는 개념, 즉 다양한 것의 합성(종합)이라는 개념이 요구되며, 따라서 이런 다양한 것의 결합에서의 통각의 종합적 통일이 선천적으로 요구되는데, 이런 의식의 통일이란 공간과 시간 안의 대상들에 대한 직관적 표상들이

다양하기 때문에 이런 표상들을 결합하는 다양한 기능들을 필요로 하는데, 이 기능들이 범주들이라 불리는 지성의 선천적 개념들로서, 이 개념들은 물론 그 자체만으로는 아직 대상에 대한 인식을 정초하지는 않지만 그럼에도 전반적으로 경험적 직관에 주어진 대상에 대한 인식을 정초하는데, 이렇게 되면 경험일 것이다. 그러나 경험적인 것, 즉 그것에 의해 하나의 대상이 그 현존에 관해 주어진 것으로 표상되는 것은 감각(감각이나 인상)이라 하며, 이것이 경험의 재료를 형성하며 의식과 결합되면 지각이라 하는데, 경험적 인식인 경험을 산출하려면 지각에 다시금 형식이, 즉 선천적으로 사유된 지성에서의 지각들에 대한 통각의 종합적 통일이 부가되어야만 하며, 또한 이를 위해서는 지성의 순전한 개념들에 따른 선천적 원칙들이 필요한데, 그 이유는 우리는 공간과 시간 자체를 [-] 그 안에서 개념들에 의거하여 모든 지각의 객관에 그 자리를 할당해야 하는 것으로서 [-] 직접 지각하지 않기 때문이다. 이런 개념들의 실재성은 감각적 직관을 통해 증명되며, 이 개념들은 감각적 직관의 선천적으로 주어진 형식에 의거하여 감각적 직관과 결합되어 전적으로 확실한 후천적 인식인 경험을 가능하게 만든다.

* *

그러나 이런 확실성에 반해 외적 경험이 문제 될 경우 심각한 회의가 생겨나는데, 이 회의는 물론 외적 경험에 의한 객관들의 인식이 아마도 확실하지 않을 것이라는 점에 관한 것이 아니라, 오히려 우리가 우리 바깥에 정립한 객관이 아마도 언제나 우리 안에 있을 것이며 우리 바깥에 있는 어떤 것을 그 자체로 확실하게 인정할 수 없을지도 모른다는 것에 관한 것이다. 우리가 이 문제를 결정하지 않은 채 놔둔다 해도 형이상학의 전진에서 잃을 것은 없다. 왜냐하면 지각들은 [-] 우리는 이런 지각으로부터 그리고 또한 이런 지각들에서의 직관의 형식으로부터 원칙들에 의거하여 범주들에 의해 경험을 만든다 [-] 그럼에도 언제나 우리 안에 있을 것이며, 우리는 어쨌든 객관들이 아니라 언제나 우리 안에 있는, 우리의 지각 277
들에만 의지할 수 있기 때문에, 우리 바깥의 어떤 것이 지각들에 대응하는지의 여부는 인식의 확장에 아무런 변화도 가져오지 않기 때문이다.

* * *

이런 사실로부터 형이상학 전체를 구분하는 원리가 따라 나온다. 즉 이성의 사변적 능력에 관한 한, 초감성적인 것에 대한 어떤 인식도 가능하지 않다(지성적인 것들에 관한 학문은 없다).

* *

이상이 최근에 선험철학에서 발생했으며, 이성이 진정한 형이상학에서, 게다가 또한 진정한 형이상학으로 걸음을 내딛을 수 있기 이전에 일어나야만 했던 것인데, 이에 반해 라이프니츠와 볼프의 철학은 고대 아리스토텔레스의 모순율 이외에도 또한 철학자를 인도해 줄 새로운 나침반을, 즉 개념들에 의거한 사물들의 순전한 가능성과 구별되는 사물의 현존을 위한 충분한 근거의 원칙[23]과 또한 직관을 개념들에 의한 인식과 구별하기 위한 분명한, 모호한, 그리고 또한 명확한, 섞갈린[24] 표상들을 구분하는 원칙을 그들의 손에 넣었다고 생각하면서, 다른 부분에서이긴 하지만 독일에서 그들의 길을 언제나 확신에 가득 차서 계속 걸어갔지만, 이런 모든 작업에도 불구하고 알아차리지 못한 채 항상 논리학의 영역에만 머물러 있었으며, 또한 형이상학으로 한 걸음도 전진하지 못했을 뿐만 아니라 형이상학에서 오히려 더 적은 수확을 얻었을 뿐인데, 이것은 이들의 철학이 종합판단들과 분석판단들의 구분에 대해 분명하게 알지 못했다는 사실에 의해 증명되었다.

"모든 것은 결과다"라는 명제와 상호 연관되어 있는 "모든 것은 그 근거를 가진다"는 명제는 그런 한에서 단지 논리학에 속할 수 있으며, 또한 미정이라고 생각된 판단들과 확정적으로 타당하다고 생각된 판단들 사이의 구분이 생겨나게 하는데, 이 명제는 순전히 분석적인 것이다. 왜냐하면 이 명제가 사물들에 대해 타당한 것이어야 한다 해도, 다시 말해 모든 사물들이 단지 다른 사물의 현존으로부터 나온 결과로 간주된다 해도, 사물들을 이렇게 간주하게 해 주는 충분한 근거는 어디서도 발견되지 않을 것인데, 이런 불합리에 반하여 이 경우 '하나의 사물(스스로 있는 존재자)은 물론 여전히 언제나 자신의 현존의 근거를 가지지만 그 근거를 자기 자신 속에 가진다, 즉 자기 자신의 결과로서 현존한다'는 명제로 도망치고자 할 것이지만, 여기서 불합리가 눈에 띄지 않아야 한다면, 이 명제는 사물들이 아니라 단지 판단들에만, 그것도 단지 분석판단들에만 타당할 수
278 있을 것이기 때문이다. 예를 들자면 "모든 물체는 나누어질 수 있다"는 명제는 물론 근거를, 그것도 자기 자신 안에 근거를 가지며, 즉 이 명제는 모순율에 의거하여, 다시 말해 분석판단들의 원리에 의거하여 주어[로 쓰이는] 개념으로부터 술어를 이끌어 낸 것으로 간주될 수 있으며, 따라서 단지 논리학의 선천적 원리에 토대를 두고 있으며, 그리고 또한 분석판단들이 아무런 기여도 하지 못하는, 선천적 인식의 확장을 문제 삼는 형이상학의 영역에서는 아무런 전진도 이루지 못한다. 그러나 이른바 형이상학자가 모순율 이외에도 또한 마찬가지로 논리적인 근거의 원칙을 도입하고자 한다면, 그는 판단들의 양태를 아직 완전히 열거하지 못했을 것이다. 왜냐하면 그는 서로 모순되게 대립하는 두 판단들 사이에 또한 배중률을 추가해야만 하겠는데, 이렇게 해야 하나의 원리에, 즉 분석판단들의 원리에 종속하는 한에서 미정적, 확정적, 명증적 판단들에서 판단들의 가능성, 참

이나 논리적 현실성 그리고 필연성이라는 논리적 원리들을 제시했을 것이기 때문이다. 이것이 생략되어 있다는 점은 분류의 완전성에 관한 한 형이상학자 스스로 논리학에 대해 한 번도 명확한 적이 없음을 증명해 준다.

그러나 표상들의 불명확함과 명확함이라는 논리적 구분에 관한 라이프니츠의 원리에 대해 살펴보자면, 처음의 것은, 즉 우리가 순전한 직관이라고 불렀던 표상 방식은 실제로 단지 대상에 대한 섞갈린 개념에 불과하며, 따라서 직관은 사물들에 대한 개념들과 종류에 의해 구분되는 것이 아니라 단지 의식의 정도에 의해 구분될 뿐이므로, 예를 들자면 물체의 직관은, 그 속에 포함된 모든 표상들을 철저하게 의식할 경우, 단자들의 집적물인 물체 개념을 제공할 것이라고 라이프니츠가 주장한다면, 이에 반해 비판철학자는 우리가 단지 충분히 또렷하게 (부분 표상들을 적절하게 의식하면서) 볼 수 있다면, '물체는 단자들로 이루어져 있다'는 명제는 그런 방식으로 경험으로부터, 따라서 순전히 지각의 분해에 의해서 생겨날 수 있다고 말할 것이다. 그러나 이런 단자들의 함께 있음은 단지 공간 안에서만 가능한 것으로 표상되기 때문에, 이 전형적인 형이상학자는 우리에게 공간을 서로 바깥에 있는 다양한 것의 나란히 있음에 대한 순전히 경험적이며 섞갈린 표상으로 간주하도록 할 것임에 틀림없다.

그러나 이 경우 그는 어떻게 공간은 삼차원을 가진다는 명제가 명증적인 선천적 명제라고 주장할 수 있는가? 왜냐하면 그가 물체의 모든 부분 표상들을 매우 분명하게 의식한다고 해서, 이것이 반드시 그렇게 있어야 한다는 것을 이끌어 낼 수 없으며 기껏해야 단지 지각이 그에게 가르쳐 준 대로 이것이 그렇게 있다는 것만을 이끌어 낼 수 있을 뿐이기 때문이다. 그러나 그가 삼차원이라는 성질과 함께 공간을 필연적인 것으로 그리고 또한 물체의 모든 표상의 밑바탕에 선천적으로 놓여 있는 것으로 가정한다면, 그럼에도 불구하고 이 표상 방식은, 그 자신의 주장에 따르면, 전혀 어떤 필연성도 제공하지 않는 경험에서 기원한 것이므로, 당치도 않을 말로 없애 279

버릴 수 없는 이 필연성을 그는 어떻게 해명하고자 하는가? 그러나 그가 또한 이런 요구를 제쳐 놓고 앞서의 소위 섞갈린 표상이 어떤 성질의 것이든 이런 속성을 지닌 공간을 가정하고자 한다면, 비록 우리가 물체의 가능성을 순전한 개념들에 의거하여 파악할 수 있게 만들고자 할 경우, 부분들로부터 출발해서 그리고 그렇게 해서 부분들로 이루어진 합성된 것으로 나아가면서 단순한 것들을 그 밑바탕에 두어야만 한다 할지라도, 허공에 떠다니는 개념들에 의해서가 아니라 개념들의 구성에 의해, 공간과 그리고 그렇기 때문에 또한 공간을 채우고 있는 것인 물체는 전혀 단순한 부분들로 이루어져 있지 않다는 것을 기하학은, 따라서 이성은 그에게 증명할 것인데, 이렇게 됨으로써 이성은 결국 직관(이런 것으로는 공간 표상이 있다)과 개념은 종류에서 완전히 상이한 표상 방식들이며, 또한 단지 표상의 섞갈림을 해소함으로써 직관이 개념으로 변형될 수 없다는 것을 인정하지 않을 수 없을 것이다. 시간 표상의 경우에도 이것은 마찬가지이다!

지성의 순수 개념들과 이성의 순수 개념들에 객관적 실재성을 부여하는 방식

지성의 순수 개념을 가능한 경험의 대상에서 생각할 수 있는 것으로 표상하는 것은 개념에 객관적 실재성을 부여하는 것이며, 무릇 개념을 현시하는 것이다. 우리가 이런 일을 할 수 없을 경우 개념은 공허하다, 즉 개념은 어떤 인식을 위해서도 충분하지 않다. 만일 개념에 대응하는 직관에 의해 개념에 곧바로 (직접적으로) 객관적 실재성이 부여된다면, 즉 개념이 직접적으로 현시된다면, 이 활동은 도식화라 하며, 만일 개념이 직접적으로 현시될 수 없으며 단지 그 결과에서만 (간접적으로) 현시될 수 있다면, 이 활동은 개념의 상징화[25]라 불릴 수 있을 것이다. 처음 것은 감성적인 것에 관한 개념에서 발생하며, 두 번째 것은 본래 현시될 수 없으며 또한 가능한 경험에서 결코 주어질 수 없지만, 그럼에도 불구하고 필연적으로 [-] 비록 오로지 실천적 인식으로 가능한 것이라 할지라도 [-] 인식 280
에 속하는 초감성적인 것에 관한 개념들을 위한 구제책이다.

이념(혹은 이성의 개념)의 상징은 유비에 의한 대상에 관한 표상이다, 즉 대상들 자체가 완전히 다른 종류의 것이라 할지라도 결과들에 관하여 대상들 자체에 부가되는 관계와 똑같은, 특정 결과들에 대한 관계에 의한 대상의 표상이다. 예를 들어 만일 내가 유기체적 사물들과 같은 어떤 특정한 자연의 산물들, 즉 동물들이나 식물들을 시계가 제작자인 사람과 맺는 관계에서 표상되는 것과 마찬가지로 그것들의 원인과 맺고 있는 관계에서 표상한다면, 즉 범주인 인과성 전반의 관계에서 표상한다면, 두 경우에 그 인과적 관계는 동일하겠지만, 이 관계의 주체는 그것의 내적인 성질에서 나에게 알려지지 않은 채 남아 있으며, 그래서 전자[시계의 제작자]만이 현시될 수 있으며, 후자[자연의 산물의 제작자]는 결코 현시될 수 없다.

이런 방식으로 나는 초감성적인 것에 관해, 예를 들자면 신에 관해 물론 이론적 인식은 실제로 가질 수 없지만, 그럼에도 유비에 의한 인식은, 더 자세히 말하자면 사유하는 이성에게 필연적인 그런 인식은 가질 수 있는데, 이 경우에도 범주들은 그 밑바탕에 놓여 있다. 왜냐하면 범주들이 그 자체로는 어떤 대상도 규정할 수 없으며 어떤 인식도 형성할 수 없다 할지라도 그리고 또한 바로 그렇기 때문에, 범주들은 반드시, 감성적인 것에 관계하든 초감성적인 것에 관계하든, 사유의 형식에 속하기 때문이다.

감성 없이도 지성의 개념들에 객관적 실재성을 허용하려는 시도들의 속임수

지성의 순전한 개념들에 의하면, 모든 내적인 (양과 질의) 규정들에서 완전히 동일한 두 사물들이 서로 바깥에 있다고 생각하는 것은 모순이며,

이것은 언제나 단지 하나의 동일한 사물을 두 번 생각하는 것이다. (수적으로 하나)

이것이 라이프니츠가 적지 않은 중요성을 부여했지만 그럼에도 이성과는 상당히 상충하는 라이프니츠의 구별불가능성의 원칙[26]이다. 왜냐하면 한 장소에 있는 하나의 물방울이 왜 동일한 물방울을 다른 장소에서 만날 수 없게 만드는지는 이해될 수 없기 때문이다. 그러나 이런 충돌은 곧바로 공간 안의 사물들이 인식되려면, 이 사물들은 단지 지성의 개념들에 의해 사물들 자체로서 표상되어야 할 뿐만이 아니라 또한 감각적 직관에 따라 현상들로도 표상되어야 하며, 그리고 공간은 라이프니츠가 가정했던 것처럼 사물들 자체의 성질이나 관계가 아니며, 또한 지성의 순수 개념들은 그 자체로는 아무런 인식도 제공하지 않는다는 것을 증명해 준다.

* * *

281 2절. 라이프니츠-볼프의 시대 이후에 형이상학의 객관, 즉 형이상학의 최종목적과 관련하여 달성된 것

이 시기의 형이상학의 전진을 우리는 세 단계들로 구분할 수 있다. 첫 번째로 이론적-독단적 전진의 단계, 두 번째로 회의적 정지 상태의 단계, 세 번째로 형이상학의 노정을 실천적-독단적으로 완성한 단계이자 형이상학이 자신의 최종목적에 도달한 단계가 그것이다. 처음 단계는 단지 존재론의 한계 내에서 진행되며, 두 번째 단계는 선험적이거나 순수한 우주론의 한계 내에서 진행되는데, 이 우주론은 또한 자연론, 즉 응용 우주론으로서 물체적 본성에 관한 형이상학과 사유하는 본성에 관한 형이상학을 탐구하는데, 전자는 외감들의 대상에 관계하여 후자는 내감의 대상에 관계하여 (물리학과 이성적 심리학) 이런 대상들에서 선천적으로 인식가능한 것에 의거하여 탐구한다. 세 번째 단계는 신학의 단계로서 신학으로 이끌며 또한 신학을 필연적인 것으로 만드는 모든 선천적 인식들을 가지고 있다. 강단의 관습에 따라 일시적으로 형이상학에 삽입되었던 경험적 심리학은 여기서는 당연히 고려하지 않았다.

논의되는 시기와 논의되는 지역에서의 형이상학의 첫 번째 단계

존재론을 구성하는 것인 지성의 순수 개념들과 경험적 인식을 위해 사용되는 선천적 원칙들의 분석에 관하여 살펴보자면, 논의되는 두 철학자가, 특히 유명한 볼프가 그 이전에 언젠가 혹은 독일 바깥에서 형이상학의 분야에서 이루어졌던 것보다 더 뚜렷한 명확성과 정확성을 보여 주고 또한 논증적인 철저성을 얻으려 더 많은 노력을 기울이는 큰 공적을 세웠음을 부인할 수는 없다. 그러나 어떤 비판도 범주들의 표를 확고한 원리에 의거하여 제시하지 않았기 때문에 완벽성을 결여하고 있다고 비난하지 않더라도, 전혀 원리로서 알려져 있지 않았으며 더욱이 라이프니츠가 282
지적인 것으로 만들었던, 즉 순전히 섞갈린 개념들로 변형시켰던 선천적 직관을 전부 결여하고 있었기 때문에, 라이프니츠는 순전한 지성의 개념들에 의해 표상할 수 없었던 것을 불가능한 것으로 간주하고 그렇게 해서 상식조차도 왜곡하는 지지될 수 없는 원칙들을 제시하였다. 다음은 이런 원리들을 가지고 잘못 내딛은 걸음들의 실례들을 포함한다.

1) 구별불가능한 것들의 동일성의 원칙이란 우리가 (양과 질의) 내적 규정들에 관해 볼 때 완전히 동일한 A와 B를 두 개의 사물들로서 이해한다면 오류를 범하는 것이며, 그것들을 하나의 동일한 사물(수적으로 동일한 것)로 간주해야만 한다는 원칙이다. 그러나 우리는 완전히 유사하며

똑같은 공간들을 동일한 하나의 공간이라고 주장하지 않고도 [−] 왜냐하면 우리는 이런 방식으로 무한한 공간 전체를 일 입방인치나 그보다 더 작은 것으로 만들 수 있기 때문이다 [−] 이 공간들을 서로 바깥에 있는 것으로 표상할 수 있기 때문에, 우리가 이것들을 공간 안의 장소들에 의해 구별할 수 있다는 것을 그는 인정할 수 없었다. 왜냐하면 그는 단지 개념들에 의한 구별만을 승인했으며 또한 개념들과는 종류가 다른 표상 방식인 직관을, 그것도 선천적인 직관을 인정하려 하지 않았으며 오히려 이런 직관들을 함께 있음이나 잇따름이라는 개념들로 해소해야 한다고 믿었으며, 그렇게 해서 그는 하나의 물방울이 한 장소에 있다면 이 물방울은 이것과 완전히 유사하고 똑같은 물방울이 다른 장소에 있지 못하도록 한다는 것을 결코 납득하지 못하는 상식과 충돌하였다.

2) 그의 충분한 근거의 원칙. 그는 이 원칙 밑에 선천적 직관을 두어서는 안 된다고 믿었으며 오히려 이 원칙의 표상을 순전히 선천적인 개념들로 돌렸기 때문에, 데모크리토스에게는 우주 내의 모든 사물들이 원자와 허공으로 합성된 것처럼, 형이상학적으로 고찰할 경우, 모든 사물들은 실재성과 부정, 즉 존재와 비존재로부터 합성된 것이며, 부정의 근거는 어떤 것이 그것을 통해 정립되는 근거가, 즉 실재성이 있지 않다는 것 이외에 다른 것일 수 없다는 결론을 이끌어 냈으며, 그리고 이렇게 해서 그는 이런 종류의 선과 결합하여 소위 형이상학적인 모든 악으로부터 하나의 세계를 순전한 빛과 어둠으로부터 만들어 냈지만, 하나의 공간을 어둠 속에 있게 하려면, 하나의 물체가, 즉 빛이 공간으로 침투해 들어오지 못하도록 빛에 저항하는 실재적인 어떤 것이 거기 있어야만 한다는 것을 고려하지 못했다. 그에 따르면 고통은 단지 쾌락의 결
283 여를, 악덕은 유덕한 동인의 결여를, 운동했던 물체의 정지는 운동하는 힘의 결여를 그 밑바탕에 가질 것이다. 왜냐하면 선천적 직관에서, 이를테면 선천적인 외적 직관인 공간에서 실재적인 것(운동하는 힘)은 다른

실재적인 것과, 즉 대립하는 방향으로 운동하는 힘과 대립하며, 또한 이처럼 유비적으로 내적 직관에서는 서로 대립하는 실재하는 충동들이 하나의 주체에서 결합될 수 있으며, 또한 실재성들 사이의 이런 충돌의 선천적으로 인식가능한 결과가 부정일 수 있다는 것을 고려하지 않은 채, 순전한 개념들에만 의거한다면, 실재성=a는 실재성=b가 아니라 단지 결여=0과 대립할 수 있기 때문이다. 그러나 물론 그는 이를 위해 순전한 개념들에서가 아니라 직관에서만 표상되는 서로 대립하는 방향들을 가정해야만 했는데, 그렇게 해서 상식에 반하는, 게다가 도덕과도 상충하는 원칙이, 즉 근거인 모든 악은=0, 즉 순전한 제한이라는, 혹은 형이상학자들이 말하듯, 사물들에서 형식적인 것이라는 원칙이 생겨났다. 이처럼 그는 그의 충분한 근거의 원칙을 순전한 개념들 속에 정립했기 때문에, 그의 충분한 근거의 원칙은 분석판단들의 원칙인 모순율을 넘어서서 이성에 의해 선천적으로 종합적으로 확장할 수 있도록 그를 조금도 도와주지 않았다.

3) 그의 예정조화의 체계. 이 원칙은 본래 영혼과 육체 사이의 상호성을 해명하려 한 것임에도 불구하고, 그보다 먼저 일반적으로 상이한 실체들이 하나의 전체를 형성하도록 해 주는, 실체들 사이의 상호성의 가능성을 해명하는 것을 목적으로 삼아야만 했으며, 또한 만일 다른 것이 이 실체들에 부가되지 않는다면, 실체들은 이미 그 개념에 의해 완전히 고립된 것으로 표상되어야 하기 때문에, 실제로도 이것을 해명하지 않을 수 없었다. 왜냐하면 각각의 실체는 자존하는 것이기 때문에, 다른 실체에 의존해 있는 어떤 우연적인 속성도 이 실체에 내속해서는 안 되며, 만일 다른 실체들이 현존한다 하더라도, 각 실체는 어떤 점에서도 다른 실체들에 의존해서는 안 되는데, 게다가 이들 실체들이 세 번째의 실체(근원 존재자)에, 결과들이 원인들에 의존하듯 의존할 경우라도, 다른 실체에 의존해서는 안 되기 때문에, 하나의 실체의 우연적 성질들이 실

체의 이런 상태와 관련하여 똑같이 외적인 다른 실체에 의존해야만 할 아무런 근거도 없기 때문이다. 그럼에도 불구하고 실체들이 세계 실체들로서 상호성 속에 있어야 한다면, 이 상호성은 단지 관념적인 것이어야 하며 또한 실재적인 (자연적인) 영향일 수는 없다. 왜냐하면 실재적
284 영향이란 상호 작용의 가능성을 마치 실체들의 단순한 현존으로부터 이해된 것처럼(실제로는 그렇지 않다) 가정하기 때문이다, 즉 우리는 그 자체로 완전히 고립되어 있는 이런 실체들이, 마치 원인과 결과의 결합처럼 현실적으로 상호 영향을 미치고 있는 것처럼, 서로 조화를 이루도록 그때그때마다 양태를 바꾸거나 혹은 이미 세계의 시초에 그렇게 만들어 놓은 기술자인 현존의 창조자를 전제해야만 하기 때문이다. 따라서 기회원인들의 체계란 하나의 유일한 원리로부터의 해명을 위해서는 후자만큼 그리 적절한 것 같아 보이지 않았기 때문에, 철학이 고안했던 가장 기묘한 허구인 예정조화의 체계가 생겨나야만 했는데, 그 이유는 단지 모든 것이 개념들로부터 해명되고 파악되어야만 했기 때문이다.

이에 반해 공간이 선천적으로 외적인 모든 관계들의 밑바탕에 놓여 있으며 또한 오직 하나의 공간만이 있는 것처럼 공간이라는 순수 직관을 전제한다면, 이를 통해 모든 실체들은 자연적 영향을 가능하게 해 주는 관계들 안에서 결합되어 있으며 또한 하나의 전체를 형성하게 됨으로써, 공간 안의 사물들인 모든 존재자들은 함께 오직 하나의 세계를 형성하며 서로 바깥에 있는 다수의 세계들은 있을 수 없는데, 세계의 통일에 관한 이 원칙은 앞서의 직관을 밑바탕에 두지 않고 순전히 개념들에 의해 수행되어야 한다면, 전혀 증명될 수 없다.

4) 그의 단자론. 순전한 개념들에 의하면, 세계의 모든 실체들은 단순하거나 아니면 단순한 것으로부터 합성된 것이다. 왜냐하면 합성이란 단지 하나의 관계로서 이런 관계가 없다 해도, 실체들은 마찬가지로 실체들로서 자신의 현존을 유지할 것임에 틀림없지만, 내가 모든 합성을 제거

할 경우 남아 있는 것은 단순한 것이기 때문이다. 따라서 우리가 순전
히 지성에 의거하여 모든 물체들을 실체들의 집적물이라고 생각한다
면, 물체들은 모두 단순한 실체들로 이루어져 있다. 그러나 모든 실체들
은 그것들의 상호 관계 및 그것들에 의해 이들 실체들이 상호 영향을
행사할 수 있도록 해 주는 힘들 이외에도 또한 내적으로 이들 실체들
에 내속하는 어떤 실재적인 규정들을 가지고 있어야만 한다, 다시 말해
단지 외적인 관계들 안에 있는 우연적인 속성들을 실체들에 부가하는
것만으로는 충분하지 않으며, 또한 오직 주체에만 관계하는 그런 내적
인 규정들을 실체들에 인정해야만 한다. 그러나 우리는 표상들과 이 표
상들에 의존하는 것 말고는 단순한 것에 부여할 수 있는 어떤 다른 내
적인 실재적 규정들을 알지 못하지만, 그럼에도 불구하고 이런 규정들
을 우리는 물체에 부가할 수 없기 때문에 오히려 물체의 단순한 부분
들에 [−] 우리가 실체들인 이런 부분들을 내적으로 완전히 공허한 것 285
이라고 가정하지 않으려면 [−] 부가해야 한다. 그러나 자신 안에 표상
능력을 지닌 단순한 실체들을 라이프니츠는 단자라 불렀다. 그러므로
물체들은 우주의 거울인 단자들로, 다시 말해 사유하는 실체들의 표상
능력과는 단지 의식의 결여에 의해서만 구분되는 표상 능력들을 부여
받은 단자들로 이루어져 있으며, 따라서 자고 있는 단자들이라 불리는
데, 이런 단자들에 관해 우리는 운명이 언젠가 한 번 이 단자들을 깨워
도 되는 것은 아닌지, 아니면 아마 이미 무한히 많은 단자들을 하나씩
차례로 깨워 왔으며 그리고 언젠가 다시 새롭게 깨워서 또한 동물로서
인간의 영혼으로 점차 고양되고 그렇게 해서 계속 더 높은 단계로 올라
갈 수 있도록 다시 잠들도록 했는지 알지 못한다. 이것은 마법의 세계
로서, 유명한 라이프니츠가 이런 세계를 가정하도록 미혹될 수 있었던
것은 현상들인 감관 표상들을, 본래 그래야만 하듯이, 모든 개념들과는
전적으로 다른 표상 방식으로, 즉 직관으로 간주하지 않고 감성이 아

니라 지성 속에 자리 잡고 있는 개념들에 의한, 그러나 단지 섞갈린 인식으로 간주했기 때문이다.

구별불가능한 것들의 동일성의 원칙, 충분한 근거의 원칙, 예정조화의 체계, 마지막으로 단자론[27]은 모두 함께 라이프니츠와 라이프니츠 이후 실천 철학에서 매우 위대한 형이상학적 공적을 세운 볼프가 이론 철학의 형이상학으로 가져오고자 시도했던 새로운 것이다. 물론 이런 시도들이 형이상학의 진보를 위해 준비된 것이라는 점을 부인할 수는 없지만, 그럼에도 이런 시도들이 형이상학의 진보들이라 불릴 만한 자격이 있는지는 이 단계의 마지막에, 위대한 명성 때문에 오류를 범하지 않는 사람들의 판단에 맡겨도 좋을 것이다.

형이상학의 이론적-독단적 부분에는 또한 보편적인 이성적 자연론이, 즉 감관들의 대상들에 대한 순수 철학이 속하는데, 외감들의 대상들에 관해서는 이성적 물체론이 그리고 내감의 대상들에 관해서는 이성적 영혼론이 속하며, 이런 것들에 의해 경험 전반의 가능성의 원리들이 두 종류의 지각들에 적용되는데, 이때 두 가지 종류의 그런 대상들이 있다는 것 외에는 어떤 경험적인 것도 밑바탕에 두지 않는다. — 두 대상들의 경우 수학
286 이, 즉 개념들의 구성이 적용될 수 있는 경우에만 학문이 있을 수 있으므로, 물리학의 대상들에서 공간적인 것은 내감에 의한 직관의 밑바탕에 놓여 있으며 단지 일차원만을 가지는 시간 형식보다 선천적으로 더 많은 것을 할 수 있다.

찬 공간과 빈 공간, 운동과 운동하는 힘들이라는 개념들은 이성적 물리학에서 선천적 원리들로 되돌려질 수 있으며 되돌려져야 하지만, 이에 반해 이성적 심리학에서는 사유하는 실체의 비물질성 개념, 변화 개념과

변화들에도 불구한 인격의 동일성 개념만이 선천적인 원리들을 제시하며, 나머지 다른 것들은 경험적 심리학이거나 오히려 단지 인간학일 뿐이다. 왜냐하면 인간 안의 생명 원리(영혼)가 육체 없이 사유 속에서도 [어떤 것이든] 할 수 있는지 그리고 무엇을 할 수 있는지를 아는 것은 불가능하며, 또한 여기서 모든 것은 경험적 인식이므로. 즉 우리가 살면서, 다시 말해 결국 영혼이 육체와 결합해서 획득할 수 있는 그런 인식이므로, 따라서 감성적인 것으로부터 초감성적인 것으로의 이행을 시도하는 형이상학의 최종목적에 적합한 것이 아니라는 것이 증명될 수 있기 때문이다. 이런 이행은 우리가 이제 고찰하려는 철학에서의 순수한 이성 시도들의 두 번째 단계에서 만날 수 있다.*

형이상학의 두 번째 단계

형이상학의 첫 번째 단계는 존재론의 단계라 불릴 수 있는데, 그 이유는 이 단계는, 논리학이 하듯이, 사물들에 관한 우리의 개념들에서 본질적인 것을 징표들로 분해함으로써 탐구하라고 가르치지 않으며, 오히려 직관에서 전반적으로 우리에게 주어질 수 있는 것을 개념들 아래로 포섭하기 위해 우리가 선천적으로 사물들에 관해 어떤 개념을 형성하며 어떻게 형성하는가를 가르쳐 주는데, 이런 일은 다시 공간과 시간 안의 선천적 직관의 형식이 이 객관들을 사물들 자체로서가 아니라 단지 현상들로서 우리에게 인식가능하게 만드는 한에서만 발생할 수 있기 때문이다. — 이 단계에서 이성은 언제나 다시금 끝없이 조건 지워진 서로 종속하는 조건들의 계열에서 무조건적인 것으로 중단 없이 전진해 나아가도록 강제되

* 처음 수고는 여기서 중단되며, 부록 No. II(본서 97쪽 이하)에서 계속된다.

어 있다는 것을 안다. 왜냐하면 각각의 공간과 각각의 시간은 주어진 더 커다란 공간과 시간의 부분으로서만 표상될 수 있으며, 무조건적인 것에
287 도달하기 위해서는 각각의 직관에서 우리에게 주어진 것들을 위한 조건들을 공간과 시간 안에서 구해야만 하기 때문이다.

그런데 형이상학에서 기대되는 두 번째의 커다란 전진은 가능한 경험의 대상들에서 조건 지워진 것으로부터 무조건적인 것에 도달하며 또한 이성에 의해(왜냐하면 지금까지 발생했던 것은 지성과 판단력에 의해 발생한 것이었기 때문이다) 이 계열의 완성에 이르기까지 인식을 확장하는 전진이므로, 또한 형이상학이 이제 거쳐 가야 하는 단계는 선험적 우주론이라 할 수 있다. 왜냐하면 공간과 시간은 그것들의 분량 전체에서 모든 조건들의 총체로 고찰되며 또한 결합된 모든 현실적인 사물들의 용기로서 표상되며, 그렇게 해서 현실적인 사물들이 공간과 시간을 채우고 있는 한 이런 사물들의 전체는 세계 개념 아래에서 표상되어야 하기 때문이다.

무조건적인 것(조건 지워지지 않은 조건)에 도달하려면, 여기서는 또한 실제로 사물들의 서로 종속하는 올라가는 계열의 총체성 속에서 조건 지워진 것을 위한 사물들의 가능성의 종합적 조건들을, 즉 사물들의 규정근거들(존재 근거들)을 구해야만 한다. 이성은 자기 자신을 만족시키기 위해 이것을 요구한다. 조건으로부터 조건 지워진 것으로 내려가는 계열의 경우에 어려움이 없다. 왜냐하면 이런 계열을 위해서는 절대적 총체성이 필요하지 않으며, 또한 단지 결과들이 의존하는 최상의 근거가 주어져 있다면 결과들은 자동적으로 생겨날 것이므로, 총체성은 결과로서 언제나 완결되지 않은 채 남아 있을 수 있기 때문이다.

그런데 공간과 시간 안의 모든 것은 조건 지워져 있으며 또한 조건들의 올라가는 계열에서 무조건적인 것은 전적으로 도달불가능한 것임이 드러난다. 순전히 조건 지워진 것의 절대적 전체라는 개념을 무조건적인 것으로 생각하는 것은 모순을 포함하기에, 무조건적인 것은 계열의 항으로서

만 고찰될 수 있는데, 이 항은 그 자체로는 다른 근거로부터 나온 결과가 아닌 근거로서 이 계열을 제한하며, 그리고 또한 모든 유형의 범주들이 결과들이 근거들과 맺는 관계에 적용되는 한에서, 이 범주들을 관통하고 있는 근거는 해명될 수 없기 때문에, 공간과 시간 안의 대상들이 순전한 현상들이 아니라 사물들 자체로 간주되는 한, 이성은 자기 자신과의 해결할 수 없는 상쟁에 빠져들게 되는데, 이런 일은 순수 이성 비판의 시대 이전에는 회피할 수 없는 것이었기에, 정립과 반정립은 끊임없이 번갈아 가며 서로를 무효화시켰으며 또한 이성은 가장 희망 없는 회의론으로 추락할 수밖에 없었는데, 이 회의론은 형이상학에게는 유감스러운 것으로 밝혀질 수밖에 없었다. 왜냐하면 형이상학이 무조건적인 것에 대한 요구와 관련 288
하여 감관들의 대상들에서 한 번도 이런 요구를 만족시킬 수 없었다면, 형이상학의 최종목적을 그럼에도 형성하는 초감성적인 것으로의 이행은 생각조차 할 수 없었을 것이기 때문이다.[1]

그런데 우리가 무조건적인 것에 도달하기 위해 올라가는 계열에서 세계 전체에서 조건 지워진 것으로부터 조건들로 전진해 나아간다면, 주어진 세계 전체에 대한 이론적-독단적 인식에서 이성의 자기 자신과의 참된 혹은 순전히 겉보기만의 다음과 같은 모순들이 생겨난다. 첫 번째는 종류가 같은 것의 분할이나 합성이라는 수학적 이념들에 의한 것이며, 두 번째는 조건 지워진 것의 현존을 무조건적인 현존에 정초하는 역학적 이념들에 의한 것이다.

[I. 세계를 측정할 때 세계의 외연적 분량에 관련하여 볼 때, 다시 말해 세

---

1. '시간과 공간 안의 모든 조건의 전체는 무조건적이다'는 명제는 거짓이다. 왜냐하면 공간과 시간 안의 모든 것이 (그 안에서) 조건 지워져 있다면, 그런 것들의 전체란 불가능하기 때문이다. 그러므로 순전히 조건 지워진 조건들의 절대적 전체를 가정하는 사람들은, 그 전체를 조건 지워진 것(유한한 것)으로 가정하든 무조건적인 것(무한한 것)으로 가정하든, 자기모순을 범하게 되지만, 그럼에도 불구하고 또한 공간은 그런 전체로 간주되어야 하며, 흘러간 시간도 마찬가지이다.

계의 외연적 분량에 관해, 더 자세히 말하자면 주어져 있는 한에서 a)세계의 공간적 분량과 b)세계의 시간적 분량에 관해 [-] 이 후자의 것은 따라서 세계 지속의 흘러간 시간을 측정해야 한다. [-] 확정적인 개념을 획득하기 위해 척도로서 종류가 같으며 동일한 단위를 덧붙이는 것과 관련하여 볼 때, 이 두 가지 분량에 대해 이성은 동일한 근거에서 '그것은 무한하다'고 주장하며 그리고 '그것은 그럼에도 무한하지 않다, 즉 유한하다'고 주장한다. 그러나 이 두 주장들에 대한 증명은 — 놀랍게도! — 직접적으로 수행되지 않으며, 단지 간접적으로, 즉 대립물을 반박함으로써 수행된다. 그러므로

a) 정립: 세계는 분량에 관해 볼 때 공간에서 무한하다. 왜냐하면 만일 세계가 유한하다면, 세계는 공허한 공간에 의해 한정되어 있을 것인데, 이 공간 자체는 무한하지만 그 자체로 현존하는 어떤 것도 아니면서도 또한 그럼에도 가능한 지각의, 다시 말해 실재적인 어떤 것도 포함하지 않는 공간의 가능한 지각의 대상인 어떤 것의 현존을 전제하고 있지만, 그럼에도 불구하고 또한 실재적인 것의 경계로서, 즉 공간 안에서 서로서로를 한정하고 있는 것의 파악가능한 마지막 조건으로서 포함하고 있을 것인데, 이것은 자기모순이기 때문이다. 왜냐하면 공허한 공간은 지각될 수 없으며 (감지가능한) 현존을 동반할 수도 없기 때문이다. — b) 반정립: 세계는 또한 흘러간 시간에 의거해 볼 때 무한하다. 왜냐하면 만일 세계에 시원이
289 있다면, 공허한 시간이 세계에 선행할 것이며, 이 공허한 시간은 마찬가지로 세계의 생성을, 즉 선행하는 무를 가능한 경험의 대상으로 만들 것인데, 이것은 자기모순이기 때문이다.

II. 내포적 분량에 혹은 내포적 분량이 공간과 시간을 채우는 정도에 관해 볼 때, 다음의 이율배반이 나타난다. a) 정립: 공간 안의 물체적 사물들은 단순한 부분들로 되어 있다. 왜냐하면 만일 그와 반대라면, 부분들은 물론 실체들이겠지만 그러나 순전한 관계인 실체들의 합성이 모두 제거된다면, 모든 관계들의 순전한 기체인 순전한 공간 이외에는 아무것도

남지 않을 것이기 때문이다. 그러므로 물체들은 실체들로 구성되어 있지 않을 것인데, 이것은 전제에 반하는 것이다. — b) 반정립: 물체들은 단순한 부분들로 되어 있지 않다.]

첫 번째의 것들[수학적 이념들]에 의하면, 우리가 공간 및 시간 안에 있는 세계의 사물들의 분량에 관한 개념에서 철저히 조건 지워져 주어진 부분들로부터, 합성에서의 무조건적인 전체로 올라가든 아니면 주어진 전체로부터 분할에 의해 무조건적이라고 생각된 부분들로 내려가든, 이율배반이 생겨난다. — 처음의 것[합성]에 관해 볼 때, 우리는 공간과 그리고 흘러간 시간과 관련하여 볼 때 세계가 무한하다고 가정하거나 유한하다고 가정할 수 있는데, 이렇게 하여 우리는 불가피하게 자기모순에 빠지게 된다. 왜냐하면 세계가 점유하고 있는 공간과 흘러간 시간 및 마찬가지로 세계도 무한한 분량으로 주어져 있다면, 세계는 결코 전부 주어질 수 없는 주어진 하나의 분량이 되는데, 이것은 자기모순이기 때문이다. — 각각의 물체가 혹은 사물들의 상태의 변화에서 각각의 시간이 단순한 부분들로 이루어져 있다면, (수학이 증명하듯) 공간뿐만 아니라 시간도 무한하게 나누어질 수 있기 때문에, 개념에 의하면 결코 전부 주어질 수 없는 하나의 무한한 수량이 주어져 있어야 하는데, 이것도 마찬가지로 자기모순이다.

두 번째 유형의 역학적으로 무조건적인 것에 대한 이념들의 경우에도 사정은 마찬가지이다. 왜냐하면 한편에서는 자유란 없으며 세계 안의 모든 것은 자연 필연성에 따라 발생한다고 주장하기 때문이다. 왜냐하면 원인들과 관계하는 결과들의 계열에는 자연 기계론이 철저히 지배하고 있기 때문이다, 즉 모든 변화는 선행하는 상태에 의해 미리 결정되어 있기 때문이다. 다른 한편에서 이런 일반적인 주장에 반정립이 맞서 있다. 어떤 사건들은 자유에 의해 가능하다고 생각되어야만 하며, 또한 이런 사건들은 모두 자연 필연성의 법칙에 종속할 수 없다. 왜냐하면 그렇지 않다면,

모든 것은 단지 조건 지워져서 발생할 것이며, 따라서 또한 원인들의 계열에서 무조건적인 것은 결코 발견될 수 없을 것이므로, 순전히 조건 지워진
290 것의 계열에서 조건들의 총체성을 가정하는 것은 모순이기 때문이다.

마지막으로 '원인들의 계열에서 모든 것은 우연적이지 않으며 또한 전적으로 필연적으로 현존하는 어떤 존재자가 있을 수 있다'는 역학적 유형에 속하는 명제는 다른 경우에는 매우 명확한 것이지만, 그럼에도 불구하고 '우리에 의해 언제나 사유가능한 어떤 존재자도 다른 세계 존재자들의 전적으로 필연적인 원인으로 생각될 수 없다'는 반정립에 의해 당연히 모순에 봉착한다. 왜냐하면 이 경우 이 존재자는 세계의 사물들과 함께 결과들과 원인들의 올라가는 계열에 항으로 속하게 될 것인데, 이 계열에서 어떤 인과성도 무조건적이지 않지만, 그럼에도 불구하고 여기서 인과성은 무조건적인 것으로 가정되어야만 하는데, 이것은 자기모순이기 때문이다.

주석. 만일 '세계는 그 자체로 무한하다'는 명제가 '세계는 (주어진 척도와 비교해 보면) 모든 수보다 더 크다'는 것을 의미한다면, 이 명제는 거짓이다. 왜냐하면 무한수는 모순이기 때문이다. — 만일 이 명제가 '세계는 무한하지 않다'는 것을 의미한다면, 이 명제는 물론 참이지만, 이 경우 우리는 세계가 도대체 무엇인지 알지 못한다. 만일 내가 '세계는 유한하다'고 말한다면, 이것 역시 거짓이다. 왜냐하면 세계의 경계는 가능한 경험의 대상이 아니기 때문이다. 따라서 나는 주어진 공간뿐만 아니라 흘러간 시간에 관해 볼 때, 이 명제는 단지 대립을 위해서만 필요하다고 주장한다. 이 경우 둘 다 거짓이다. 왜냐하면 가능한 경험은 경계를 가지지도 않고 또한 무한할 수도 없으며, 그리고 현상으로서의 세계는 단지 가능한 경험의 객관이기 때문이다.

* *
*

여기서 다음의 주목할 만한 점들이 밝혀진다.

첫째로, 조건 지워진 모든 것을 위해서는 전적으로 무조건적인 것이 주어져 있어야만 한다는 명제는, 사물들의 결합이 순수 이성에 의해 생각되는 한, 즉 사물들 자체의 결합이라고 생각되는 한, 모든 사물들에 관한 원칙으로 타당하다. 그런데 이런 원칙이 적용될 때, 이 원칙이 모순 없이 공간과 시간 안의 대상들에 적용될 수 없다면, 가능한 경험의 객관들인 공간과 시간 안의 대상들은 사물들 자체가 아니라 순전한 현상들로 [–] 현상들의 형식은 대상들을 직관하는 우리의 방식이 지닌 주관적 성질에 의거한다 [–] 간주되어야 한다고 가정할 경우에만, 이런 모순에서 빠져나갈 수 있다.

그러므로 순수 이성의 이율배반은 불가피하게 우리의 인식의 제한으로 되돌아가며, 그리고 또한 〈분석론〉에서 먼저 선천적 독단적으로 증명 291
되었던 것이 여기 〈변증론〉에서는 말하자면 이성이 자신 자신의 능력에 대해 실행한 이성의 실험에 의해 반박할 수 없이 확증된다. 공간과 시간 안에서는 이성이 필요로 하는 무조건적인 것은 만날 수 없으며, 또한 끝날 것이라 기대하지 않은 채 끊임없이 조건들로 진행해 나아가는 일만이 이성에게 남아 있다.

둘째로, 이성의 이런 명제들 사이의 상쟁은 순전히 논리적인 상쟁, 즉 분석적 대립(모순 대립)의 상쟁이 아니다, 다시 말해 순전한 모순이 아니다. 왜냐하면 그렇다면, 만일 이 명제들 중 하나가 참이면, 다른 것은 반드시 거짓이어야 하며, 또한 거꾸로도 마찬가지이기 때문이다. 예를 들어 '세계는 공간에 관해 볼 때 무한하지 않다'는 반정립과 비교되는 '세계는 공간에 관해 볼 때 무한하다'는 명제가 그런 것이다. 오히려 이런 상쟁은 선험적인 상쟁, 즉 종합적 대립(반대 대립)의 상쟁이다. 예를 들어 '세계는 공간에 관해 볼 때 유한하다'는 명제는 논리적 대립을 위해 필요한 것 이상을 진술하고 있다. 왜냐하면 이 명제는 단지 조건들로의 진행에서 무조건적인 것은 만날 수 없다는 것만을 진술하는 것이 아니라 또한 서로 종속하는 조건들의 이런 계열은 그럼에도 불구하고 전적으로 절대적 전체라는 것도 진술하고 있기 때문이다. 따라서 이 두 명제들은, 논리학에서 두 개의 서로 반대로 대립하는 판단들처럼, 둘 다 모두 거짓일 수 있으며 또한 실제로도 둘 다 거짓이다. 왜냐하면 이 명제들은 현상들에 관해 마치 사물들 자체인 것처럼 진술하기 때문이다.

셋째로, 정립과 반정립은 — 마치 논리학에서 단지 주어들이 다른 것이기 때문에 서로 대립하는 판단들(소반대 대립 명제들)처럼 — 실제로 역학적 원칙들의 이율배반의 경우에 그런 것처럼, 다시 말해 대립하는 판단들의 주어가 두 판단들에서 상이한 의미를 가진다면, 논리적 대립을 위해 필요한 것보다 더 적은 것을 포함할 수 있으며 그래서 이 둘 모두 참일 수 있다. 예를 들어 '감성계에서 현상들의 인과성은 모두 자연 기계론에 종속한다'는 정립에서 현상적 원인인 원인 개념은 '이런 현상들의 어떤 인과성은 이 법칙에 종속하지 않는다'는 반정립과 모순되는 것처럼 보이지만, 그럼에도 여기서 모순은 필연적으로 발견되지 않는다. 왜냐하면 반정립에서 주어는 정립과는 다른 의미에서 취해진 것일 수 있기 때문이다, 다시 말해 동일한 주어가 지성적 원인으로 생각될 수 있기 때문이다. 그리고 이 경우 두 명제들은 모두 참일 수 있으며 또한 동일한 주어가 사물 자체로서는 자연 필연성에 의한 규정으로부터 자유로울 수 있지만, 동일한 행동에 관해서도 현상
292 으로서는 자유롭지 않다. 그리고 이것은 필연적인 존재자 개념의 경우에도 마찬가지이다.

넷째로 순수 이성의 회의적 정지 상태를 필히 야기하는 것처럼 보이는 순수 이성의 이런 이율배반은, 만일 사태 자체인 지성체가 비록 초감성적인 것일지라도 적어도 실천적 의도에서는 실제로 그리고 또한 법칙들에 의거해서 인식가능하다는 것이 드러난다면, 결국에는 비판을 매개로 하여 이성의 독단적 전진들로 이끈다.

자의의 자유가 이런 초감성적인 것인데, 이것은 도덕 법칙들에 의해 주관에 현실적인 것으로 주어져 있을 뿐만이 아니라 또한 이론적 관점에서는 전혀 인식가능한 것이 아니지만 실천적인 관점에서는 형이상학의 진정한 최종목적인 객관에 관해 규정하는 것이기도 하다.

역학적 이념들에 의한 이성의 이런 전진의 가능성은 이 이념들에서 결과를 그 원인과, 혹은 우연적인 것을 필연적인 것과 실제로 결합하는 합성이 수학적 종합에서처럼 종류가 같은 것의 결합이어서는 안 되고, 오히려 근거와 결과, 조건과 조건 지워진 것이라는 상이한 종류의 것일 수 있으며, 그래서 조건 지워진 것으로부터 조건으로, 감성적인 것으로부터 최상의 조건인 초감성적인 것으로 진행하면서 원칙들에 의거한 이행이 발생할 수 있다는 점에 근거한다.

* * *

두 가지 역학적 이율배반들은, 이를테면 두 가지 별개의 명제들처럼, 대립을 위해 필요한 것보다 더 적은 것을 진술한다. 그러므로 둘 다 참일 수 있다.

역학적 이율배반들에서는 같은 종류의 것이 아닌 어떤 것이 조건으로 전제될 수 있다. — 마찬가지로 그 경우에 우리는 초감성적인 것(목적이 본래 향하고 있는 신)을 인식할 수 있게 해 주는 어떤 것을 가진다. 왜냐하면 자유의 법칙이 초감성적인 것으로 주어져 있기 때문이다.

세계 내의 초감성적인 것(영혼의 정신적 본성)과 세계 바깥에서 초감성적인 것(신), 따라서 불멸성과 신학은 최종목적이 지향하는 것이다.

293 형이상학의 세 번째 단계 초감성적인 것으로의 실천적-독단적 이행

무엇보다도 먼저 이 논문 전체에서 형이상학은 제출된 학술원의 과제에 따라 순전히 이론적 학문을, 또는 다른 경우에 부를 수 있듯이, 자연 형이상학을 의미한다는 것을, 따라서 이 학문에서 초감성적인 것으로의 이행은 도덕 형이상학이라고 불릴 수 있는 완전히 다른 학문으로의, 다시 말해 도덕적-실천적 이성 학문으로의 이행으로 이해되어서는 안 된다는 것을 명심해야 한다. 왜냐하면 비록 후자[도덕 형이상학]도 역시 초감성적인 어떤 것, 즉 자유를 그 대상으로 가지지만, 그러나 본성에 의해 그런 것에 의거해서가 아니라 행함과 당함과 관련하여 실천적 원리들을 위해 근거를 제공하는 것에 의거하여 자유를 대상으로 가지기 때문에, 이것[이런 학문으로의 이행]은 완전히 다른 영역으로의 이탈이기 때문이다.

그런데 두 번째 단계에서 실행된 모든 탐구들에 의하면 무조건적인 것이 필연적으로 전제되어야 함에도 불구하고, 자연에서, 즉 감성계에서 무조건적인 것은 전혀 발견될 수 없다. 초감성적인 것에 관한 이론적-독단적 인식은 없다(지성적인 것들에 대한 학문은 없다). 그러므로 자연 형이상학의 실천적-독단적 이행은 자기모순처럼 보이며, 또한 형이상학의 세 번째 단계는 불가능한 듯 보인다.

그러나 어떤 종류의 것이든 자연의 인식에 속하는 개념들 가운데서 우리는 또한 특수한 성질을 가진 한 개념을 발견하는데, 이 개념에 의해 우리는 객관 안에 있는 것을 파악하는 것이 아니라, 단지 우리가 객관을 이 개념에 집어넣음으로써 이해가능하게 만들 수 있는 것만을 파악하며, 따라서 물론 이 개념은 본래 대상 인식의 구성 요소는 아니지만 그럼에도 불구하고 이성에 의해 주어진 인식의 수단이나 근거, 더 자세히 말하자면 이론적이지만 그런 한에서 그렇다고 독단적이지는 않은 인식의 수단이나 근거로서, 이것은 경험의 대상일 수 있는 자연의 합목적성이라는 개념, 다시 말해 내재적이지만 초월적이지 않은 개념으로 귀나 눈의 구조에 대한 개념과 같은 것인데, 그러나 경험이 문제시될 때 이런 구조에 관해 에피쿠로스가 인정한 것 이상의 인식은 없다는 것을, 즉 자연이 눈들과 귀들을 만든 후에 우리는 그것들을 보고 듣기 위해 사용한다는 것은 알지만, 그렇다고 해서 그것들을 만든 원인 자체가 언급된 목적에 맞추어 이런 구조들을 만들 의도를 가지고 있었다는 것을 증명하지는 않는다. 왜냐하면 우리는 이런 목적을 지각할 수 없으며, 단지 이 대상들에서 합목적성을 인식하기 위해 이런 목적을 당치도 않은 말로 꾸며 대어 끌어들일 수 있을 뿐 294
이기 때문이다.

그러므로 우리는 자연의 목적론[28]에 관한 개념을, 그것도 선천적으로 가지고 있다. 왜냐하면 그렇지 않다면, 우리는 이 개념을 자연의 객관들에 대한 우리의 표상 속에 집어넣어서는 안 되며 단지 경험적 직관인 이런 표상으로부터 이 개념을 이끌어 내어야 하며, 그리고 또한 전혀 인식이 아닌 이런 표상 방식의 선천적 가능성은 우리가 우리 자신 안에서 목적에 따른 결합의 능력을 지각한다는 사실에 의거하기 때문이다.

따라서 (자연 목적들에 관한) 자연-목적론적[자연-신학적][29] 이론들은 전혀 독단적이 아니며 더욱이 최종목적에 관한, 즉 목적들의 계열에서의 무조건적인 것에 관한 개념을 제공해 줄 수 없다 하더라도, 자유 개념은, 감각적-무조건적 인과성으로서 우주론에서도 등장하듯이, 물론 회의적으로 공격받기는 하지만 그럼에도 반박되지 않고 남아 있으며, 이와 더불어 최종목적이라는 개념도 역시 매한가지인데 게다가 대체로 주어지거나 생각된 대상들의 모든 합목적성과 마찬가지로 최종목적이라는 개념에는 객관적 실재성이 이론적-독단적으로 확보될 수는 없다 하더라도, 이 개념은 도덕적-실천적 관점에서는 없어서는 안 되는 것으로서 간주된다.

순수 실천 이성의 이런 최종목적은 세계에서 가능한 한에서의 최고선이지만, 이 최고선은 단지 자연이 제공할 수 있는 것, 즉 지복(즐거움의 최대의 총계)에서만 구할 수 있는 것이 아니라, 또한 이성이 이성적인 세계 존재자들에게 지복을 허용할 수 있게 해 주는 유일한 조건인 것, 즉 최고의 요청인 것에서도, 다시 말해 동시에 이성적인 세계 존재자들의 도덕적이며 가장 합법칙적인 행위에서도 구할 수 있다.

이성의 이런 대상은 초감성적이며, 최종목적인 이런 대상으로 전진해 나아가는 것은 의무이므로, 이런 이행을 위한 그리고 이런 이행에서의 전진을 위한 형이상학의 단계가 있어야만 한다는 것은 명백하다. 그러나 어떤 이론도 없다면, 이것은 불가능하다. 왜냐하면 최종목적은 전적으로 우리의 손안에 있지 않으며, 따라서 우리는 최종목적이 생겨날 수 있는 원천에 대한 이론적 개념을 형성해야만 하기 때문이다. 그럼에도 불구하고 대상이 초감성적인 것이기 때문에, 이 이론은 우리가 객관들에서 인식하는 것에 의해서가 아니라 기껏해야 우리가 집어넣은 것에 의해서 발생할 수 있다. — 그러므로 이 이론은 단지 실천적-독단적 관점에서만 생겨나게 될 것이며, 또한 최종목적이라는 이념에도 역시 이런 관점에서만 충분한 객관적 실재성이 확보될 수 있을 뿐이다.

목적 개념에 관해 보자면, 이것은 언제나 우리 자신이 만든 것이며 또
295 한 최종목적 개념은 이성에 의해 선천적으로 형성된 것임에 틀림없다.

이렇게 만들어진 개념들을, 또는 이론적 관점에서 보자면 오히려 초월적 이념들을 분석적 방식에 의해 제시하자면, 그것들은 세 가지이다. 즉 우리 안의, 우리 위의, 우리 이후의 초감성적인 것이 그것이다.

1) 자유. 우리는 여기서 출발해야 한다. 왜냐하면 세계 존재자의 이런 초감성적인 것으로부터만 우리는 도덕 법칙들이란 이름 아래 법칙들을 선천적으로, 즉 독단적으로 그러나 단지 실천적 의도에서 [-] 이런 의도에서만 최종목적이 가능하다 [-] 인식할 수 있는데, 이 법칙들에 따르면 순수 실천 이성의 자율은 동시에 최종목적의 형식적 조건인 도덕성에 관해 볼 때, 감각적 존재자들인 우리들에게 자연의 영향들이 행사

할 수 있는 모든 장애들에도 불구하고 동시에 지성적 존재자들로서 게다가 여기 지상의 삶에서 최종목적에 도달할 수 있는 능력인 독재,[30] 즉 최고선에 도달하려는 우리 안의 원리인 덕에 대한 믿음으로 간주되기 때문이다.

2) 신. 최고선의 전적으로 충분한 우리 위의 원리인 신은 도덕적인 세계 창조자로서, 도덕성에 적합한 세계 안에서의 지복이라는 이 최종목적의 재료적 조건에 관한 우리의 무능력을 보충해 준다.

3) 영혼불멸. 사멸하는 존재자들의 도덕적 행위에 적합한, 무한하게 진행해 나아가는 도덕적이며 자연적인 결과들과 함께 사멸하는 존재자들인 우리 이후의 우리의 현존의 지속.

초감성적인 것에 대한 실천적-독단적 인식의 바로 이런 계기들을 종합적인 방법에 의해 제시해 보자면, 최고의 근원적인 선의 무제한적인 소유자에서 출발하여 감성적 세계에서 (자유에 의해) 이끌어져 나온 것으로 진행하며, 인간들의 이런 객관적 최종목적의, 내세의 지성적인 세계에서의 결과들에서 끝나며, 따라서 신, 자유, 영혼불멸의 순서로 체계적으로 결합되어 있다.

현실적인 인식을 위해 이 개념들을 규정하는 인간 이성의 성향에 관해서는 증명이 필요하지 않으며, 또한 바로 이 때문에, 즉 단지 이런 인식에 도달하기 위해 필요한 탐구가 된 형이상학은 이 목적을 향해 끊임없이 작업해 왔기 때문에 정당화를 필요로 하지 않는다. ― 그러나 형이상학의 최종목적은 초감성적인 것에 대한 인식인데, 이 초감성적인 것에 관해서 형이상학은 라이프니츠-볼프의 시대 이후에 무엇을 그리고 또한 얼마 296
나 많은 것을 달성했으며, 그리고 도대체 무엇을 달성할 수 있는가? 이것은 무릇 형이상학이 그것을 위해 있다고 생각되는 것인 최종목적을 성취하려 한다면, 대답되어야만 하는 질문이다.

학술원 과제의 해결

Ⅰ. 초감성적인 것과 관련하여 형이상학은 어떤 진보를 이룰 수 있는가?

감관들의 대상들을 넘어서서 이론적 인식은 절대로 있을 수 없으며, 또한 이 경우에 모든 것은 선천적으로 개념들에 의해 인식되어야만 하기 때문에, 이론적-독단적 인식이란 있을 수 없는데, 그것도 모든 개념들 밑에는 그것들에 객관적 실재성을 제공하는 어떤 하나의 직관이 놓여 있을 수 있어야 하지만, 우리의 모든 직관은 감각적이라는 단순한 이유 때문에 그렇다는 것이《순수 이성 비판》에 의해 충분히 증명되었다. 다시 말하자면 이것은 우리가 초감성적인 대상들인 신 및 우리 자신의 자유 능력과 (육체와 분리된) 우리의 영혼의 본성에 대해 아무것도 인식할 수 없으며, 이런 사물들의 현존에 속하는 모든 것의 이런 내적인 원리 및 그 결과들과 귀결들도 [−] 이런 것들에 의해 이 사물들의 현상들이 우리에게 아주 조금이나마 해명가능해지며 또한 그 원칙도, 즉 객관 자체도 우리에게 인식가능할 수 있게 된다 [−] 우리에게는 전혀 인식될 수 없음을 의미한다.

그러므로 이제 그럼에도 형이상학의 목적 전체를 충족시켜 주는 형이상학의 세 번째 단계일 초감성적 대상들에 대한 실천적-독단적 인식이 있을 수 없는지가 문제이다.

이 경우에 우리는 초감성적 사물을 그 자체인 것에 의해서가 아니라 단지 우리가 그것을 생각하는 방식에 의거하여 가정해야 하며, 또한 순수한 도덕적 원리의 실천적-독단적 객관에, 즉 최고선인 최종목적에 스스로 적합하게 되려면, 이런 사물의 성질을 가정해야만 할 것이다. 우리는 여기서 우리 스스로 그것도 단지 필연적인 실천적 목적을 위해 만든, 그리고 아마도 우리의 이념 바깥에서는 (이념이 다른 경우에 모순을 포함하지 297 않는다 하더라도) 전혀 현존하지도 않으며 아마 있을 수도 없는 사물들의 본성에 대한 탐구를 실행하지는 않을 것이다. 왜냐하면 그럴 경우 우리는 한도를 넘어선 것으로 나아갈 것이기 때문이다. 오히려 우리는 단지 우리가 이성에 의해 어쩔 수 없이 필연적으로 만든 이념에 따른다면, 행위의 어떤 도덕적 원칙들이 의무가 되는가를 알고자 할 뿐이며, 또한 여기서 이론적 인식을 완전히 포기한다 할지라도 대상의 성질에 대한 실천적-독단적 인식과 앎이 나타나게 될 것인데, 후자의 실천적 인식에서 문제가 되는 것은 오직 우리가 우리의 인정[31]의 양태에 부가하는 명칭일 뿐이며 [-] 이 명칭은 이런 의도를 위해 (순전한 의견의 경우처럼) 너무 적은 것을 포함하지도 않지만 그렇다고 해서 또한 (개연적인 것으로 간주하는 경우처럼) 너무 많은 것을 포함하지도 않아야 한다 [-] 그렇게 해서 회의론자들에게 승리를 가져다주게 될 것이다.

그러나 우리 스스로는 그것이 순전히 주관적 근거들에 의거하는지 아니면 객관적 근거들에 의거하는지 결정할 수 없는 인정인 신념은 순전한 느낌으로서의 확신과는 완전히 대립되는데, 이런 확신의 경우 주관은 그 객관적 근거들의 이름을 댈 수 없음에도 불구하고, 따라서 이런 근거들의 객관과의 결합에 관해 명확하게 파악할 수 없음에도 불구하고, 이런 객관적 근거들과 또한 그 근거들이 충분하다는 것을 의식한다고 믿는다. 그런데 이 양자는, 이론적인 것이든 실천적인 것이든, 독단적 인식에서의 인정의 양태들에 속할 수는 없다. 왜냐하면 독단적 인식은 원리들로부터의 인식이어야 하며, 따라서 또한 명확하고 이해가능하며 전달가능한 표상의 능력이어야 하기 때문이다.

그런데 이론적 의도에서의 평가에 근거한 의견이나 앎과는 상이한 이런 인정의 의미는 믿음이라는 말로 표현될 수 있는데, 이 믿음이라는 말은, 행위의 객관적인 실천적 규칙이 필연적인 것으로 그 밑바탕에 놓여 있기 때문에, 필연적인 가정이나 전제(가설)를 의미하는데, 이런 실천적 규칙의 경우 우리는 실행 가능성과 그로부터 생겨나는 객관 자체의 가능성을 물론 이론적으로는 통찰하지 못하지만, 그럼에도 이것들이 최종목적과 일치하는 유일한 방식은 주관적으로 인식한다.

이런 믿음은 예를 들자면 '신이 있다'는 이론적 명제를 실천 이성에 의해, 그것도 여기서는 순수한 실천 이성으로 고찰된 실천 이성에 의해 인정하는 것으로, 이 경우 우리의 노력과 최고선의 일치인 최종목적은 전적으로 필연적인 실천적, 즉 도덕적 규칙에 종속하지만, 그 결과는 우리가 근원적인 최고선의 현존을 전제할 경우에만 가능한 것으로 생각될 수 있기 때
298 문에, 우리는 실천적 의도에서 필히 이 최고선을 선천적으로 가정하지 않을 수 없다.

그러므로 곡물거래와는 무관한 부류의 사람들에게는 봄철 내내 가뭄이 지속된 다음에 수확이 나쁠 것이라 전망하는 것은 순전한 의견이며, 그 일이 발생한 다음에는 앎이지만, 이런 곡물거래에 의해 이득을 올리는 것이 자신의 목적이며 관심사인 상인에게는 수확이 좋지 않을 것이며 따라서 사업과 일에서 잘 견뎌 내려면 어떤 결단을 내려야 하기 때문에 그의 비축물을 아껴야만 하겠다는 것은 믿음인데, 그러나 단지 이런 영리함의 규칙들에 의거해 이끌어 낸 결단의 필연성은 조건 지워진 것이지만, 이에 반해 도덕적 준칙을 전제하는 결단은 전적으로 필연적인 원리에 의거한 것이다.

그러므로 도덕적-실천적 관점에서 믿음은 또한 그 자체로 도덕적 가치를 가진다. 왜냐하면 그 믿음은 자유로운 가정을 포함하기 때문이다. 순수 실천 이성의 신앙고백의 세 가지 조항에 대한 믿음인 — 나는 세계 내의 모든 선의 원천이며 최종목적인 유일신을 믿으며 — 인간에게 달려 있는 것인 한, 나는 세계 내의 최고선과, 즉 최종목적과 일치할 가능성을 믿

고 — 세계 내에서 가능한 최고선으로 세계가 끊임없이 다가가기 위한 조건으로서 나는 내세의 영원한 삶을 믿는다는 — 이 믿음은 말하자면 자유로운 인정인데, 이런 인정이 없다면, 이 믿음 역시 도덕적 가치를 가지지 않을 것이다. 그러므로 믿음은 어떤 명령('믿어라')도 허용하지 않으며 또한 이런 믿음의 정당성에 대한 증명은 이론적으로 고찰된 이 명제들이 참이라는 것에 대한 증명이 아니며, 따라서 이 명제들의 대상들의 현실성에 대한 객관적 가르침이 아니다. 왜냐하면 이런 가르침은 초감성적인 것에 관해서는 불가능하기 때문이다. 오히려 이 믿음은 마치 우리가 이런 대상들이 현실적으로 있다는 것을 아는 것처럼 그렇게 행동하라는, 주관적이며 게다가 실제로 실천적으로 타당하며 또한 이런 의도에서는 충분한 가르침인데, 이런 표상 방식은 (너무 적게 가정하기보다는 오히려 너무 많이 가정하라는) 영리함의 이론인 기술적-실천적 의도에서 필연적인 것으로 간주되어서는 안 되며 [-] 왜냐하면 그렇지 않다면, 믿음은 정직한 것이 아닐 것이기 때문이다 [-] 오히려 우리가 이미 스스로 의무로서 과한 것을, 즉 세계 내에서 최고선의 촉진을 추구하기 위해, 최고선의 가능성에 관한 이론을 위한 보충물을 기껏해야 이성의 순전한 이념들에 의해 부가하기 위한 도덕적 의도에서만 필연적인 것인데, 이를 위해 우리는 앞서 언급한 객관들인 신, 실천적 특성에서의 자유 그리고 불멸성을 단지 우리에게 드러난 도덕 법칙들의 요청의 결과로 만들며 또한 이것들에 임의로 객관 299
적 실재성을 부여한다. 왜냐하면 우리는 이 이념들에서는 모순이 발견될 수 없으리라 확신하며, 또한 이런 이념들을 가정하는 것은 도덕성의 주관적 원리들과 도덕성의 강화에, 따라서 행함과 당함 자체에 되돌아 영향을 미치는 것은 다시금 그 의도에서 도덕적인 것이기 때문이다.

그러나 이런 신앙 이론들의 결과로 신이 존재하며, 신의 의지에 일치하는, 최고선의 이념에 적합한 도덕적 행위가 세계에서 발견될 수 있으며, 모든 인간에게 내세의 삶이 있다는 것은 개연적이라고 주장되는데, 이런 신앙 이론들이 참이라는 것에 대한 이론적 증명 역시 있을 수 없는가? — 대답은 개연성이라는 말이 여기에 쓰일 경우 완전히 불합리하다는 것이다. 왜냐하면 개연적인 것[32]은 충족적인 근거의 절반보다 더 큰 인정의 근거를 그 자체로 가지는 것이며, 따라서 인정의 양태에 대한 수학적 규정인데, 여기서 수학적 규정의 계기들은 종류가 같은 것으로 가정되어야 하며 또한 그래서 확실성으로의 접근이 가능하지만, 이에 반해 다소간 그럴듯한 것의 근거는 종류가 다른 근거들로 되어 있으며 바로 이런 이유 때문에 이것이 충분한 근거와 맺는 관계는 전혀 인식될 수 없기 때문이다.

그런데 초감성적인 것은 우리에게 가능한 모든 인식을 넘어서 있는 것이기 때문에, 그 종류에 있어서조차 감각적으로 인식가능한 것과는 구별된다. 그러므로 우리가 감성적인 것의 영역에서 확실성에 도달할 수 있으리라 희망해도 좋도록 해 주는 그런 전진과 동일한 전진을 통해 초감성적인 것에 도달할 수 있는 길은 없으며, 따라서 또한 확실성에 대한 접근도, 개연성이라 불릴 수 있는 논리적 가치를 지닌 인정도 없다.

이론적 관점에서 이성이 아무리 각고의 노력을 기울인다 해도, 우리는 신이 현존하며 최고선이 현존하고 내세의 삶이 임박했다는 확신에 조금도 가까이 다가서지 못한다. 왜냐하면 초감성적 대상들의 본성을 우리는 전혀 통찰하지 못하기 때문이다. 그러나 실천적 관점에서 이런 대상들에 관한 이념이 우리의 순수 이성의 최종목적에 도움이 된다고 판단하는 한, 우리는 이런 대상들을 스스로 형성하는데, 이 최종목적은 도덕적으로 필연적인 것이므로, 이 경우에 주관적인 관계에서, 즉 인간의 자유의 사용을 위해 실재성을 가지는 것을 [-] 이것이 이런 자유의 법칙들에 따르는
300 행동들에서 경험에 제시되기 때문에 [-] 이 형식에 맞는 객관들의 현존에 대한 인식으로 간주할 수 있다는 착각을 당연히 야기할 수 있다.

이제 순수 이성의 최종목적으로의 전진에서 형이상학의 세 번째 단계를 설명할 수 있다. — 이 단계는 원을 형성하는데, 이 원의 경계선은 자기 자신에게로 되돌아오며 또한 그렇게 해서 초감성적인 것에 대한 인식 전체를 포섭하며, 이 원 바깥에 이런 종류의 인식이란 더 이상 없지만, 그럼에도 이 원은 또한 이런 이성의 요구를 충족시켜 줄 수 있는 모든 것을 포함한다. — 이성이 처음의 두 단계들에서 여전히 얽매어 있던 모든 경험적인 것으로부터 해방되고 또한 단지 현상 안에서만 대상들을 이성에 표상해 주었던 감각적 직관의 조건들로부터 해방되고 그리고 자신의 대상들을 그 자체인 대로 고찰하게 해 주는 이념들의 관점에 자리 잡고 난 뒤에, 이성은 초감성적이지만 도덕의 규준에 의해 인식가능한 능력인 자유로부터 이론적-독단적으로 출발하여, 또한 실천적-독단적 의도에서, 다시 말해 세계 내에서 촉진되어야 하는 최고선인 최종목적을 향한 의도에서 다시금 그리로[자유로] 되돌아오는 지평을 그려 내는데, 이런 최종목적의 가능성은 신, 영혼불멸이라는 이념들과 도덕성 자체에 의해 명령된, 이런 목적에 도달할 수 있다는 신뢰에 의해 보완되며, 또한 이렇게 해서 이 개념에 객관적이지만 실천적인 실재성이 마련된다.

명제들, 즉 신이 존재한다는, 세계의 본성에는 도덕적 합목적성과의 일치를 위한, 파악불가능하지만 근원적인 성향이 있다는, 마지막으로 인간의 영혼에는 도덕적 합목적성을 향하여 끊임없이 전진할 수 있도록 해 주는 그런 성향이 있다는 — 이 명제들 자체를 이론적-독단적으로 증명하려는 것은 [-] 두 번째 명제에 관해 볼 때, 세계에서 발견될 수 있는 자연적 합목적성에 의해 이 명제를 해명할 경우 앞서의 도덕적 합목적성을 가정하도록 촉진할 수 있다 하더라도 [-] 한도를 넘어선 것으로 빠져드는 것이 될 것이다. 이와 동일한 것이 인정의 양태인, 꾸며 낸 인식과 앎에 대해서도 타당한데, 이 경우 이 이념들은 우리 스스로 자의적으로 만든 것이지 객관들로부터 도출한 것이 아니며, 따라서 이론적 의도에서는 가정 이상의 것을 하는 것은 정당하지 않지만, 그럼에도 실천적 의도에서 이런 이념들을 가정하는 것은 이성에 맞는 주장으로 정당화된다는 것을 잊는다.

그런데 이런 사실로부터 생겨나는 놀라운 결과는 다음과 같다. 세 번
301 째 단계, 즉 신학의 영역에서의 형이상학의 전진은 최종목적을 향해 가는 것이라는 바로 그런 이유에서 모든 것 중 가장 쉬운 전진이며, 또한 형이상학은 비록 여기서 초감성적인 것에 관계하지만 그럼에도 이런 전진은 한도를 넘어선 것이 아니며, 오히려 철학자들과 마찬가지로 평범한 상식에게도 [—] 그것도 철학자들이 한도를 넘어선 것으로 나아가지 않도록 상식에 의해 조정되어야만 할 정도로 [—] 파악가능한 것이다. 지혜론인 철학은 단지 순수 실천 이성의 능력으로부터, 다시 말해 초감성적이지만 실천적인, 선천적으로 인식가능한 원리인 자유 개념으로부터 도출된 것인 한에서의 도덕으로부터 나온 것으로서, 사변 학문인 철학에 대해 이처럼 우위를 점한다.

형이상학의 최종목적인 초감성적인 것에 관하여 [—] 첫째 최고의 근원적인 선인 신적 본성의 인식에 관하여, 둘째 그 안에서 그리고 그것에 의해 최고의 도출된 선이 가능하다고 생각되는, 그런 세계의 본성에 대한 인식에 관하여, 셋째 이런 최종목적에 적합한 전진을 위해 요구되는 자연 성질을 부여받은 한에서의 인간의 본성에 대한 인식에 관하여 [—] 이론적-독단적으로 확장하려는 형이상학의 모든 시도들은 무용한 것이며 — 라이프니츠-볼프의 시대가 끝날 때까지 행해진 모든 시도들은 무용한 것이었다고 나는 주장하며, 그리고 또한 동시에 미래에 실행될 수 있는 모든 시도들이 반드시 실패하리라는 것은 이제 형이상학에서 이론적-독단적 방식으로 형이상학의 최종목적에 도달하리라 전혀 기대할 수 없으며 또한 이 영역에서의 이른바 모든 인식들은 초월적인 것, 따라서 완전히 공허한 것이라는 사실에 의해 증명될 것이다.

초월 신학[33]

형이상학에서 이성은 모든 사물들의 기원인 근원 존재자와 그것의 내적 성질에 대한 개념을 형성하고자 하며, 또한 주관적으로 사물성 전반에 관한 근원 개념으로부터, 다시 말해 그 개념 자체가 비존재를 표상하는 것과 구분하여 그 개념 자체가 존재를 표상하는 것으로부터 출발하지만, 다만 이성은 객관적으로도 이런 근원 존재자에서 무조건적인 것을 사유하기 위해 이 근원 존재자를 실재성 전체를 포함하는 것(가장 실재적인 존재자)으로 표상하며, 그렇게 해서 최고의 존재자인 근원 존재자 개념을 철저히 규정하는데, 이런 일은 다른 개념이 할 수 있는 것이 아니며, 또한 302
이런 존재자의 가능성이 문제가 될 경우, 이것을 증명하는 것은 라이프니츠가 덧붙인 것처럼 어렵지 않다. 왜냐하면 순전한 긍정들인 실재성들은 서로 모순될 수 없으며, 또한 그 개념이 자기모순이 아니기 때문에, 사유 가능한 것은, 다시 말해 그것에 대한 개념이 가능한 모든 것은 또한 가능한 사물이기 때문이다. 그럼에도 여기서 비판에 의해 인도된 이성은 아마 머리를 가로저을 것이다.

형이상학이 개념들을 사태들로 간주할 뿐 아니라 사태들을 또는 오히려 사태에 대한 이름들을 개념들로 간주하고 이렇게 해서 전적으로 당치도 않은 말로 둘러대면서 공허한 것으로 빠져든다면, 형이상학에 대해서도 고개를 가로저어야 할 것이다.

우리가 선천적으로 사물 전반에 관하여 따라서 존재론적으로 하나의 개념을 형성하고자 한다면, 사유 속에서 가장 실재적인 존재자 개념을 근원 개념으로 밑바탕에 놓는다는 것은 참이다. 왜냐하면 먼저 부정에 대립하는 실재성을 정립된 어떤 것으로 생각하지 않는다면, 부정을 제거라고 생각할 수 없으므로, 사물의 규정인 부정은 언제나 파생된 표상이며, 그리고 또한 이처럼 우리가 사유의 이런 주관적 조건을 사태 자체의 가능성의 객관적 조건으로 만든다면, 모든 부정들은 단지 실재성들의 총괄개념의 제한들로 간주되어야만 하며, 따라서 사물들의 가능성이라는 이 하나의 개념 이외의 모든 사물들은 단지 이것[실재성들의 총괄개념]으로부터 파생된 것으로 간주되어야만 하기 때문이다.

형이상학이, 어떻게 그럴 수 있는지 놀랍게도, 마법을 써서 고안해 낸 이 일자는 최고의 형이상학적 선이다. 대리석이 수없이 다양한 조각상들을 위한 재료이듯, 이 일자는 모든 다른 가능한 사물들을 산출하기 위한 재료를 포함하는데, 이 사물들은 모두 단지 제한에 의해서만(전체의 특정 부분으로부터 나머지 것을 분리함으로써, 따라서 오직 부정에 의해서만) 가능하며, 또한 이렇게 해서 우주 전체를 침투하여 비추는 햇빛 속의 그늘처럼 악은 단지 사물들의 형식적인 것으로서 세계 내의 선과 구별되며, 세계 존재자들은, 그것들이 단지 부분들이며 전체를 형성하지 못하고 단지 부분적으로만 실재하며 부분적으로는 부정적인 것이기 때문에 악한 것인데, 이런 방식으로 세계를 주조할 경우, 이 형이상학적 신(가장 실재적인 것)은 그럼에도 불구하고(스피노자주의[34]에 반대하는 모든 항의에도 불구하고) 현존하는 존재자들의 전체인 세계와 하나의 동일한 것이라는 의혹을 받게 된다.

그러나 또한 모든 비난은 제쳐 두고, 이제 이 존재자에 대한, 존재론적이라 불릴 수 있는, 이른바 증명들을 검사해 보자.

여기서 증명들은 오직 두 가지이며, 그 이상의 증명이 있을 수 없다. ―
303 우리는 가장 실재적인 존재자 개념으로부터 그런 존재자의 현존을 추론하던가 아니면 어떤 사물의 필연적 현존으로부터 우리가 그 사물에 대해 형성해야 하는 특정한 개념을 추론할 수 있다.

처음의 증명은 다음과 같이 추론한다. 형이상학적으로 가장 완전한 존재자는 필연적으로 현존해야만 한다. 왜냐하면 그런 존재자가 현존하지 않는다면, 그 존재자에게는 완전성이, 다시 말해 현존이 빠져 있을 것이기 때문이다.

두 번째 증명은 정반대로 추론한다. 필연적인 존재자로서 현존하는 존재자는 모든 완전성을 가져야 한다. 왜냐하면 만일 이 존재자가 모든 완전성(실재성)을 자신 안에 가지고 있지 않다면 그 존재자는 자신의 개념에 의해 선천적으로 철저히 규정된 것으로, 즉 필연적인 존재자로 생각될 수 없을 것이기 때문이다.

현존을 사물에 대한 개념을 넘어서서 이 사물에 대한 개념에 덧붙여 정립된 특수한 규정으로 생각하는 처음의 증명은 무근거한 것이다. 왜냐하면 현존이란 순전히 사물의 모든 규정과 함께 사물이 정립되는 것이며, 이를 통해 이 개념은 전혀 확장되지 않기 때문이다. — 이처럼 이 증명이 무근거하다는 것은, 내가 주장하듯, 너무 명확하므로, 더욱이 형이상학자들에 의해 지지될 수 없다고 이미 포기된 것처럼 보이는 이 증명에 머물러 있을 필요가 없다.

두 번째 증명의 추론은 순전한 선천적 개념에 의해 인식을 확장하려고 시도하지 않으며 오히려 어떤 것이 현존한다는 경험 전반이라 할지라도 경험을 그 밑바탕에 두고 있으며, 또한 이로부터 모든 현존은 필연적이거나 우연적인 것이어야 하지만, 후자의[우연적인] 현존은 언제나 우연적이지 않은, 즉 필연적인 존재자에서만 완전한 근거를 가질 수 있는 원인을 전제하기 때문에, 후자의 [필연적인] 자연 성질을 지닌 어떤 존재자가 현존한다고 추론한다는 점에서 더 그럴듯하다.

그런데 우리는 하나의 사물의 현존의 필연성을, 무릇 모든 필연성과 마찬가지로 단지 우리가 이 사물의 현존을 개념들로부터 선천적으로 이끌어 냄으로써 인식할 수 있지만, 현존하는 어떤 것이라는 개념은 철저히 규정된 사물에 대한 개념이기 때문에, 필연적인 존재자라는 개념은 동시에 이 사물의 철저한 규정을 포함하는 개념이 된다. 그러나 우리가 가진 그런 종류의 개념은 오직 유일한 하나의 개념, 즉 가장 실재적인 존재자라는 개념이다. 따라서 필연적인 존재자는 근거로서든 총체로서든 모든 실재성을 포함하는 존재자이다.

이것은 뒷문으로 이루어진 형이상학의 진보이다. 형이상학은 선천적으로 증명하고자 하면서도 경험적인 자료를 밑바탕에 두고 있는데, 아르키메데스가 지구 바깥의 확고한 하나의 점(그러나 그 역시도 지구에 있다)
304 을 사용한 것처럼, 형이상학은 지렛대를 설치하기 위해 그리고 인식을 초감성적인 것으로 들어올리기 위해 이런 경험적인 자료를 사용한다.

그러나 어떤 것이 전적으로 필연적으로 현존한다는 명제가 승인된다 해도, 그럼에도 불구하고 우리는 이처럼 현존하는 어떤 사물에 대한 개념을 전혀 형성할 수 없으며, 따라서 이 사물을 그 자체로 이 사물이 지닌 자연 본성에 의거하여 결코 규정할 수 없다는 것(왜냐하면 필연성이라는 개념과 동일한 술어들인 분석적인 술어들, 예를 들어 불변성, 영원성, 그리고 또한 실체의 단순성은 규정들이 아니며, 따라서 그런 존재자의 통일 역시 증명될 수 없기 때문이다) 역시 그만큼 확실하다면, — 말하자면 이런 존재자에 대한 개념을 형성하려는 시도가 이처럼 잘 되지 않는다면, 이 형이상학적인 신 개념은 언제나 공허한 개념으로 남는다.

그런데 내가 어떤 존재자를 실재성의 전체로 가정하고 있다고 전제하더라도, 이 존재자를 사유 속에서 제거한다면, 모순이 생겨나게 되는 그런 본성을 지닌 존재자에 대한 개념을 확정적으로 제시하는 것은 전혀 불가능하다. 왜냐하면 단지 내가 하나의 판단에서 술어를 제거하지만 그럼에도 또한 주어[로 쓰이는] 개념과 동일한 하나의 술어를 주어[로 쓰이는] 개념 속에 남겨 둘 경우에만 판단에서 모순이 발생하며, 내가 이 사물을 그것의 모든 술어들과 함께 제거한다면, 예를 들어 가장 실재적인 존재자는 없다고 주장한다면, 결코 모순이 발생하지 않기 때문이다.

그러므로 우리는 그 자체로 절대-필연적인 사물에 관해 전적으로 어떤 개념도 형성할 수 없다. (그 근거는 그것은 사물의 성질이 아니라 단지 사물의 표상과 인식 능력의 결합만을, 즉 객관과의 관계만을 포함하는 양태 개념이기 때문이다.) 따라서 우리는 이런 사물이 현존한다는 전제로부터, 이 사물의 필연적 현존에 대한 표상을 넘어 이 사물에 대한 우리의 인식을 확장시켜 주며 그렇게 해서 한 종류의 신학을 정초할 수 있는 그런 규정들을 전혀 추론해 낼 수 없다.

그러므로 몇몇 사람들에 의해 소위 우주론적이라 불리지만, 그럼에도 선험적인 증명(왜냐하면 이 증명은 현존하는 세계를 가정하기 때문이다)은 세계의 성질로부터 아무것도 추론하지 않으며 오히려 필연적인 존재자라는 개념을 전제로 하며, 따라서 선천적인 순수 이성의 개념으로부터 추론하는 것이기 때문에 그럼에도 불구하고 존재론에 속할 수 있는데, 이 증명은 앞의 증명과 마찬가지로 허사가 되고 만다.

라이프니츠-볼프의 시대 이후, 형이상학의 초감성적인 것으로의 이행 305

자연의 조건 지워진 모든 것의 최상 조건으로서 자연의 밑바탕에 놓여 있으며, 따라서 이론에서 밑바탕에 놓여 있는 초감성적인 것으로 형이상학이 이행해 가는 첫 단계는 신학으로 즉 세계와는 본질적으로 구별되는, 모든 사물들의 근원 근거인 지성적 존재자라는 개념으로써, 신 개념의 유비에 의한 것일지라도, 신에 대한 인식으로 이행하는 단계인데, 이 이론 자체는 그러나 이론적-독단적 의도에서가 아니라 실천적-독단적 의도에서 따라서 주관적-도덕적 의도에서 이성으로부터 나오는 것으로, 다시 말하자면 도덕성을 그 법칙들에 의거하여 그리고 또한 그 최종목적에 의거하여 정초하기 위한 것이 아니라 [–] 왜냐하면 도덕성은 여기서 오히려 그 자체로 존립하는 것으로서 밑바탕에 놓여 있기 때문이다 [–] 오히려 객관적이며 이론적으로 고찰할 경우, 우리의 능력을 넘어서 있는, 세계 내에서 가능한 최고선이라는 이념에, 우리의 능력과의 관계 속에서 따라서 실천적 의도에서 실재성을 부여하기 위한 것인데, 이렇게 하기 위해서는 그런 존재자를 사유할 수 있는 순전한 가능성만으로도 충분하지만 또한 동시에 이런 초감성적인 것으로의 이행은, 즉 초감성적인 것에 대한 인식은 단지 실천적-독단적 관점에서만 가능하게 된다.

이것은 도덕적 존재자인 신의 현존을 도덕적-실천적인 한에서의 인간의 이성을 위해서는, 다시 말해 신의 현존을 가정하기 위해서는 충분히 증명해 주는 논증이며, 또한 단지 초감성적인 것으로의 실천적-도덕적 이행인 초감성적인 것에 대한 이론을 정초하는 논증이므로, 따라서 본래 신의 현존에 대한 오롯한 증명이 아니라 단지 어떤 특정한 관점에서, 즉 도덕적 인간이 가지고 있으며 또 가지고 있어야만 하는 최종목적과 관계해서, 다시 말해 단지 신의 현존을 가정하는 합리성과 관계해서 신의 현존을 증명하는 것인데, 이 경우 인간은 도덕적 원리들에 의거하여 그가 스스로 만든 이념을 마치 주어진 대상에서 이끌어 낸 것처럼, 이 이념이 그의 결정에 영향을 미치는 것을 허용할 수 있는 권한을 가진다.

물론 이런 방식의 신학은 도달불가능한 신적 본성에 관한 인식인 신지학[35]이 아니지만, 그럼에도 우리가 단지 우리 안에서는 최종목적들을 위해 불충분하다고 생각하며 그래서 다른 존재자에서, 즉 우리를 넘어서 있는 최고의 존재자에서 가정하는 우리의 의지의 탐구불가능한 규정 근거에 대한 인식인데, 이것은 실천 이성이 우리의 의지에 지정한 것을 따르기 위해 초감성적 본성에 관한 이념에 의해 이론에 아직 결여되어 있는 보완물을 우리의 의지에 제공하기 위한 것이다.

306 그러므로 도덕적 논증은 인간에 의거한 논증[36]이라 할 수 있을 것이며, 이성적인 세계 존재자인 인간들에 대해 전반적으로 타당한 것이지, 단지 이런저런 사람의 우연히 가정된 사유 방식에 대해서만 타당한 것은 아닌데, 인간이 알 수 있는 것 이상의 것을 확실하다고 주장하는, 참에 의거한 이론적-독단적 논증과는 구별되어야만 한다.

II. 라이프니츠-볼프의 시대에, 도덕 신학에서의 이른바 이론적-독단적 진보

이 단계의 형이상학의 진보를 위해 논의되는 철학은 어떤 특수한 분과도 형성하지 않으며, 오히려 이것은 창조의 최종목적이란 장에서 신학에 속해 있지만, 그럼에도 이 최종목적에 관해 주어진 설명에, 즉 이 최종목적은 신의 영광[37]이라는 설명에 포함되어 있는데, 이런 해명은 전체적으로 보아 세계에서 가능한 최고선을, 즉 세계의 현존의 목적론적 최상 조건을 포함하며, 또한 도덕적 창조주인 신성에 적합한 그런 목적의 결합이 현실적인 세계에 있다는 것만을 의미한다.

그러나 세계의 완전성의 조건 전체는 아니지만 그럼에도 최상의 조건은 자유 개념에 의거하고 있는 이성적인 세계 존재자의 도덕성인데, 이성적인 세계 존재자가 도덕적으로 선할 수 있으려면, 이 존재자는 무조건적 자발성인 자유를 다시 의식해야만 하지만, 이런 자유를 전제할 경우 이론적으로 그들이 지닌 합목적성에 의거하여 이성적인 존재자들을 창조에 의해 생겨난, 따라서 다른 존재자의 의지에 의해 생겨난 존재자로 인식하는 것은 전적으로 불가능하며, 마찬가지로 우리는 이성이 없는 자연적 존재자들에서 발견되는 합목적성을 세계와 구별되는 원인에 부여할 수 있으며, 또한 이런 존재자들을 자연적-목적론적 완전성을 무한히 다양하게 가지고 있는 것으로 표상할 수 있지만, 이에 반해 근원적으로 인간에 근거하고 있어야 하는 도덕적-목적론적 완전성은 결과일 수 없으며, 따라서 또한 다른 존재자가 감히 성취할 수 있는 목적일 수도 없다.

그런데 인간은 이론적-독단적 관점에서는 그가 추구해야만 하지만 자신이 전혀 마음대로 할 수 없는 최종목적의 가능성을 전혀 이해할 수 없 307
지만 [-] 왜냐하면 그가 이런 목적론의 자연적인 것과 관련해서 최종목적의 촉진을 밑바탕에 놓는다면, 그는 이 최종목적에서 가장 고귀한 것인 도덕성을 제거하게 되기 때문이다 [−] 그러나 인간은 그것 안에 그가 최종목적을 정립한 모든 것을 도덕적인 것 위에 정초시키는데, 이경우 그는 최종목적인 최고선이라는 개념과 마찬가지로 분리될 수 없는 자연적인 것과의 결합에도 불구하고, 최종목적을 현시할 수 없는 그의 무능력을 보완해 줄 것이 없음을 한탄한다 해도, 그렇다고 해도 인간에게는 세계의 완전성이라는 이런 이상으로 이행하기 위한 도덕적-실천적 원리는 여전히 남아 있다, 다시 말하자면 현상으로서의 세계의 진행이 앞서의 전진을 막기 위해 놓은 장애물들에도 불구하고, 객관 자체인 이 세계 속에는 인간에게는 파악불가능한 자연의 질서에 의거하여 인간의 실천 이성의 초감성적 목적인 최종목적을, 즉 최고선을 향해 나아가는 그런 도덕적-목적론적 결합을 가정할 수 있는 원리는 남아 있다.

세계가 전체적으로 언제나 더 나은 상태로 진보해 간다는 것을 가정할 자격을 인간에게 주는 것은 이론이 아니라 물론 순수 실천 이성인데, 순수 실천 이성은 이런 가설에 따라 행동할 것을 독단적으로 명령하며 또한 그렇게 해서 이 원리에 의거하여 하나의 이론을 형성하지만, 그렇다고 해도 이런 의도에서 인간은 물론 이 이론에 사유가능성 이상의 것을 부가할 수 없는데, 이 점은 이런 이상의 객관적 실재성을 증명하려는 이론적 관점에서는 전혀 충분하지 않지만, 도덕적-실천적 관점에서는 이성에게 완전히 만족스러운 것이다.

그러므로 이론적 관점에서는 불가능한 것, 다시 말해 우리가 살고 있는 세계의 초감성적인 것(지성적 세계)인 파생된 최고선으로의 이성의 전진은 실천적인 관점에서는, 다시 말해 여기 지상에서의 인간의 변화를 마치 천상에서의 변화인 것처럼 나타내기 위해서는 현실적인 것이다. 즉 자연이 우리에게 지각할 수 있도록 해 준 자연 목적론과의 유비에 의해 우리는 (또한 이런 지각과 독립하여) 선천적으로 세계를 도덕적 목적론의 대상과, 따라서 자유의 법칙들에 따른 모든 사물들의 최종목적과 일치되도록 결정된 것으로 가정할 수 있으며 또 그처럼 가정해야만 하는데, 이것은 도덕적 산물인 인간 자체에게 (이 산물이 그의 능력 안에 있는 한) 창조자로서 요구하는 최고선의 이념을 추구하기 위한 것으로서, 이 최고선의 가능성은 외적인 창조자를 밑바탕에 두고 있는 창조에 의한 것이든, 그런 목적에 적합한 인간 본성의 능력에 대한 통찰에 의한 것이든, 이론적 관점에서는, 라이프니츠와 볼프의 철학이 억지 주장한 것처럼, 지지될 수 있는 개념이 아니라 오히려 한도를 넘어선 개념이지만, 그래도 실천적-독단적 308
관점에서는 실재적이며 우리의 의무를 위해 실천 이성에 의해 인가된 개념이다.

Ⅲ. 라이프니츠-볼프의 시대에, 심리학에서의 형이상학의 이른바 이론적-독단적 진보

인간의 통찰들에 대해 심리학은 단지 내감의 대상으로 알려진 한에서의 조건에 제한된 인간에 대한 지식인 인간학 이상의 것이 아니며 또한 그 이상의 것일 수도 없다. 그러나 인간은 또한 자기 자신을 외감들의 대상으로 의식한다, 즉 인간은 육체를 가지며, 내감의 대상이 이 육체와 결합되면 인간의 영혼이라 한다.

인간은 전적으로 순전히 육체만이 아니라는 사실은, 이런 현상이 사태 자체로 고찰될 경우, 엄밀하게 증명된다. 왜냐하면 모든 인식(따라서 또한 자기 자신에 대한 인식)에서 필연적으로 발견되어야 하는 의식의 통일은 표상들이 여러 주관들에 흩어진 채로는 사유의 통일을 형성하지 못하도록 하기 때문이다. 그러므로 유물론은 우리의 영혼의 본성에 대한 설명원리로 사용될 수 없다.

그러나 우리가 육체뿐만 아니라 영혼도 단지 현상들로 간주하고 [－]

이 둘 모두 감관들의 대상들이기 때문에 이것은 불가능하지 않다 [−] 또한 이런 현상의 밑바탕에 놓여 있는 지성체는, 즉 사물 자체인 외적 대상은 이마도 단순한 존재자일 수도 있다는 것을 고려한다면…*

그러나 이런 어려움을 간과할 경우, 즉 영혼과 육체가 종류에서 서로 상이한 두 실체들로서 이것들의 상호성이 인간을 형성한다고 가정한다면, 영혼이 내감의 표상들을 위해 무엇을 그리고 얼마나 많이 기여하는지 혹은 육체 자체가 내감의 표상들을 위해 무엇을 그리고 얼마나 많이 기여하는지, 게다가 이런 실체들 중 하나가 다른 실체와 분리된다면, 영혼은 아마도 모든 종류의 표상들(직관, 지각 그리고 사유)을 전적으로 상실하는 것은 아닌지를 결정하는 것은 모든 철학에게는, 특히 형이상학에게는 불가능한 것으로 남아 있다.

309 그러므로 인간의 물질이 흩어져 버리는 죽음 이후에도 영혼은 그 실체가 남아 있다 하더라도, 계속 살아갈 수 있는지, 즉 계속 사유하고 의욕할 수 있는지, 다시 말해 영혼이 정신(왜냐하면 이 말은 육체 없이도 자기 자신과 자신의 표상들을 의식할 수 있는 존재자를 의미하기 때문이다)인지 아닌지는 전혀 알 수 없다.

라이프니츠-볼프의 형이상학은 물론 이에 대해 이론적-독단적으로 많은 것을 우리 앞에 증명해 보여 주었지만, 즉 영혼의 내세의 삶뿐만 아니라 인간의 죽음에 의해 삶을 잃어버리는 것이 불가능함을, 다시 말해 영혼의 불멸성을 증명했다고 큰소리쳤지만, 아무도 확신시키지는 못했으며, 오히려 그런 증명이 전혀 불가능하다는 것은 선천적으로 통찰될 수 있다. 왜냐하면 우리가 우리 자신을 알도록 해 주는 것은 오직 내적 경험뿐이지만, 모든 경험은 삶에서만, 즉 영혼과 육체가 여전히 결합해 있을 경우에만 이루어질 수 있으며, 따라서 우리는 사후에 무엇일 수 있으며 무엇을 할 수 있을지 전혀 알 수 없으며, 영혼의 분리된 본성을 전혀 인식할 수 없

---

*. 이곳은 수고에서 공백으로 남겨져 있다.

기 때문이다. 그러므로 우리는 아직 살아 있을 동안에 감히 영혼을 육체 바깥으로 옮겨 놓으려고 시도해야 할 것이지만, 이런 시도는 누군가가 거울 앞에서 눈을 감았다고 생각하고는 그가 그로써 무엇을 하려고 하는가라는 질문에 대해 나는 내가 잘 때 내가 어떻게 보이는지를 알고 싶을 뿐이라고 대답하는 것과 거의 유사한 시도가 될 것이다.

그러나 도덕적 관점에서 우리는 사후에(이승에서의 삶을 마친 후에) 인간의 삶 자체를 영원한 것으로, 따라서 영혼의 불멸성을 가정할 충분한 근거를 가지며 그리고 이 이론은 순전한 이념이며 또한 경험의 대상일 수는 없지만, 그럼에도 객관적이지만 단지 실천적인 관점에서만 타당한 실재성을 가지는 것인 초감성적인 것으로의 실천적-독단적 이행이다. 최종목적인 최고선을 계속 추구하는 것은 이런 노력의 무한성과 비례하는 지속을 가정하도록 하며 또한 눈에 띄지 않게 이론적 증명에서 결여된 것을 보충해 주기 때문에, 형이상학자는 자신의 이론이 불충분하다는 것을 느끼지 못하게 된다. 왜냐하면 도덕적 영향에 의해 남모르게 형이상학자는 필경 사물의 본성으로부터 이끌어 냈을 것이라고 오산한, 물론 이 경우에는 불가능한, 인식이 빠져 있다는 것을 깨닫지 못하게 되기 때문이다.

이것이 형이상학의 진정한 최종목적을 형성하는 초감성적인 것으로 형이상학이 이행한 세 단계들이다. 사변과 이론 인식의 길에서 이 목적에 도달하려고 형이상학이 오래전부터 기울여 왔던 노력은 헛된 것이었으 310
며, 또한 이 학문은 다나오스의 딸들[38]의 구멍 뚫린 항아리가 되었다. 도덕 법칙들이 인간 안의 초감성적인 것인 자유를, 즉 그것의 가능성을 이성이 설명할 수는 없지만 그러나 그것의 실재성을 실천적-독단적 이론들에서는 증명할 수 있는 자유를 밝혀낸 다음에야 비로소 이성은 단지 그 사

용이 후자의 관점에 제한된, 초감성적인 것에 대한 인식을 정당하게 요구하게 되었다. 이 경우 순수한 실천 이성의 특정한 짜임새가 드러나는데, 여기서 첫 번째로 세계 창조주인 보편적 입법의 주체, 두 번째로 세계 존재자들에게 적합한 최종목적인 세계 존재자들의 의지의 객관, 세 번째로 세계 존재자들이 이런 목적에 도달할 수 있게 해 주는 세계 존재자들의 상태는 실천적 의도에서 스스로 형성한 이념들이지만, 이 이념들은 이론적 의도에서 제시되어서는 안 된다. 왜냐하면 이 이념들은 그렇지 않을 경우 신학으로부터 신지학을, 도덕적 목적론으로부터 신비론을, 심리학으로부터 정령학을 만들 것이며 그렇게 해서 우리가 실천적인 의도에서 인식을 위해 사용할 수도 있을 사물들을 한도를 넘어선 영역으로 옮겨 놓게 되는데, 이 영역에서 이 사물들은 우리의 이성에게는 전혀 도달할 수 없으며 또한 도달할 수 없는 것으로 남아 있기 때문이다.

형이상학은 이 경우 그 자체로 순수 이성 비판이 완성된 이후에야 건설될 수 있으며 건설되어야 하는 체계로서의 학문의 이념일 뿐인데, 이제 이 체계를 위한 건축 재료가 설계도와 함께 존재한다. 즉 이것은 순수 논리학과 마찬가지로 증가할 수도 증가할 필요도 없는 전체로서, 만일 여기서 자리를 찾는 데 결코 부족한 것이 없을 거미와 숲의 정령이 이곳에 둥지를 틀어 이성이 거주할 수 없게 만들지 않는다면, 계속 거주되며 수리가 되어 보존될 것이 틀림없다.

이 건물은 그다지 광대하지는 않지만, 명료함을 손상시키지 않는 정밀함에서 생겨나는 우아함을 가지고 있기 때문에, 이를 영원불변하게 만들기 위해 다양한 기술자들의 결합된 노력들과 판단들을 필요로 하지 않으며, 따라서 형이상학의 진보들을 단지 열거할 뿐만 아니라 형이상학이 거쳐 온 단계를 측정하라는 왕립 학술원의 과제는 최근의 비판의 시대에 완전히 해결되었다고 할 수 있겠다.

전체의 개관을 위한 후기 311

만일 하나의 체계가 첫째로 그 체계 속의 각각의 원칙이 그 자체로 증명될 수 있으며, 둘째로 그 체계의 정당성이 우려될 경우, 순전한 가설들인 체계가 귀결들인 그 체계의 나머지 모든 원칙들로 불가피하게 끌고 간다면, 그 체계가 참임을 인정하기 위해 요구할 수 있는 것은 더 이상 아무것도 없다.

그런데 이성 비판이 형이상학의 모든 걸음들을 세심하게 주시하고 그 걸음들이 결국 어디로 나아갈지 고려해 본다면, 형이상학은 실제로 이런 상태에 있다. 다시 말하자면 형이상학이 걸려 있는 두 개의 지도리들이 있다. 첫째는 공간과 시간의 관념성에 관한 이론인데, 이 이론은 이론적 원리들에 관계할 경우 초감성적이지만 우리에게는 알려지지 않은 것을 단지 지시할 뿐이지만, 이에 반해 감관들의 대상들에 대한 선천적 인식에 관계하는 목표로 나아가는 길에서는 이론적-독단적이다. 둘째는 인식가능한 초감성적인 것에 대한 개념인 자유 개념의 실재성에 관한 이론인데, 여기서 형이상학은 여전히 단지 실천적-독단적이다. 그러나 이 두 지도리들은 말하자면 서로서로 종속하는 모든 조건들의 총체성에서 무조건적인 것에 관한 이성의 개념이라는 문기둥에 깊이 박혀 있는데, 여기서 현상들과 사물들 자체를 혼동함으로써 순수 이성의 이율배반을 야기하며 또한 이 〈변증론〉에서 감성적인 것으로부터 초감성적인 것으로 이행하도록 유도하는 가상이 제거되어야 한다.

부록들

315 ## No. Ⅰ. 세 번째 수고에 따른 이 저작의 시작

들어가는 말

왕립 학술원의 과제는 자체 내에 다음과 같은 두 가지 물음들을 암암리에 포함한다.

I. 형이상학이 오래전서부터 라이프니츠와 볼프의 시대 직후까지 형이상학의 진정한 목적과 현존의 근거를 형성하는 것에 관해 볼 때 도대체 한 걸음의 진전이라도 이루었는가? 왜냐하면 이런 일이 일어났을 경우에만 특정 시기 이후에 형이상학이 이루었을 수도 있는 더 나아간 진보들에 대해 물을 수 있기 때문이다.

두 번째 물음은 다음과 같다. 형이상학의 이른바 진보가 실질적인 것인가?

우리가 형이상학이라 부르는 것(왜냐하면 나는 아직 형이상학에 대한 특정한 정의를 자제하고 있기 때문이다)은 물론 그 명칭이 발견된 이후 어떤 시대이든지 소유물을 가지고 있었음에 틀림없다. 그러나 우리가 형이상학적 작업에 의해 얻고자 했던 소유물은 형이상학의 목적을 형성하는 것이지, 이 목적을 위해 끌어 모은 수단들의 소유는 아닌데, 이제 학술원이 이 학문이 실질적인 진보를 이루었는지의 여부에 관한 물었을 때 요구되는 것은 이 소유물에 대한 해명이다.

형이상학의 한 부분(존재론)에서 형이상학은 인간의 선천적인 인식의 요소들을, 즉 개념들뿐만 아니라 원칙들에서의 요소들을 포함하며, 또한 그 의도에 의거해서 볼 때도 이런 것들을 포함해야 하지만, 이 개념들과 원칙들 거의 대부분은, 예를 들어 원인 개념과 모든 변화가 원인과 맺는
316 관계에 관한 원칙은 가능한 경험의 대상들에 적용된다. 그러나 어떤 형이

상학도 이런 경험 대상들에 대한 인식을 위해 기획된 적이 없으며, 형이상학에서 앞의 원리들은 어렵게 하나씩 제거되지만, 그럼에도 불구하고 이런 원리들은 빈번히 매우 불운하게도 선천적인 근거들로부터 증명되기에, 우리가 경험을 행할 때마다 이 원리들에 따른 지성의 불가피한 수행 과정과 이 후자의 것[경험]에 의한 연속적인 확증이 최선의 것을 행하지 못한다면, 이성 증명에 의해 이 원리를 확신시킬 수 있으리라 전망하기 어려웠다. 우리는 (가장 일반적인 의미에서 볼 때, 가능한 경험의 모든 대상들에 대한 이성 인식의 학문을 의미할 경우) 물리학에서 언제나 이런 원리들이 마치 (물리학의) 범위에 함께 속해 있는 것처럼 사용해 왔지만, 그러면서도 이 원리들은 선천적 원리들이기 때문에 이 원리들을 분리해 내서 이 원리들을 위한 특수한 학문을 설립하지는 않았다. 왜냐하면 우리가 이 원리들과 함께 가지고 있던 목적은 단지 경험 대상들에 관계하는 것이었으며, 또한 경험 대상들과의 관계 속에서만 이 원리들은 우리에게 이해될 수 있었지만, 그러나 이런 일은 형이상학의 진정한 목적은 아니었기 때문이다. 따라서 만일 이성이 더 고차의 관심을 [－] 경험 대상들에 대한 우리의 선천적 인식의 밑바탕에 놓여 있는 모든 기본 개념들과 원칙들을 찾아내고 이것들을 체계적으로 결합하는 것이 이것을 준비하는 것이었는데 [－] 자기 자신에게 발견해 내지 않았다면, 이성의 이런 사용과 관련하여 분리된 학문으로서 형이상학이 궁리되지는 않았을 것이다.

이 학문의 오래된 명칭인 μετὰ τὰ φυσικά는 이 학문으로써 의도되었던 인식의 유형을 이미 제시해 주고 있다. 우리는 이런 인식을 매개로 하여 전적으로 가능한 경험의 대상일 수 없는 것을 가능하다면 인식하기 위해 가능한 경험의 모든 대상들을 넘어서(자연적인 것을 넘어서) 가고자 하며, 또한 이런 종류의 학문을 얻고자 노력하는 근거를 포함하는 의도에 의거하여 형이상학을 정의하자면, 형이상학은 감성적인 것에 대한 인식으로부터 초감성적인 것에 대한 인식으로 전진해 나아가는 학문이다. (다시 말해 여기서 나는 감성적인 것을 단지 경험의 대상일 수 있는 것으로 이해한다. 감성적인 것은 모두 순전히 현상이며 표상 자체의 객관이 아니라는 것은 나중에 증명할 것이다.) 그런데 이런 일은 경험적인 인식 근거들에 의거하여 이루어질 수 없기 때문에, 형이상학은 선천적 원리들을 포함하게 될 것이며, 또한 수학 역시 이런 원리들을 가지고 있지만 그럼에도 불구하고 이런 원리들은 언제나 오직 가능한 감각적 직관의 대상들과 관계하는 것이므로 이런 원리들을 가지고 우리는 초감성적인 것으로 나아갈 수 없
317 으므로, 형이상학은 그래도 (개념들을 구성하지 않고) 선천적인 개념들로부터 나온 이성 인식의 총체인 그런 철학적 학문으로 표시될 수 있다는 점에서 수학과 구별될 것이다. 결국 인식을 감성적인 것의 한계를 넘어 확장하기 위해서는, 먼저 감성적인 것에도 적용되는 모든 선천적인 원리들에 대한 완벽한 지식이 요구되기 때문에, 우리가 형이상학을 그 목적에 의거해서가 아니라 오히려 선천적인 원리들에 의해 인식을 전반적으로 획득하는 수단에 의거하여, 즉 형이상학의 수행 방식의 순전한 형식에 의거하여 설명하고자 한다면, 형이상학은 개념들에 의한 사물들에 대한 순수 이성 인식의 체계로 정의되어야 한다.

그런데 라이프니츠와 볼프의 시대를 포함하여 이 시기에 이르기까지 형이상학은 자신의 본질적인 목적에 관련하여 볼 때, 조금도 획득한 것이 없으며, 초감성적인 객관에 대한 순전한 개념조차 획득한 적이 한 번도 없다는 것은 [-] 만일 그랬다면 그들[라이프니츠와 볼프]은 동시에 이런 개념의 실재성을 이론적으로 증명할 수 있었을 것이며, 이런 일은 초감성적인 것으로의 최소한의 가능한 전진이었을 것이지만, 이 경우에도 모든 가능한 경험을 넘어서 정립된 이런 객관에 대한 인식은 여전히 빠져 있었을 것이다 [-] 매우 확실하게 주장될 수 있으며, 또한 경험 대상들에 대해 타당한 선천적 개념들에 관하여 선험철학이 여기저기서 어느 정도 획득한 것이 있다 하더라도, 이 획득물은 형이상학이 목적으로 하는 것은 아닐

것이기 때문에, 우리는 이 학문이 이 시기에 이르기까지 자신의 고유한 사명을 향해 조금도 전진하지 못했다고 정당하게 주장할 수 있다.

따라서 우리는 형이상학의 어떤 진보가 요구되는지, 그리고 형이상학이 진정으로 문제 삼는 것이 무엇인지 알고 있으며, 또한 선천적 인식을 [—] 이에 대한 설명은 이 학문의 수단으로 사용되지 목적을 형성하지는 않는다 [—] 다시 말해 선천적인 근거를 가지기는 하지만 그 개념을 위한 대상들을 경험 중에서 발견할 수 있는 그런 선천적 인식을, [형이상학의] 목적을 형성하며 그 대상이 말하자면 모든 경험의 한계를 넘어서 있는 그런 선천적 인식과 구별할 수 있으며, 또한 형이상학은 전자의 인식에서 출발하여 후자의 인식으로 전진해 가는 것이 아니라, 후자의 인식은 전자의 인식과는 엄청난 틈에 의해 분리되어 있기 때문에, 오히려 후자의 인식으로 넘어가고자 한다. 아리스토텔레스는 자신의 범주들과 함께 단지 전자의 인식에 머물러 있었지만, 플라톤은 자신의 이데아들을 가지고 후자의 인식으로 나아가고자 했다. 그러나 형이상학이 다루는 재료에 대해 우선 이처럼 설명한 뒤에 또한 형이상학의 수행 방식이 의거하고 있다고 생각되는 형식이 고찰되어야만 한다.

다시 말해 왕립 학술원의 과제에 암암리에 포함되어 있는 두 번째 요 318
구는 우리가 형이상학이 이루었다고 자부할 수 있는 진보들이 실질적인 것임을 증명하기를 원한다. 이것은 이 영역에서의 이른바 수없이 많은 정복자들이 이 요구를 파악하고 고려하고자 한다면 분명 그들을 곤경에 빠뜨리게 될 어려운 요구이다.

경험에서 그 대상들을 발견할 수 있는 모든 선천적 인식의 기본 개념들의 실재성과 또한 마찬가지로 이 대상들을 이런 기본 개념들 아래로 포섭하도록 해 주는 원칙들에 관해 보자면, 이 개념들이 경험으로부터 도출되지 않고 따라서 선천적으로 순수 지성에서 기원할 수 있는 가능성을 우리가 통찰할 수 없다 하더라도 이 개념들의 실재성을 증명하기 위해 경험이 사용될 수는 있다. 예를 들자면 실체 개념과 모든 변화들에도 불구하고 실체는 지속하며, 단지 우연적 속성들만이 생성하거나 소멸한다는 원칙이 그런 것이다. 형이상학의 걸음은 이처럼 실질적인 것이지 순전히 상상된 것은 아니라는 점을 물리학자는 주저 없이 인정한다. 왜냐하면 그는 이 개념이 오직 하나의 경험에 의해서 결코 반박되지 않으리라 확신하면서, 이 개념을 경험에 의해 진행되는 모든 자연 탐구에 매우 성공적으로 사용하는데, 그 이유는 물리학자가 이 개념이 어떻게 지성에서 선천적으로 발견될 수 있는지를 증명할 수 없다 하더라도, 경험은 이 개념을 결코 반박한 적이 없기 때문이 아니라, 그런 경험을 수행하기 위해 이 개념은 물리학자에게는 없어서는 안 될 길잡이기 때문이다.

그러나 형이상학이 실제로 관계하는 것인 가능한 경험의 영역을 넘어서 있는 것에 대한 개념을 위한 그리고 또한 이런 개념에 의거한 인식의 확장을 위한, 다시 말해 이런 확장이 실질적인 것인지에 대한 시금석을 발견하는 일에서 대담한 형이상학자라도, 그에게 제기된 이런 요구를 단지 이해하기만 해도, 거의 절망할 것이다. 왜냐하면 그가 객관들을 단지 사유하도록 해 주지만 가능한 경험에 의해 증명할 수 있게 해 주지는 않는 그런 개념을 넘어서 나아간다면 그리고 또한 이런 사유가 단지 가능한 것이라면 [-] 그는 이 개념이 그 자체에서 자기모순을 범하지 않는다고 파악함으로써 이렇게 할 수 있다 [-] 그리고 그렇게 해서 그가 대상들을 원하는 대로 생각할 수 있다면, 그를 반박하는 경험을 만나지 않을 수 있다고 확신하는데, 그 이유는 그는 하나의 대상을, 예를 들자면 정령을, 어떤 대상을 결코 경험의 대상일 수 없게 만드는 바로 그런 규정들을 가지고 생각했기 때문이다. 왜냐하면 그는 하나의 사물을 모든 경험의 한계를 넘어서 정립하는 술어들에 의거해 사유하고자 했으므로, 어떤 경험도 이런 그의 이념을 증명해 주지 못한다는 사실도 그에게는 조금도 장애가 될 수 없기 때문이다. 그러므로 그런 개념들은 완전히 공허하며, 따라서 그런 개

념들의 대상들을 현실적인 것으로 가정하는 명제들은 완전히 잘못된 것 319
일 수 있지만, 그럼에도 이런 오류를 발견하는 시금석은 없다.

초감성적인 것에 대한 개념에 이성이 그토록 관심을 가지기 때문에 적어도 시도로서나마 무릇 형이상학은 있으며 항상 있어 왔고 앞으로도 있게 될 것인데, 이런 개념이 객관적 실재성을 가지는지 아니면 순전한 상상에 불과한 것인지의 여부는 동일한 이유에서 이론적인 길에서는 어떤 시금석에 의해서도 직접적으로 결정되지 않는다. 왜냐하면 물론 그 개념에서 모순이 발견될 수는 없지만 그럼에도 불구하고 존재하며 존재할 수 있는 모든 것이 또한 가능한 경험의 대상인지, 따라서 도대체 초감성적인 것에 관한 개념은 전적으로 공허한 것이 아닌지, 그리고 또한 감성적인 것으로부터 초감성적인 것으로의 이른바 전진 역시 전혀 실질적인 것으로 간주될 수 없는 것은 아닌지의 여부는 우리가 이 개념을 가지고 실행할 수 있을 어떤 시험에 의해서도 직접 증명되지도 반박되지도 않기 때문이다.

그러나 이런 구분을 형성하기 전에 형이상학은 단지 초감성적인 것만을 대상으로 가질 수 있는 이념들을 여전히 경험 대상들에 적합한 선천적 개념들과 섞어 버렸다. 왜냐하면 형이상학은 이념들의 기원이, 다른 선천적인 순수 개념들과는 상이한 것일 수도 있다는 것을 생각조차 하지 못했기 때문이다. 이렇게 해서 인간의 이성의 오류의 역사에서 특히 눈에 띄는 일이 일어났다. 즉 이성은 스스로 자연의 사물들과 그리고 무릇 가능한 경험의 대상일 수 있는 것에 관해 (자연과학뿐만 아니라 수학에서도) 매우 많은 양의 선천적 인식들을 획득할 수 있는 능력을 가지고 있다고 느끼며, 또한 이런 진보의 실재성을 실제로 증명했기 때문에, 왜 이성이 자신의 선천적인 개념들을 가지고 더 이상의 성공을 거둘 수 없는지, 말하자면 경험의 대상들에 속하지 않는 사물들과 그런 사물들의 속성들로까지 성공적으로 침투해 들어갈 수 없는지를 예견하지 못했다. 이성은 필히 두 영역들로부터 나온 개념들을 같은 종류의 개념들로 간주해야만 했다. 왜냐하면 이 두 개념들은 경험으로부터 얻어온 것이 아니라 선천적으로 우리의 인식 능력에 근거하고 있는 것인 한, 그 기원에 있어서 실제로 같은 종류의 것이며, 따라서 이런 개념들을 실제로 소유하고 있으며 확장할 수 있다고 똑같이 기대하는 것도 정당한 것처럼 보이기 때문이다.

그러나 다른 특이한 현상이 결국 이념들에 의해 가능한 경험의 모든 한계 너머로 확장되었다고 어림짐작된 지식을 베개 삼아 잠든 이성을 깨
320 웠는데, 이것은 가능한 경험의 한계에 제한된 선천적 명제들은 물론 서로 일치할 뿐 아니라 선천적 자연 인식의 체계를 형성하지만, 이에 반해 경험의 한계를 넘어서는 개념들은 비록 유사한 기원으로부터 나온 것처럼 보이기는 하지만, 한편에서는 이 개념들 서로서로 상쟁하고 다른 한편에서는 자연 인식을 향해 있는 개념들과 상쟁하며 또한 서로서로를 소모시킴으로써 이론적 영역에서 이성으로부터 모든 신뢰를 앗아 가고 무한정의 회의론을 끌어들이는 것처럼 보인다는 사실에 대한 발견이다.

이런 불운에 대항할 수단은 단지 순수 이성 자신이, 즉 어떤 것을 선천적으로 인식하는 능력 전반이 정확하고도 세심한 비판에 종속하며, 게다가 그렇게 해서 감성적인 것에 관련된 이성에 의한 인식의 실질적인 확장 가능성 및 또한 마찬가지로 초감성적인 것에 관련된 확장 가능성이 통찰되던가 아니면 후자가 불가능하다면 초감성적인 것에 관련된 이성의 한계가 통찰되고, 그리고 또한 형이상학의 목적인 후자[초감성적인 것]에 관해 볼 때, 너무 자주 기만적인 것으로 밝혀지는 직접적인 증명들에 의해서가 아니라 선천적인 규정들에 대한 이성의 권리를 연역함으로써, 이성이 가질 수 있는 소유물을 확보하는 것뿐이다. 수학과 자연과학은 그것들이 이성의 순수 인식을 포함하는 한, 인간의 이성 전반에 대한 비판을 필요로 하지 않는다. 왜냐하면 수학과 자연과학의 개념들은 그에 대응하는 대상들이 주어질 수 있는 정도만큼만 나아가기 때문에, 이런 학문들의 명제들의 참에 관한 시금석은 바로 이 명제들 자체 속에 놓여 있지만, 이에 반해

형이상학에서 이 개념들은 이런 한계를 넘어선 대상들에까지 또한 전혀 주어져 있지 않거나 혹은 적어도 개념의 의드된 사용이 요구하는 정도로 주어질 수는 없는 대상들에까지, 즉 개념에 적합하게 주어질 수 없는 대상들에까지 확장되어 사용되기 때문이다.

321 논문

형이상학은 전체적으로 완벽하게 제시될 수 있는 유일한 학문이라는 점에서 모든 학문들 중에서 매우 특출한 것이어서, 더 이상 덧붙이거나 내용적으로 확장해야 할 어떤 것도 후손들에게 남아 있지 않으며, 게다가 이 학문의 이념으로부터 동시에 절대적 전체가 체계적으로 생겨나지 않는다면, 이 학문의 개념이 올바르게 파악되지 않았다고 생각될 수 있다. 그 이유는 형이상학의 가능성은 순수 이성 능력 전체의 비판을 전제하는데, 이 비판에서 이성 능력이 가능한 경험의 대상에 관계하여 선천적으로 수행할 수 있는 것이나, 또는 (결과로 드러나게 될 것처럼) 똑같은 것이지만, 이 능력이 경험 전반의 가능성의 선천적 원리들에 관계하여, 따라서 감성적인 것에 대한 인식을 위해 수행할 수 있는 것은 완벽하게 설명될 수 있지만, 그러나 형이상학이 순전히 순수 이성의 본성에 의해 강제되어 초감성적인 것에 관하여 무엇을 구하는지 혹은 무엇을 또한 인식할 수 있는지는 바로 이 순수한 인식 능력의 성질과 통일에 의해서만 정확하게 제시될 수 있으며 제시되어야 한다는 점에 놓여 있다. 이런 사실로부터 그리고 또한 형이상학에서 발견될 수 있으며 발견되어야 하는 것이 전부 무엇인지 그리고 형이상학의 가능한 내용 전체를 이루는 것이 무엇인지가 형이상학의 이념에 의해 동시에 선천적으로 규정된다는 사실로부터, 이제 형이상학에서 획득된 인식이 전체와 어떤 관계를 가지는지 그리고 한 시대 혹은 한 민족의 실질적인 소유물이 각기 다른 시대나 다른 민족의 소유물과 어떤 관계를 가지며 또한 마찬가지로 우리가 형이상학에서 찾는 인식의 결여와는 어떤 관계를 가지는지를 평가할 수 있게 되며, 그리고 순수 이성의 요구들에 관해 볼 때 민족적 차이란 있을 수 없기 때문에, 한 민족에서 발생한 것, 즉 실패하거나 성공한 것의 실례에서 동시에 모든 시대나 모든 민족에서의 학문 전반의 진보나 결여를 하나의 확실한 척도에 의해 평가될 수 있으며, 이렇게 해서 인간의 이성 전반에 관한 문제인 과제가 해결될 수 있게 된다.

그러므로 이 학문은 물론 가진 것이 별로 없으며, 이 학문을 둘러싸고 있는 경계가 협소하기 때문에, 이 학문을 매우 간략하게, 그렇지만 이 학문의 진정한 소유물을 모두 평가하기에 충분할 정도로 제시할 수는 있다. 그렇지만 이에 반해 순수 이성 비판이 인도하는 얼마 안 되는 원리들로부 322
터 상대적으로 수없이 다양한 결과들이 이끌어져 나오기 때문에, 왕립 학술원이 요구한 대로 형이상학의 소유물을 얼마 안 되는 지면에 그럼에도 완벽하게 제시하려고 시도하는 것은 어려운 길이다. 왜냐하면 단편적으로 실행된 탐구에 의해서는 형이상학에서 아무것도 달성되지 않으며, 모든 명제들이 순수 이성 사용 전체와 일치할 경우에만 유일하게 형이상학의 진보의 실재성이 보증될 수 있기 때문이다. 그러므로 풍성하지만 모호하지 않으면서 간략하게 제시하기 위해 필요한 것은 이어지는 논문에서 지금 해결해야 할 과제를 만족시키는 어려움 이상으로 세심한 주의를 기울이는 것이다.

1절. 자기 자신을 비판에 종속시키는 이성의 일반적 과제

이 과제는 '어떻게 선천적 종합판단들이 가능한가?'라는 질문 속에 포함되어 있다.

말하자면 판단들의 술어가 주어[로 쓰이는] 개념에서 비록 암묵적으로나마 생각된 것을 명확하게 표상한다면, 그 판단들은 분석적이다. 이를테면 모든 물체는 연장된 것이다. 만일 우리가 이런 판단들을 동일판단들이라고 부르고자 한다면, 단지 혼란만을 일으키게 될 것인데, 왜냐하면 그런

[동일]판단들은 모든 판단들이 목표로 해야 하는 개념의 명확성을 위해 아무것도 기여하는 것이 없으며, 따라서 공허하다고 불리기 때문인데, 이를테면 모든 물체는 물체적 (다른 말로 하자면 물질적) 존재자이다. 분석판단들은 물론 동일성에 근거하며 동일성으로 해소될 수 있지만, 그렇다고 동일판단들은 아니다. 왜냐하면 분석판단들은 분해를 필요로 하며 이를 통해 개념의 설명에 쓰이지만, 이에 반해 동일판단들에 의해서는 동일한 것이 동일한 것에 의해 설명되며, 따라서 설명되는 것이 전혀 없기 때문이다.

종합판단들은 판단의 술어가 주어[로 쓰이는] 개념에서 전혀 생각되지 않았던 어떤 것을 포함하기 때문에, 술어[로 쓰이는] 개념에 의해 주어[로 쓰이는] 개념을 넘어서 가는 그런 판단들인데, 이를테면 모든 물체는 무겁다. 여기서 술어가 언제나 주어[로 쓰이는] 개념과 결합되어 있는지 아니면 그렇지 않은지는 전혀 문제가 되지 않으며, 술어가 비록 주어[로 쓰이는]
323 개념에 필연적으로 부가되어야 한다 하더라도, 술어가 주어[로 쓰이는] 개념에서 함께 사유되지 않는다는 것만을 말해 줄 뿐이다. 그래서 예를 들어 '모든 삼각형은 세 각을 가진다'는 명제는 종합명제이다. 왜냐하면 내가 세 직선들이 하나의 공간을 둘러싸고 있다고 생각할 때, 이를 통해 동시에 세 각이 형성되지 않을 수 없다 할지라도, 나는 세 변이라는 개념 속에서 결코 이 변들 사이의 상호 경사를 생각하지 않기 때문이다, 즉 각이란 개념은 변이란 개념 속에서 실제로 생각되지 않기 때문이다.

모든 분석판단들은 선천적 판단들이며, 따라서 엄밀한 보편성과 절대적 필연성을 지닌 타당한 판단들이다. 왜냐하면 이 판단들은 전적으로 모순율에 의거하고 있기 때문이다. 그러나 종합판단들은 물론 특정한 사물들이 어떤 성질의 것인지를 우리에게 가르쳐 주지만, 그 사물들이 반드시 그런 것이어야만 하며 다른 성질의 것일 수는 없다는 것은 결코 가르쳐 주지 않는 경험 판단들일 수 있는데, 이를테면 모든 물체는 무겁다. 왜냐하면 이 경우 판단들의 보편성은 오직 상대적인 것이기 때문이다. 우리가 알고 있는 한 모든 물체들은 무겁다고 할 때의 보편성을 우리는 선천적으로 인식된 엄밀한 보편성인 이성적 보편성과 구분하여 경험적 보편성이라 부를 수 있을 것이다. 그런데 선천적 종합명제들이 있다면, 이 명제들은 모순율에 의거하지 않을 것이며, 이런 명제들에 관하여, 결코 이전에는 일반적으로 제기된 적이 없었으며 더욱이 해결된 적도 없었던, '어떻게 선천적 종합명제들이 가능한가?'라는 위에서 언급한 질문이 등장하게 될 것이다. 그러나 이런 명제들이 실제로 있으며 또한 이성은 단지 이미 획득된 개념들을 분석적으로 설명하기 위해(이것은 먼저 자기 자신을 잘 알기 위해 매우 필요하다) 사용할 뿐 아니라, 더 나아가 이성은 자신의 소유물을 선천적으로 종합적으로 확장할 수 있으며 그리고 또한 형이상학은 형이상학이 사용하는 수단에 관한 한 전자의 이성에 의존하지만, 그 목적이 문제 될 경우에는 전적으로 후자의 이성 사용에 의존한다는 것이 지금 이 논문이 진행되면서 충분히 제시될 것이다. 그러나 후자의 이성이 이루었다고 큰소리치는 진보들이 실질적인 것인지 아닌지는 아직 의심스러울 수도 있기 때문에, 순수 수학은 냉혹한 회의자의 공격에도 불구하고, 오직 순수 이성에 의해 확장된 인식의 실재성을 증명하기 위해 거상처럼 서 있으며, 또한 수학은 자신의 요구들이 정당하다는 것을 보장하기 위해 순수 이성 능력 자체의 비판을 전혀 필요로 하지 않으며, 수학이 있다는 사실 자체에 의해 정당화됨에도 불구하고, 적어도 형이상학을 위해 매우 필요한 과제인 '어떻게 선천적 종합명제들이 가능한가?'라는 과제가 실재함을 입증해 주는 확실한 예가 수학에서 제공된다.

숙련된 수학자였던 플라톤[39)]의 철학적 정신을 다른 어떤 것들보다도 324
더 잘 증명해 주었던 것은 플라톤이 기하학에서 대단하며 예상하지 못했던 많은 원칙들을 가지고 있는 지성을 감동시킨 위대한 순수 이성에 대해 매우 경탄할 수 있었기에, 이런 지식 모두를 우리가 이승에서의 삶에서 새롭게 획득한 것들이 아니라 신적 지성과의 공통성 못지않은 것을 밑바탕에 가질 수도 있을, 훨씬 이전의 이데아에 대한 순전한 상기로 간주할 정도로 몽상적인 사유에 마음을 빼앗겼다는 사실이다. 이성의 이런 산물들은 아마 한 사람의 순전한 수학자를 기쁘게 하여 엄청난 제물을 바치게 할 수는 있겠지만, 그는 이런 산물들의 가능성 때문에 경탄에 빠지지는 않을 것이다. 왜냐하면 그는 오직 객관에 대하여만 숙고하며, 이를 넘어서서 객관에 대해 이처럼 심오한 인식을 수행할 수 있는 주관에 대해 고찰하거나 경탄할 일은 없었기 때문이다. 이에 반해 아리스토텔레스와 같은 순전한 철학자는 자신을 자기 자신으로부터 확장시키는 순수 이성 능력이 경험적 원리들에 의해 인도되어 추론들에 의해 더 보편적인 것으로 전진해 나아가는 능력과는 엄청나게 큰 차이를 가지고 있음을 충분히 깨닫지 못했으며, 그렇기 때문에 또한 그처럼 경탄하지도 않았으며, 오히려 그는 형이상학을 단지 더 높은 단계로 올라가는 자연학[40]이라고 생각했기 때문에, 초감성적인 것으로 나아가는 형이상학의 월권 속에서 낯선 것도 파악불가능한 것도 발견하지 못했는데, 초감성적인 것으로 나아가는 열쇠를 발견하는 일은 실제로 그런 것처럼 매우 어려운 일임에 틀림없다.

2절. 우리 안의 순수 이성을 형성하는 인식 능력들과 관련하여 논의되는 과제의 확정

위의 과제는 단지 우리가 먼저 인간의 선천적 인식을 확장할 수 있게 해 주는 것이며 그리고 특히 우리가 인간의 순수 이성이라 부를 수 있는 그런 능력을 인간 안에서 형성하는 인간의 능력들과의 관계 속에서 이 과제를 탐구함으로써만 해결될 수 있다. 왜냐하면 존재자 전반의 순수 이성이
325 감관 표상들인 경험으로부터 독립하여 사물들을 인식하는 능력을 의미한다면, 이를 통해 그 존재자에서 (예를 들어 신이나 혹은 다른 고차의 정신에서) 이런 종류의 인식이 도대체 어떤 방식으로 가능한지는 확정되지

않으며, 따라서 이 경우 과제도 확정되지 않기 때문이다.

이에 반해 인간이 문제 될 경우, 인간의 모든 인식은 직관과 개념으로 구성된다. 이 둘 모두는 물론 표상이지만, 그러나 아직 인식은 아니다. 어떤 것을 개념들에 의해, 즉 보편적으로 표상하는 것은 사유하는 것이며, 사유하는 능력은 지성이다. 개별적인 것에 대한 직접적 표상은 직관이다. 개념들에 의한 인식은 논증적이며, 직관에서의 인식은 직관적인데, 실제로 하나의 인식을 위해 이 둘은 서로 결합될 필요가 있지만, 인식은 내가 그때마다 인식의 규정 근거로서 특별히 주목하는 것에 의해 이름 불려진다. 양자는 경험적이거나 또한 순수한 표상 방식들일 수 있다는 사실은 이제 곧 우리가 자세히 고찰하게 될 인간의 인식 능력의 특수한 성질에 속한다. 하나의 개념에 대응하는 직관에 의해 대상이 주어지며, 직관이 없다면 대상은 단지 사유될 뿐이다. 개념 없는 순전한 직관에 의해 대상은 물론 주어지지만 사유되지는 않으며, 대응하는 직관이 없는 개념에 의해 대상은 사유되지만 그러나 어떤 대상도 주어지지 않으므로, 따라서 이 두 경우에 대상은 인식되지 않는다. 대응하는 직관이 선천적으로 개념에 부가될 수 있다면, 우리는 이 개념이 구성되었다고 말하며, 그것이 단지 경험적 직관이라면 우리는 이것을 개념에 대한 순전한 실례라고 부르며, 또한 개념에 직관을 덧붙이는 활동은 이 두 경우들 모두 객관의 현시라 하는데, 이런 현시가 (이것이 간접적으로 일어나든 직접적으로 일어나든) 없다면, 어떤 인식도 있을 수 없다.

사유 혹은 개념의 가능성은 모순율에 의거하는데, 이를테면 사유하는 비물체적 존재자(정신)라는 개념이 그런 것이다! 그것에 관해 순전히 생각조차 할 수 없는 (즉 그 개념이 자기모순인) 그런 사물이란 그 자체로 불가능하다. 그러나 그것에 관한 개념이 가능하다 해도, 그 사물은 그렇기 때문에 가능한 사물은 아니다. 처음의 가능성을 우리는 논리적 가능성이라 부를 수 있으며, 두 번째의 가능성은 실재적 가능성이라 부를 수 있는데,

후자의 증명은 개념의 객관적 실재성에 대한 증명으로, 이런 증명을 요구하는 것은 언제나 정당하다. 그러나 이 증명은 오로지 개념에 대응하는 객관을 현시함에 의해서만 수행될 수 있다. 왜냐하면 그렇지 않다면, 이것은 언제나 단지 사유로 남을 것이며, 여기서 어떤 하나의 대상이 이런 사
326 유에 대응하는지 아니면 이 사유는 공허한 것인지, 다시 말해 이 사유가 도대체 인식을 위해 사용될 수 있는지의 여부는 이것이 실례에서 제시되기 전에는 언제나 불확실하게 남아 있다.[2]

---

2. 어떤 저자는 실제로 그 종류에서 유일한 개념인 필연적 존재자라는 개념의 경우를 통해 이런 요청을 무효로 만들려고 하는데, 최종 원인은 적어도 전적으로 필연적인 존재자이어야만 하기 때문에, 이런 존재자의 현존을 우리는 확신할 수 있으며, 또한 이런 존재자에 관한 개념에 대응하는 직관이 어떤 실례에서 주어져야 할 필요도 없이 이 개념의 객관적 실재성은 증명될 수 있을 것이다. 그러나 필연적 존재자라는 개념은 결코 어떤 방식으로 규정된 사물에 관한 개념이 아니다. 왜냐하면 현존은 어떤 사물의 규정이 아니며, 또한 우리는 이런 존재자를 현존에서 독립적인 존재자로 간주하기 때문에, 이 사물이 순전히 현존한다는 것으로부터, 그것이 필연적이라고 간주되든 필연적이지 않다고 간주되든, 이 사물에 어떤 내적 술어들이 부가되는지는 전혀 인식될 수 없기 때문이다.

No. II. 형이상학의 두 번째 단계

순수 이성의 회의론에서의 순수 이성의 정지 상태

비록 정지 상태가 진보라고, 따라서 참으로 거쳐 간 단계라고는 할 수 없다 하더라도, 어떤 특정한 방향에서의 전진이 바로 그만큼의 후진을 피할 수 없는 결과로 가진다면, 그 결과는 마치 그 자리에서 꼼짝도 하지 않았던 것과 마찬가지이다.

공간과 시간은 조건 지워진 것이 그 조건들과 맺는 관계들을 포함하는데, 예를 들어 공간의 특정한 분량은 단지 조건 지워져서만 가능하다, 다시 말해 그 공간을 다른 공간이 둘러쌈으로써만 가능하며, 마찬가지로 특정한 시간도 더 큰 시간의 부분으로 표상됨으로써만 가능하며, 이처럼 현상들인 주어진 모든 사물들의 경우에도 사정은 매한가지다. 그러나 이성은 무조건적인 것을 요구하며, 또한 무조건적인 것과 함께 모든 조건들의 총체성을 인식할 것을 요구한다. 왜냐하면 그렇지 않다면, 이성은 마치 아직 아무것도 대답되지 않은 것처럼 묻기를 중단하지 않기 때문이다.

그런데 이것은 그 자체로 이성을 현혹하지는 않을 것이다. 왜냐하면 자연론에서 얼마나 자주 '왜'에 대해 헛되이 묻지 않으며, 게다가 적어도 무지는 오류보다는 나은 것이기에, 무지에 대한 사과는 타당한 것이라 생각 327
되기 때문이다. 그러나 이성은 가장 확실한 원칙들에 의해 인도되어 한 측면에서 무조건적인 것을 발견했다고 믿지만, 다른 한편에서는 마찬가지로 확실한 원리들에 의해 동시에 무조건적인 것은 반대 측면에서 구해져야 한다는 것을 믿게 됨으로써 스스로 혼란에 빠진다.

이성의 이 이율배반은 이성을 이런 주장들 중 하나의 주장뿐만이 아니라 또한 다른 주장에 대해서도 불신의 회의에 빠지게 할 뿐만 아니라 [−]

이것은 아직 이런저런 식으로 결정 내릴 판단에 대한 희망을 남겨 놓는데 [-] 또한 이성 자체에 대한 절망에 빠지게 하여, 확실성에 대한 모든 주장을 포기하도록 만드는데, 이를 우리는 독단적 회의주의의 상태라 부를 수 있다.

그러나 이성의 자기 자신과의 투쟁은 그 자체로 특수한 것을 동반하는 것이어서 이성은 이런 상쟁을 양자 대결로 생각하는데, 이 대결에서 이성이 공격을 할 경우에는 적을 물리칠 것이라 확신하지만, 그러나 이성이 방어를 해야 할 경우에는 또한 마찬가지로 패배할 것이라 확신한다. 다른 말로 하자면 이성은 자신의 주장을 증명하는 것에 의지하기보다는 오히려 적의 주장을 반박하는 것에 의지할 수 있지만, 적의 주장을 반박할 수 있을지도 전혀 확실하지 않다. 왜냐하면 물음의 의미에 대해 먼저 의견이 일치를 본다면, 두 주장들 모두 잘못 판단한 것일 수도 있거나 아니면 또한 두 주장들 모두 정당한 것일 수도 있기 때문이다.

이 이율배반은 상쟁하는 것들을 두 가지 유형들로 구분하는데, 이 중 하나는 종류가 같은 것의 합성에서 무조건적인 것을 추구하며, 다른 하나는 종류가 다른 것일 수도 있는 다양한 것의 합성에서 무조건적인 것을 추구한다. 전자는 수학적이며 또한 종류가 같은 분량의 부분들로부터 덧붙여감으로써 절대적 전체로 나아가거나, 전체로부터 그것들 중 어떤 것도 다시금 전체가 아닌 부분들로 나아간다. 후자는 역학적이며 또한 결과들로부터, 결과와 실제로 구분되는 최상의 종합적 근거인 사물의 인과성의 최상의 규정 근거나 사물 자체의 현존의 최상 근거로 나아간다.

여기서 첫 번째 유형의 대립들은, 말했듯이, 두 가지 종류들이다. 부분들로부터 전체로 나아갈 경우, '세계는 시초를 가진다'는 주장과 '세계는 시초를 가지지 않는다'는 주장 모두 똑같이 거짓이며, 또한 결과들로부터 근거들로 나아가면서 이처럼 종합적으로 후진하는 경우, 두 주장들은 서로 대립하는 것임에도 불구하고 모두 참일 수 있다. 왜냐하면 하나의 결과는 다수의 근거들을 가질 수 있으며, 게다가 이 근거들은 선험적으로 상이한 것일 수 있기 때문이다, 다시 말하자면, 근거는 감성의 객관이거나 그것의 표상이 경험적 표상 속에 주어질 수 없는 순수 이성의 객관이기 때문이 328
다. 예를 들어 '모든 것은 자연 필연성이며 따라서 자유는 없다'는 정립에 대립하는 반정립은 '자유가 있으며 모든 것은 자연 필연성이 아니다'는 것인데, 여기서 이성의 정지 상태를 야기하는 회의적 상태가 등장한다.

첫 번째 유형의 대립에 관해 볼 때, 논리학에서 서로 반대 대립하는 두 판단들은, 하나가 대립을 위해 필요한 것 이상을 진술하기 때문에, 모두 거짓일 수 있는 것처럼 형이상학에서도 또한 마찬가지이다. 그러므로 '세계는 시초를 가지지 않는다'는 명제를 '세계는 시초를 가진다'는 명제와 관련시켜 볼 때, 이 명제는 대립을 위해 필요한 것 이상도 이하도 포함하지 않으며, 이 두 명제들 중 하나는 참이며, 다른 것은 거짓이어야만 한다. 그러나 내가 '세계는 시초를 가지지 않으며 영원하다'고 주장한다면, 나는 대립을 위해 필요한 것 이상을 진술하고 있다. 왜냐하면 나는 세계가 무엇이 아닌지뿐만이 아니라 세계가 무엇인지도 주장하고 있기 때문이다. 그런데 세계는 절대적 전체로 고찰될 경우 지성체로 생각되지만, 그럼에도 또한 시작이나 무한한 시간에 의거할 경우 현상체로 생각된다. 그런데 내가 세계의 이런 지성적 총체성에 대해 주장하거나 지성체인 세계에 경계를 귀속시킨다면, 두 주장 모두 거짓이다. 왜냐하면 감성계에서의, 즉 시간에서의 조건들의 절대적 총체성을, 내가 가능한 경험 중에 무한하게 주어져 있다고 표상하든 한계 지워져 주어져 있다고 표상하든, 이런 총체성에 의해 나는 자기모순을 범하기 때문이다.

이에 반해 논리학에서 서로 소반대 대립하는 판단들에서 각각의 명제는 대립을 위해 필요한 것보다 더 적은 것을 진술하고 있기 때문에, 두 명제들 모두 참일 수 있는 것처럼, 형이상학에서도 감관들의 대상들에 관계하지만 결과가 근거들과 맺는 관계만을 다루는 두 종합명제들은 모두 참일 수 있다. 왜냐하면 조건들의 계열은 두 가지 서로 상이한 종류로, 즉 감성의 객관으로든 아니면 순전한 이성의 객관으로 고찰되기 때문이다. 조건 지워진 결과들은 시간 안에 주어지지만, 이것들을 위해 덧붙여 생각된 근거들이나 조건들은 또한 여러 가지일 수 있다. 따라서 '감성계에서 모든 사태들은 자연 원인에 의해 발생한다'고 내가 말한다면, 나는 현상들인 조건들을 밑바탕에 두고 있다. 반대자가 '모든 것은 자연 원인들(현상적 원인들)로부터 생겨나지 않는다'고 말한다면, 처음의 것은 거짓이어야 한다. 그러나 내가 모든 것은 순전한 자연 원인들로부터 생겨나지 않으며 또한 동시에 초감성적인 근거들(지성적 원인들)로부터 발생할 수 있다고 말한다면, 나는 감성계에서의 조건들의 총체성에 대립하기 위해 필요한 것보다 더 적은 것을 진술하고 있다. 왜냐하면 나는 전자의 종류[초감성적인 것]인 조건들에 제한된 것이 아니라, 감관 표상들의 조건들에 제한되어 있는 원인을 가정하고 있으며, 따라서 후자의 종류[감성적인 것]인 조건들과
329 모순을 일으키지 않기 때문이다, 다시 말하자면 나는 순전히 지성적인 원인을 표상하는데, 이 지성적인 원인에 대한 사유는 이미 그 안에 있는 모든 것이 조건 지워져 있는 현상계라는 개념에 놓여 있으며, 따라서 이성은 여기서 조건들의 총체성과 상충하지 않기 때문이다.

우리의 이성 인식을 가능한 경험의 한계 너머로 확장할 수 있다는 확신의 포기인 회의론을 포함하지 않는 이런 회의적 정지 상태는 매우 유익한 것인데, 그 이유는 이런 정지 상태가 없다면, 형이상학이 자신의 최종목적으로 문제 삼고 있는 인간의 가장 커다란 관심을 포기하고, 우리의 이성 사용을 단지 감성적인 것에 제한해야 했거나 아니면, 이미 오랫동안 그래 왔듯이, 통찰들을 획득했다고 지지될 수 없는 억지 주장을 함으로써, 탐구자를 잡아 두어야 했을 것이기 때문인데, 입법하는 형이상학을 두 영역들로 나눔으로써 경험론의 전제뿐만 아니라 무제한적인 이론 숭배의 무정부적 비행을 없앤《순수 이성 비판》이 그 사이에 등장하지 않았더라면, 이런 일이 일어났을 것이다.

No. Ⅲ. 덧붙이는 말

사물의 비존재의 무조건적인 가능성뿐만이 아니라 불가능성은 전혀 생각될 수 없는 초월적 표상들이다. 왜냐하면 조건이 없다면, 어떤 것을 정립하거나 제거할 근거를 가지지 않기 때문이다. 그러므로 사물이 전혀 우연적으로 현존한다든가 또는 전적으로 필연적으로 현존한다는 명제는 두 측면에서 모두 어떤 근거도 가지지 않는다. 따라서 논증적 명제는 객관을 가지지 않는다. 그것은 바로 내가 '각각의 사물은 X이거나 X가 아니다'라고 말하지만 이 X를 전혀 알지 못하는 경우와 마찬가지이다.

모든 세계는 어떤 하나의 형이상학을 이성의 목적으로 가지며, 또한 형이상학은 도덕과 함께 진정한 철학을 형성한다.

필연성과 우연성이라는 개념들은 실체에 관계하는 것처럼 보이지 않는
다. 또한 실체란 언제나 있었으며 지속하고 있어야 하는 것이기 때문에, 우
리는 실체의 현존의 원인에 대해 묻지 않으며, 또한 변화하는 것이 자신의
관계를 기체인 어떤 것에 정초하는지 묻지 않는다. 실체 개념에서 원인 개
념은 사라진다. 실체는 그 자체로 원인이지만 결과는 아니다. 어떻게 어떤 330
것이 자신 바깥에 있는 실체의 원인이어서, 전자[어떤 것]에 의해 후자[실
체]가 자신의 힘을 지속하게 되겠는가? 왜냐하면 그 경우 후자의 결과들
은 단지 전자의 영향들이 될 것이며, 따라서 실체는 그 자체로 최후의 주

체가 아닐 것이기 때문이다.

'모든 우연적인 것은 하나의 원인을 갖는다'는 명제는 '조건 지워진 방식으로만 현존할 수 있는 모든 것은 하나의 원인을 갖는다'는 의미일 것이다.

마찬가지로 근원 존재자의 필연성은 단지 그 존재자의 무조건적인 현존에 대한 표상일 뿐이다. — 그러나 필연성은 그 이상의 것을 의미한다, 즉 그런 존재자가 현존한다는 것을 우리가 인식할 수 있으며, 그것도 그 존재자에 대한 개념으로부터 인식할 수 있다는 것을 의미한다.

조건 지워진 것으로부터 무조건적인 것을 찾아 올라가는 이성의 욕구는 또한 개념들 자체에 관계한다. 왜냐하면 모든 사물들은 실재성을, 게다가 실재성의 정도를 포함하기 때문이다. 실재성의 정도는 항상 오직 조건 지워져서 가능한 것으로, 다시 말하자면 내가 가장 실재적인 것 [–] 사물들의 실재성의 정도는 이것의 제한을 포함한다 [–] 에 대한 개념을 전제하는 한에서만, 가능한 것으로 간주된다.

조건 지워진 모든 것은 우연적이며, 거꾸로도 마찬가지이다.

최고의 존재자(가장 실재적인 존재자)인 근원 존재자는 규정인 모든 실재성을 자신 안에 포함하고 있는 그런 존재자로 생각될 수 있다. — 이

런 존재자는 우리에게는 현실적인 것이 아니다. 왜냐하면 우리는 모든 실재성을 순수하게 알지 못하며, 적어도 우리는 모든 실재성이 매우 상이한 것임에도 불구하고 하나의 존재자에서 발견될 수 있다는 것을 통찰할 수 없기 때문이다. 따라서 우리는 근원 존재자는 근거인 가장 실재적인 존재자라고 가정하게 될 것이며, 이렇게 해서 근원 존재자가 포함하고 있는 것에 관해 볼 때, 이 존재자는 우리에게 완전히 인식불가능한 존재자로 표상될 수 있다.

다음의 사실에는 하나의 특별한 속임수가 놓여 있다. 즉 무조건적으로 현존하는 객관만이 필연적인 것일 수 있으므로 우리는 선험 신학에서 이런 객관을 인식할 것을 요구하기 때문에, 무엇보다도 먼저 우리는 하나의 객관에 관한 무조건적인 개념을 밑바탕에 놓는데, 이 개념은 제한된 객관들에 관한 개념들이란 모두 그 자체로 파생된 것, 즉 달라붙어 있는 부정이나 결여로부터 이끌어진 것이며, 또한 순전히 가장 실재적인 것, 즉 그 331
안에 있는 모든 술어가 실재적인 그런 존재자에 대한 개념만이 논리적인 근원 개념(무조건적인 것)이라는 점에 성립한다. 이것을 우리는 단지 가장 실재적인 존재자만이 필연적일 수 있다는 것에 대한 증명으로 간주하거나 혹은 이와는 정 반대로 절대적으로 필연적인 것은 가장 실재적인 존재자라는 것에 대한 증명으로 간주한다.

우리는 가장 실재적인 존재자는 필연적으로 현존한다는 것에 대한 증명을 피하고자 하며, 오히려 만일 그런 존재자가 현존한다면, 그것은 가장 실재적인 존재자이어야만 한다는 것을 증명하고자 한다. (그런데 우리는 또한 현존하는 모든 것들 중에서 하나의 존재자만이 전적으로 필연적으로 현존한다는 것도 증명해야만 하는데, 아마 우리는 이것을 증명할 수도 있을 것이다.) 그러나 증명은 단지 필연적인 존재자는 현존에 관해 볼 때, 무조건적으로 현존한다는 것 이외에는 우리는 필연적인 존재자 자체에 어떤 속성들이 속하는가에 대해서는 전혀 알지 못한다는 것만을 말하고 있다. 그렇지만 우리는 그런 존재자에 속하는 것이 무엇인지 알지 못한다. 사물들에 대한 우리의 개념들 중 논리적으로 무조건적이지만 그럼에도 철저히 규정된 개념은 가장 실재적인 것이라는 개념이다. 따라서 우리가 이 개념에 대응하는 객관을 가정해도 된다면, 그것은 가장 실재적인 존재자일 것이다. 그러나 우리는 우리의 순전한 개념을 위해 그런 객관을 가정할 자격이 없다.

어떤 것이 현존한다는 가정 아래 어떤 다른 것 역시 필연적으로 현존한다는 것이 귀결되지만, 그러나 그 내적인 술어들과 관련하여 어떤 사물에 대한 개념이 마음대로 가정될 수도 있다 하더라도, 어떤 것이 필연적으로 현존한다는 것은 전적으로 그리고 어떤 조건 없이 인식될 수는 없으며, 또한 이것[어떤 것이 필연적으로 현존한다는 것]이 전적으로 불가능하다는 것은 증명될 수 있다. 그러므로 나는 그것의 가능성을 누구도 이해할 수 없는 어떤 존재자에 관한 개념을 추론해 낸 것이다.

왜 나는 무조건적인 것을 추론하는가? 왜냐하면 이것은 조건 지워진 것의 최상의 근거를 포함하고 있을 것이기 때문이다. 따라서 추론은 다음
332 과 같다. 1) 만일 어떤 것이 현존한다면 무조건적인 어떤 것도 있다. 2) 무조건적으로 현존하는 것은 전적으로 필연적인 존재자로서 현존한다. 후자는 필연적으로 귀결되지 않는다. 왜냐하면 무조건적인 것은 계열을 위해서 필연적인 것일 수 있지만, 그러나 이 무조건적인 것 자체는 그리고 또한 계열은 언제나 우연적일 것일 수 있기 때문이다. 이 후자는 사물들의 (이것들이 무조건적인지 아니면 조건 지워진 것인지에 대한) 술어가 아니라, 사물들이 그 자체로 필연적이든 그렇지 않든, 모든 술어들과 함께 사물들의 현존에 관계하는 것이다. 따라서 이것은 객관이 우리의 개념과 맺

는 순전한 관계일 뿐이다.

현존에 관한 명제는 모두 종합적이며, 따라서 또한 '신이 현존한다'는 명제도 그렇다. 만일 이 명제가 분석적인 것이라면, 현존은 그처럼 가능한 존재자에 관한 순전한 개념으로부터 이끌어져 나올 수 있어야만 할 것이다. 그런데 이것은 두 가지 방식으로 시도되어 왔다. 1) 가장 실재적인 존재자라는 개념에는 그런 존재자의 현존이 놓여 있다. 왜냐하면 현존도 실재성이기 때문이다. 2) 필연적으로 현존하는 존재자라는 개념에는 한 사물의 (만일 어떤 것이 현존한다면, 반드시 가정되어야만 하는) 절대적 필연성이 사유될 수 있는 유일한 방식인 최상의 실재성이라는 개념이 놓여 있다. 그런데 필연적 존재자는 그 개념 속에 이미 최상의 실재성을 포함해야지만, 그러나 최상의 실재성은 (No.1에서 말한 대로) 절대적 필연성이라는 개념을 포함하지 않으며, 따라서 이 개념들이 서로 교환될 수 없다면, 가장 실재적인 것에 관한 개념은 필연적인 것에 관한 개념보다 더 개념에 반하는 것일 수 있다, 다시 말해 가장 실재적인 것과는 다른 사물들이 필연적인 존재자들일 수 있다. 그러나 이런 증명은 바로 필연적인 존재자는 단지 하나의 유일한 방식에 의해서만 사유될 수 있다는 것에 의해 수행된다. 등등

실제로 최초의 속임수는 다음과 같은 점에 놓여 있다. 즉 필연적인 것은 그 개념 속에 현존을 포함하며, 따라서 철저히 규정된 것인 하나의 사물의 현존을 포함하며, 그 결과 이 철저한 규정은 필연적인 것에 관한 개념으로부터 (단지 추론된 것이 아니라) 파생될 수 있는데, 이것은 거짓이다. 왜냐하면 만일 철저한 규정이 하나의 개념으로부터 파생될 수 있으려면, 이 개념은 (동시에 철저한 규정을 포함하는 개념일 뿐인) 가장 실재적인 것에 관한 개념이어야 한다는 것만이 증명되기 때문이다.

따라서 이것은 다음의 사실을 의미한다. 만일 우리가 필연적인 것 자체의 현존을 통찰할 수 있어야 한다면, 우리는 하나의 개념으로부터 사물의

현존을, 즉 철저한 규정을 이끌어 내야만 할 것이다. 그러나 이것은 가장 실재적인 것이란 개념이다. 따라서 우리는 필연적인 것의 현존을 가장 실재적인 것이라는 개념에서 이끌어 낼 수 있어야만 하는데, 이것은 거짓이다. 그것 없이는 내가 어떤 존재자의 현존을 필연적인 것으로 개념들로부터 인식하지 못하게 되는, 그런 속성들이 전자의 개념의 구성적 산물들이 아니라 단지 필요조건으로 간주된다면, 어떤 존재자가 이런 속성들을 가지고 있다고 우리는 말할 수 없다.

선천적으로 종합적인 인식의 원리에 속하는 것은, 만일 합성이 무릇 시간과 공간에 의거하여 발생한다면, 이 합성은 우리 스스로 형성해야 하는 유일하게 선천적인 것이라는 점이다. 그러나 경험을 위한 인식은, 실재적 (선험적) 도식이든 유비에 의한 (상징적) 도식이든, 도식론을 포함한다. — 범주들의 객관적 실재성은 이론적이며, 이념의 객관적 실재성은 단지 실천적인 것이다. — 자연과 자유.

형이상학의 진보를 위한
“낱장 문서들”

335 현상 문제

1. 고대인들은 형이상학으로써 무엇을 원했는가? — 초감성적인 것을 인식하는 것. 2. 이 구분은 철학만큼 오래된 것이다. 3. 고대인들은 *지성적인 것들*을 선천적으로 인식될 수 있는 한에서의 모든 대상들이라고 생각했으며, 플라톤은 여기에 도형들의 성질에 포함시켰으며, 또한 고대인들은 타고난 개념들에 관해 논쟁했다. 4. 신, 자유 그리고 영혼불멸. 5. 첫 번째와 세 번째의 것에 대해서 고대인들은 쉽사리 의견의 일치에 도달했지만, 두 번째에 것에 대해서는 그렇지 않았다. 6. 비판철학의 기원은 행위들에 대한 책임 능력에 관계하는 도덕이다. 7. 이에 관한 끊임없는 논쟁. 8. 모든 철학들은 비판철학 이전에는 본질적으로 구분되지 않았다. 9. 대상들을 다루는 방식에서 순수 철학의 본질은 무엇인가.

모든 종류의 이론적 과제들에 관해 볼 때, 만일 우리가 단지 자유 개념을 기계적 필연성이라는 개념으로 변형시킨다면, 〈*분석론*〉과 형이상학은 전혀 필요하지 않다. 외감들의 대상들이나 또는 내감의 대상들이 그 자체인 대로 우리에게 드러나는지 아니면 단지 현상하는 대로 드러나는지의 여부. 이 다양한 것을 경험을 위해 보편적 연관성으로 보내 주는 개념들이 경험에 앞서 선천적으로 주어지는지 아니면 경험에 후천적으로 주어지는지의 여부는 이론적 탐구자에게는 차이가 없는 문제이다. 왜냐하면 … 우리가 인식할 수 있는 모든 것은 … 감성계 내의 …무조건적인 것을 목표로 삼는 … 것조차도 … 단지 감관들의 대상들로 제한되는 것 이상의 결과가 아닐 것이다. (우리를 넘어서 있는 것은 우리에게는 아무것도 아니다.) 신과 영혼불멸이라는 개념은 … 비록 인간동형론적이라 할지라도 언제나 가설로서 나타나며 … 자유가 전파해 주는 도덕 법칙이 등장하며 그리고 … 개념은 실재성에 관한 이론 철학 전체와 … 결합될 수 없으므로 자유의 이론 및 그것과 더불어 도덕은 … 이성이 형이상학을 위해 그리고 자연의 기계론 전체를 폐기시킨다.*

세계 내의 사건들의 그 자체로 우연적인 (따라서 종합적인) 결과는 모두 하나의 원인을 가져야만 한다. 우연성은 합목적성에서 사유된다. 336

그런데 세계 내에서 행복할 만한 자격이 있는 것과 지복의 조화는 (만일 이런 조화가 지속적으로 발생해야 한다면) 세계 내의 사건들의 우연적 결과이다.

그러므로 만일 이런 조화가 있거나 요청된다면, 이 조화 역시 하나의 (그리고 세계 내의 모든 원인들과 구분되는) 원인을 가져야 한다.

이 원인은 세계 안에 그리고 또한 세계 내에 있는 존재자들 안에 있어야 한다. 왜냐하면 인과성의 법칙은 단지 감각적인 존재자들에게만 관계하기 때문이다. 그러나 이런 조화는 완전성의 원리와 비교해 보면, 영원성이나 또한 세계 전체에 적합한 것으로 우리에 의해 인식될 수 없기 때문에, 따라서 이런 조화는 믿음의 문제이다. 또는 오히려 이 조화의 가능성에 대한 인식은 지성적 근거에, 말하자면 이성적일 뿐만 아니라 자유로운 존재자의 현존의 지성적 근거에 속하는데, 이런 존재자의 현존의 원인은 범주에 따라

선의지는 자기 자신으로부터 발생해야 하지만, 그러나 현상은 아니다. 왜냐하면 선의지는 준칙들과 관계하지, 세계에서 발생하는 행위들과 관계하지 않기 때문이다. 행위들의 배열이 사건이다. 이에 관해 우리는 신은 도덕성의 최고의 총계의 창시자이며, 그리고 도덕성이 완전한 것이 아닌 한, 지복과의 가장 큰 조화의 창시자라고 말할 수 있다.

조화는 신이 도덕성의 원인이며 또한 그에 비례하는 지복의 원인이라

* 이 문단에 드러난 공백들은 수고의 커다란 잉크 얼룩 때문이다.

면, 가능할 수 있지만, 이것은 생각될 수 없다. 왜냐하면 이것은 기계론이지 자유가 아니기 때문이다. 인간은 자신을 세계에서 일어나는 자신의 행위들의 원인으로 간주하지만, 왜 그가 다른 방식이 아니라 그렇게 행동했으며, 게다가 자유로운지는 그에게는 파악불가능하다. 왜냐하면 그것은 자유이기 때문이다. 준칙들의 세계인 선한 의지와 악한 의지에 관해 우리는 오직 유비에 의거해서 신이 그것을 주었으며, 그가 마음을 개선시키거나 완고하게 만든다고 말한다. 우리는 단지 행위들과 그리고 이런 행위들을 우리의 준칙으로 받아들이는 현상만을 알 뿐이며, 이런 행위들이 근거하고 있는 지성적 특성을 탐구할 수 없다.

337 이런 조화 개념의 실재성은 최고선을 향해 작용하며, 또한 그렇게 해서 최고선을 우리의 힘에 의해 가능한 것으로서 이념에서 생각하기 위해 순수 실천 이성에서 그 근거를 가진다.

직관에서 주관적인 것이 직관의 이런 성질을 규정해야 한다. 왜냐하면 그렇지 않다면, 직관은 선천적이며 필연적인 것일 수 없기 때문이다. 개념에서 주관적인 것, 즉 어떤 것 전반에 대한 개념을 형성하는 방법에서 주관적인 것 역시 마찬가지이다. 이것이 없다면, 또한 필연성도 없을 것이다.

개념들을 *구성하는 것*, 즉 개념들을 선천적으로 직관에 제공하는 것, 이를 위해서 공간과 시간이 필요하다. 경험을 위해서는 선천적 개념들 이외에도 또한 지각(경험적인 것)을 위해 현존(실재성)에 관한 개념이 필요하다. 그러나 구성은 언제나 시간을 위해 그 부분들이 동시적인 선을 그려보는 것을 필요로 하며, 선을 위해서는 그 부분들이 잇따르는 시간을 필요로 한다.

한 존재자에 관한 개념으로부터 그 존재자의 필연성을 추론하는 것이 가능하지 않은 것처럼, 그 존재자의 필연성으로부터 우리가 그 존재자에 관해 형성해야 하는 개념을 추론하는 것도 가능하지 않다. 왜냐하면 사물의 양태와 내용은 서로 공통된 어떤 것도 가지고 있지 않기 때문이다.

이 세 단계들 중 첫 단계는 형이상학의 두 분과들, 즉 존재론과 보편적 자연론에서의 형이상학의 진보를 포함한다. 존재론과 이성적 물리학. 후자에서 객관들은 경험에 주어진 것으로 간주되지만, 단지 외감들이나 내감의 대상들로서 객관들에 관해 선천적으로 생각되어야만 하는데, 보편적 물체론과 보편적 영혼론은 함께 보편적 자연론으로 표상된다. 이성적 물리학과 이성적 심리학. 보편적 물리학은 존재론의 개념들에 객관적 실재성을 부여할 수 있게 해 주는 그런 선천적인 조건들의 총체로서 존재론 338
에 속하며, 따라서 물질적인 본성과 사유하는 본성에 관한 경험론, 즉 *경험적 물리학*과 *경험적 심리학*은 여기에 등장하지 않는다.

이런 형식적 자연론에는 1) 공간의 관념성의 원칙이 감관들의 외적 대상들의 현존이 전혀 없어도 될 정도로 나아가는지, 2) 시간의 관념성의 원칙이 의식과 구분되는 내감을, 즉 경험적 자아를 폐기하는 데까지 나아가는지에 대한 논의가 속한다. 이성적 자아는 인식을 주는 것이 아니라, 단지 인식의 가능성을 위해 직관 전반의 다양한 것의 종합만을 준다.

우리의 표상들에 대한 의식과 구분되는 외감이 있는가. 내적 표상들에 대한 의식과 구분되는 내감이 있는가.

만일 첫 번째의 것이 아니라면, 객관(나의 순전한 표상)은 순전히 내 안에 있을 것이다. 그런데 나는 나의 전 상태를 의식할 수 있어야만 하기 때문에, 외적인 모든 것을 순전히 시간에 위치시킬 것이다. 그것의 부분들이 잇따르는 것으로서의 공간. 만일 내가 나에게 현상하는 대로가 아니라 나인 대로의 나 자신에 대해 안다면, 나의 변화는 내 안에서 모순을 만들어낼 것이다. 나는 결코 동일한 인간일 수 없다. 자아의 동일성은 제거된다.

논리적 자아는 자기 자신에 대해 인식의 객관이 아니지만, 아마도 자연적 자아 자체는 또한 실로 내적 (경험적) 직관의 다양한 것의 합성이 선천적으로 가능한 한에서 이런 합성의 방식들인 *범주*들에 의해 인식의 대상이 된다.

이것, 즉 이전의 삶이 향유될 수 있다는 것은 두 번 사는 것이다. 마르티알 Martial[41)]

첫 번째 단계의 성과는 인간의 이론적 인식 능력이 감관들의 대상들과 가능한 경험의 한계를 넘어서 나아갈 수 없으며, 또한 이 대상들은 사물
339 들 자체가 아니라 순전히 그 현상들이라는 것이다.

1. 종합판단들로부터 분석판단들의 구분.
2. 선천적 종합판단들과 경험적 종합판단들에 관하여.
3. 어떻게 이 양자가 가능한가 — 개념 밑에 놓여 있는 경험적이거나 선천적인 직관들에 의해.
4. 어떻게 선천적 직관이 가능한가.
5. 어떻게 선천적 개념들이.
6. 어떻게 일반 논리학이 가능하며 그것은 무엇을 포함하는가.
7. 어떻게 선험 논리학이 가능한가.
8. 내재적 판단들의 논리학과 아무런 인식도 제공하지 않는 초월적 판단들의 논리학은 무엇인가 — 그리고 논리학 전체에 관하여.

내가 직관의 주관적 형식에서 가져오지 않은 모든 개념들은 경험적이어야만 하며, 또한 결코 필연성을 동반할 수 없다. 왜냐하면 그 개념들은 객관들에 대한 지각으로부터 이끌어 낸 것이기 때문이다.

직관[=] 직접적 표상

1.) 어떻게 도대체 종합명제들이 가능한가? 내가 개념을 넘어서 개념의 밑바탕에 놓여 있는 직관으로부터 어떤 것을 징표로서 가져오고 그리고 그것을 개념과 결합함으로써. — 경험적//종합적 판단들은 그 판단들에서 주어가 경험적 직관이 대응하는 개념인 그런 판단들이다. 선천적//종합적 판단들은 그것의 주어에 선천적 직관이 대응하는 그런 판단들이다. — 그러므로 선천적인 순수 직관들이 없다면, 종합명제들도(형이상학은 이런 명제들로 가득 차 있지만) 없다.

2.) 순수 직관들은 무엇인가? 내감과 외감들의 감성의 형식들. 모든 경험적인 것에 선행하는 공간과 시간

3.) 어떻게 우리가 공간과 시간 안의 사물들의 성질들을 선천적으로 종합적으로 인식할 수 있는가? — 오직 우리가 이 형식들을 객관들에 귀속하는 것이 아니라 주관적으로 표상하는 존재자에 속해 있는 것으로 생각함으로써만 가능하다. 왜냐하면 공간과 시간의 조건들에 의존하는 대상들 자체에 속해 있는 것이 아니라, 이 대상들이 *주관에* 필연적으로 현상 340
해야 하는 방식만이 선천적으로 확정될 수 있기 때문이다.

4. 순전한 개념들에 의해 우리는 어떤 선천적 종합명제들도 산출할 수 없다. 왜냐하면 만일 공간과 시간이 사물들의 섞갈리게 표상된 성질들이라고 가정한다면, 사물들의 성질들에 대한 지각은 단지 경험적 타당성만을 가질 것이며, 이런 성질들은 필연성을 가지지 않을 것이다. 왜냐하면 이 성질들은 종합적으로 그렇지만 후천적으로, 즉 경험적으로 지각에 의해 대상들로부터 이끌어 낸 것이기 때문이다.

5. 선천적 개념들 없이 경험적인 것이든 순수한 것이든 순전한 직관들만으로도 종합적 인식을 위해 충분한가? 아니다. *선천적 종합*과 이런 직관의 다양한 것으로부터 합성된 것이라는 개념이 없다면, 어떤 선천적 판

단도 가능하지 않을 것이다. 왜냐하면 모든 판단을 위해 필요한 의식의 통일이, 그것도 *선천적 종합*에서의 의식의 통일이 그런 판단을 위해 요구되며, 또한 이 개념들은 직관들과 더불어서만 인식을 제공하며, 직관들이 없다면, 순전한 범주들로서는 인식을 제공하지 않는 *범주*들이기 때문이다.

6. 이런 선천적 명제들이 어느 정도까지 확장될 수 있는가? 단지 현상 중의 대상들에까지만, 따라서 감관들의 대상들에까지만, 그것도 단지 이 대상들이 우리에게 현상하는 대로.

7. 주관이 자기 자신을 순전한 현상으로 또한 직접적으로 의식하지만, 그럼에도 불구하고 동시에 자신을 사물 자체로 의식하는 것이 어떻게 가능한가? 전자는 경험적 통각에 의해, 후자는 순수 통각에 의해.

철학에 대한 철학적 역사

모든 역사적 인식은 경험적이며, 따라서 있는 그대로의 사물들에 대한 인식이지, 사물들이 반드시 그렇게 있어야만 한다는 것에 대한 인식은 아니다. — 이성적 인식은 사물들을 필연성에 의거해 표상한다. 그러므로 철학에 대한 역사적 표상은 어떻게 그리고 어떤 순서로 사람들이 지금까지 철학해 왔는가를 말해 준다. 그러나 철학함이란 인간 이성의 점진적 발전이며 또한 이런 발전은 경험적인 방식으로 진행되거나 시작할 수 없으며, 순전한 개념들에 의해서만 가능하다. 사물들에 대한 판단들로부터 그 근거들로 찾아 올라가 최초의 근거에까지 찾아 올라갈 것을 이성에게 강요하는 이성의 (이론적이든 실천적이든) 욕구가 있어 왔음이 틀림없다. 처음
341 에는 평범한 이성에 의해, 예를 들어 세계의 물체들과 그 운동으로부터. 그러나 우리는 목적에 도달했다. 하지만 결국 우리가 모든 사물에 대한 이성 근거들을 찾아낼 수 있다는 것을 알아차렸기 때문에, 우리는 이성의

개념들(혹은 지성의 개념들)을 열거하기 시작했으며, 그러나 그보다 앞서 객관 없이 사유 전반을 분해했다. 전자는 아리스토텔레스에 의해 행해졌으며, 후자는 그보다 더 일찍 논리학자들에 의해 이루어졌다.

철학에 대한 철학적 역사 자체는 역사적으로나 경험적으로 가능한 것이 아니라, 이성적으로, 즉 선천적으로 가능하다. 왜냐하면 철학에 대한 철학적 역사가 이성의 사실들을 제시하는 것이라 할지라도, 그럼에도 불구하고 이런 사실들을 역사적 서술로부터 가져오는 것이 아니라 철학적 고고학으로서 인간 이성의 본성으로부터 이끌어 내기 때문이다. 사람들 중 사상가들은 세계 내의 사물들의 기원, 목표, 목적에 관해 무엇을 추론해 낼 수 있었는가, 그것은 세계 내의 합목적성인가 아니면 단지 원인들과 결과들의 연쇄인가 아니면 인류가 그것으로부터 출발한 인류의 목적인가?

서로 완전하게 전달할 수 없는 인간의 무능력

현시될 수 있는 사물들에서 전달은 잘 이루어지고, 감정들에서는 조금 덜 잘 이루어지지 않으며, 이념들을 따르는 그런 감각들에서는 가장 잘 이루어지지 않는다. 아리스티포스Aristipp[42]는 절대적으로 실재적인 것인 이념을 신뢰했지만, 전달은 의심스럽다. — 언어의 결함 — 도덕은 감정의 최고도의 전달가능성을 포함하지만, 도덕이 가장 추상적일 때, 그리고 궁극적으로는 단지 도덕의 수용성에 대한 순전한 감정을 규정근거로 가질 때, 가장 성공적이다.

신과 내세에 관한 이념들은 도덕적 근거들에 의해 객관적인 이론적 실재성을 획득하는 것이 아니라 순전히 실천적 실재성만을 획득하며, 그래서 마치 다른 세계가 있는 것처럼 행동하게 된다.

관념론. 우리는 시간을 단지 공간의 감지에서만 (그리고 동시성을 위한
총괄에서만) 규정된 것으로 생각할 수 있다. 그런데 공간 직관의 밑바탕에
342 외적으로 주어진 어떤 것도 놓여 있지 않다면, 외적인 어떤 것의 표상은
단지 하나의 사유에 불과할 것이며, 따라서 외적인 것에 의해 마음에 실
제로 주어진 것이 아닐 것이다. 그러므로 적어도 우리는 내적 표상들을 공
간 안에 있는 것으로 생각할 수 있어야 하는데, 이것은 모순이다.

철학의 역사가 수학적으로 써질 수 있는지의 여부. 어떻게 독단주의가 발생하며 독단주의로부터 회의주의가, 그리고 이 양자로부터 비판주의가 생겨나는가. 그러나 어떻게 역사가 원리들로부터 우연적인 것을 도출해 내고 구획할 것을 요구하는 이성의 체계가 될 수 있는가.

도덕성에서 객관적인 실천적 *실재성*을 가지는 첫 번째의 지성적인 것, 즉 자유에 관하여

모든 실재성의 총체가 아니라 모든 실재성의 근거로서 신 개념을 규정하는 것에 관하여, 그렇지 않다면, 그것은 의인관이다.

초감성적인 것에 관해 볼 때, 개연성은 없으며, 오히려 이성에 의한 완전히 다른 종류의 인정으로의 이행만이 있으며, 또한 이 인정은 보편적으로 타당하지만, 그래도 주관과의 관계 속에서 사유된 것이다, 다시 말하자면 필연적으로 전제해야 하며, 그렇지 않다면 객관 없는 공허한 의지가 될, 그런 의지의 준칙들과의 관계에서 어떤 것을 참으로 간주하는 것이다.

철학의 역사를 위한 도식이 선천적으로 기획되어, 마치 철학자들이 이 도식 자체를 보고 있으며, 그들의 지식에서 이 도식에 의거하여 진행하고

있듯이, 시대들이, 현존하는 자료들로부터 나온 철학자들의 의견들이 이 도식과 일치하는지의 여부.

물론 그렇다! 형이상학이라는 이념이 불가피하게 인간 이성에 나타나고, 이성이 이 이념을 발전시킬 필요를 느끼지만, 이 학문은 전적으로 영혼 속에, 비록 맹아 상태로 이긴 하지만, 밑그림이 그려진 채 놓여 있다면.

우리는 발생하지 않았으며 그에 대한 자료들이나 준비로 제공된 것이 전혀 없는 것에 관한 역사를 쓸 수는 없다. 343

철학의 역사 자체가 철학의 한 부분일 수 있는지, 아니면 학문 전반의 역사이어야 하는지.

*철학*이 어떤 진보를 이루었던지 간에 철학의 역사는 그럼에도 불구하고 철학 자체와는 구분되거나 아니면 철학은 인간 이성에 놓여 있는 순수 이성 철학의 원천에 대한 순전한 이상임에 틀림없으며, 이런 철학의 전개 역시 인간 본성에 그 규칙을 가지고 있다. 퓔레보른Fülleborn[43]

철학의 역사는 특수한 것이어서, 거기서 무엇이 발생해야만 하며 따라서 또한 무엇이 발생할 수 있는가에 대해 먼저 알지 않고서는 발생한 것에 대해 아무것도 설명할 수 없다. 이것이 먼저 탐구되었는가 아니면 우리는 아무렇게나 추론해 왔는가의 여부. 왜냐하면 그것은 우연히 여기저기서 생겨난 의견들의 역사가 아니라 개념들로부터 전개된 이성의 역사이기 때문이다. — 우리는 우리가 추론한 것이 아니라, 순전한 개념들에 의거한 추론을 통해 수행한 것에 대해 알고자 한다. — 철학은 여기서 마치 이성적인 수호신과 같은 것으로 간주되어야 하는데, 이 수호신에 관해 우리는 이 수호신이 무엇을 가르쳐야만 하며 이런 길을 수행해 왔는지를 알 것을 요구한다. — 진상을 규명하기 위해 우리는 지금까지 형이상학에 대해 어떤 종류의 큰 관심을 가져 왔는지, 그리고 왜 그리도 큰 관심을 가져 왔는지 탐구해야만 한다. 우리는 그 관심이 감관들의 대상들에 적용되는 개념들과 판단들의 분석이 아니라, 특히 실천적 이념들이 근거하고 있는 것인 한에서의 초감성적인 것이라는 것을 발견하게 될 것이다.

학술원의 과제

(A) *서언들*

1. 계속해서 형이상학이라 불려 왔던 것은 가장 오래전의 시대에서부터 어떤 종류의 앎이었는가: 이성의 대상들에 대한 학문인가 아니면 이런 대상들에 대한 인식에 도달할 수 있는 이성 능력과 이성 자체에 대한 학문인가?

344 2. 형이상학은 가장 오래전의 시대에서부터 라이프니츠와 볼프의 시대를 포함한 시대에 이르기까지 특히 독일에서 무엇이었는가?

3. 형이상학은 이제 무엇인가: 형이상학은 독일에서 최근에 진보들을 이루었는가?

4. 만일 후자의 경우라면, 장차 형이상학의 운명은 무엇인가, 더 진보하겠는가 아니면 퇴보하겠는가 아니면 증가도 감소도 할 수 없이 이성의 (소극적) 사용을 위해 보존되어야 하는 보관 상태에 있겠는가?

처음의 두 가지 질문들에 대한 대답들은 *서언*들로서 머리말로 사용되며, 세 번째 질문에 대한 대답만이 과제의 해결을 위한 논문으로 사용되며, 네 번째 질문에 대한 답은 논문에 대한 주석 혹은 보충이다.

1. 형이상학이라는 개념. 형이상학이 무엇이어야 하는가를 완전하게 정의하지 않은 채 이 말로써 의미하려는 것은 무엇인가.

선천적 개념들로부터 생겨나는 모든 학문을 위해 우리는 형이상학을 가진다. 형이상학은 이성에 의한 사물들에 대한 모든 인식을 포괄하지는 않는다. 즉 형이상학은 수학을 포함하지 않지만, 수학의 가능성에 관해 판단을 내린다.

1. 비판. 2. 체계. 3. 독일에서 라이프니츠와 볼프의 시대에 속하는 것과의 비교.

우리가 선천적 인식, 그것도 단지 설명적일 뿐만이 아니라 주어진 개념을 넘어 확장하는 그런 선천적 인식을 가지고 있는지가 문제이다. 후자는 대상들에 대한 선천적 개념들을 포함한다.

a. 만일 초감성적인 것에 대해 어떤 개념이 가정되어야 한다면, 우리가 그 개념의 실재성을 무엇 위에 정초해야만 하는지가 문제가 될 것이다. 이 개념에 의해 주어진 인식 위에 정초할 수는 없다. 왜냐하면 초감성적인 것에 관해서 그것은 불가능하기 때문이다. 따라서 단지 실천적인 것에 의해서, 그것도 자연 법칙들에 의거해서가 아니라 실제로 자연 법칙들에 반해서 규정하는 것이 분명한 그런 것에 대한 근거인 실천적인 것에 의해서.

형이상학이 포괄하고 있는 그 많은 다양한 것을 간략하게 그러나 그 원천들에 관해 완벽하게 설명하는 것은 어려운 것처럼 보이지만, 실제로 345
이성의 최상의 통제 아래 모든 인식 능력들을 유기적으로 결합한다면, 쉽사리 달성될 수 있다. 왜냐하면 우리는 많은 지점들에서 출발할 수 있지만, 그럼에도 하나의 원칙에 의거하여 원 전체를 완성해 낼 수 있으므로, 유일한 어려움은 단지 우리가 어떤 지점에서 출발하고자 하는가를 선택하는 것일 뿐이기 때문이다. 내가 보기에 먼저 형이상학의 근거를 정초하는 것에 대한 관심을 유발하는 것(도덕 법칙들에 의해 알려진 것으로서의 자유)에서 출발하는 것이 가장 좋을 듯하다. 왜냐하면 이것과 결합되어 있는 어려움을 해소하게 해 주는 것은 우리의 인식 능력들의 완전한 해부학이며, 그렇게 해서 만일 여기서 초감성적인 것에 관한 개념이 그것의 (비록 단지 실천적인 것이라 할지라도) 실재성과 함께 주어진다면, 우리는 원 전체를 관통해 나갈 수 있기 때문이다.

모든 저자들은 세 가지 초감성적 존재자들을 실재하는 것으로 만들려고 노력해 왔는데, 부분적으로는 도덕성이 그들을 이런 일을 하도록 했으며, 부분적으로는 단지 특정 개념만을 제공할 수 있었다.

(자제력[44]을 지닌) 사람은 그의 선의지에서 모든 장애물을 능가한다고 직접적으로 확실하게 주장할 수는 없다. 도덕 법칙은 이처럼 극복할 것을 명령하며, 따라서 그것은 가능해야 한다. 예정설. 자연적 필연성은 시간에 달려 있기 때문에, 비록 자연 존재자인 인간이 시간적 조건에 묶여 있다 하더라도, 자유 의지의 *원인성*은 시간적 조건에 묶여 있지 않아야 한다. 이것으로부터 현상으로서의 인간은 지성체인 자신과 구분된다는 것이 귀결된다.

우리의 모든 인식에서 우리가 선천적 인식이라 부르는 것은 제한하는 경험의 조건들로부터 독립하여 이것보다 더 많은 대상들로 확장되는 것이기 때문만이 아니라 또한 필연적 인식으로서 경험적 판단들에게조차 [–] 이러 판단들의 가능성의 밑바탕에 선천적 인식이 놓여 있다 [–] 주관적 조건들과는 무관한 타당성을 부여하는데, 이를 통해 경험적 판단들은 실제로 대상에 대해 타당한 것이 되며, 인식들이 되기 때문에 가장 고상한 것이다. — 그러나 이런 선천적 인식은 동시에 하나의 비밀을 포함하는데, 이 비밀을《순수 이성 비판》은 선천적 인식의 가능성을 이해가능하게 만드는, 형이상학에 앞서 필요한 선행적인 과제로서 가진다. 만일 선천적 개
346 념들이 있다면, 이 개념들과 그것들의 (산출이 아니라) 타당성의 연역, 그리고 또한 선천적 명제들이 있다면.

선천적 인식은 경험에 의존하지 않지만, 그래도 이런 인식에서 표상들은 경험적인 것일 수 있는데, 그러나 판단은 분석적이다. 그러나 판단이 종합적이라면 자신 아래에 경험적인 어떤 것을, 즉 사건을 포섭하고 있는 개념은 선천적 개념이어야 한다. 왜냐하면 경험적이며 상이한 개념들은 단

지 경험에 의해서만 종합적으로 결합될 수 있기 때문이다. 게다가 선천적 인식은 경험의 가능성의 근거이거나 혹은 적어도 판단들에서 객관적 통일을 형성하는 것의 근거이다. 인식을 위해서는 개념들과 직관이라는 인식의 요소들이 필요한데, 후자는 경험적이거나 또한 순수 직관이다. 사유와 직관. 후자가 없다면 대상이 없으며, 전자가 없다면 우리는 대상을 사유하지도 인식하지도 않는다.

이성의 순수한 개념들에 의거하여, 즉 자유의 원리들에 의거하여 생각해 보자면, 저 대립[45]은 행위의 도덕적 동기나 또는 정념적 동기를 자신의 준칙으로 받아들이는 인간의 자의를 내적으로 규정하는 근거들 사이의 상쟁인데, 이런 상쟁은 (만일 인간의 순전한 능력들을 비유적으로 인격화하는 것이 허용된다면) 선한 정신과 악한 정신 사이의 투쟁으로 표상될 수 있다. 왜냐하면 자연적 충동들은 그 자체로 무해한 것이며, 이것들과 도덕 법칙 사이에는 진정으로 아무런 투쟁도 없지만, 이런 자연적 충동들로부터 독립하여, 게다가 자연적 충동들에 반해 도덕 법칙의 준수를 자신의 준칙으로 만드는 것은 자연적 충동들과 상충하는 자유의 행위인데, 이런 행위의 현실성을 경험이 인간의 행동들에서 증명해 주지만, 그
가능성은 파악될 수 없는데, 이 경우 현상은 인간 안에 거주하는 서로 상 347
쟁하는 두 가지 자립적인 원리들의 유비에 의해 비유적으로 표현된다. — 그러나 이 두 원리들을 구분하는 기준을 모든 사람들은 그들의 손에 가지고 있다. 만일 법칙의 표상이 행위에서의 즐거움과 고통의 감정에 선행한다면, 이 감정은 도덕적인 것이며, 만일 이와 반대라면, 이 감정은 정념적인 것이다. 그러나 후자를 무조건적으로 자신의 준칙으로 삼는 것은 악의 원리이다.

만일 준칙에서 법칙의 표상이 선행하고 (자의의 대상에서의 즐거움과

고통의) 감정이 바로 뒤따른다면, 이 감정은 도덕적이며 지적인 것이며, 선한 원칙이 인간을 지배한다. 만일 반대로 대상에서의 즐거움과 고통의 감정이 법칙에 선행한다면, 감정은 정념적인 것(감각적인 것)이며 악한 원리가 인간을 지배한다. 왜냐하면 준칙이 무조건적으로 (법칙과 관계하여) 감성의 (육체의) 충동들을 따르는 것은 언제나 악한 것이기 때문이다. (육체의) 감성은 실제로 선한 원칙이 싸워야 할 것이 아니다. 왜냐하면 그것은 무해한 것이기 때문이다. 오히려 감성의 이런 충동들에 의거해 준칙을 채택하려는 자유로운 경향이 우리 안의 악한 원칙이다. 그렇지만 육체는 정신에 맞서 싸우는 적이라 불린다. 왜냐하면 만일 인간이 육체를 자신의 준칙으로 채택한다면, 또는 그렇게 함으로써, 육체는 간접적으로 법칙에 반하는 행위들을 산출하기 때문이다. 그러나 이런 준칙의 가능성을 설명하는 것은, 도대체 어떻게 자유로운 자의로부터 행위들이 생겨나는가를 설명하는 것과 마찬가지로, 인간의 통찰을 전적으로 넘어서 있는 과제들에 속한다.

만일 우리가 이것을 라이프니츠//볼프의 형이상학과 비교해 본다면, 이들의 형이상학은 전적으로 이론적//독단적이며, 순수 이성 비판을 결
348 하고 있기 때문에, 이 단계를 위해 공헌한 것이 없으며, 만일 이들이 공헌한 것이 있다면, 그것은 그들의 형이상학이 이제까지보다 더 방법론적으로 진행되었기 때문에, 상식적인 인간 이성의 이성적 도덕 원리들이 믿고 받아들이라고 이미 오래전부터 권유해 왔던 것에 사변적인 통찰인 듯한 겉모양을 제공하고, 이를 통해 학문 전체에 겉보기의 연관성을 부여함으로써, 형식에 관계하여 (체계) 학문에 입구를 마련해 줄 수 있었는데, 이를 통해 적어도 이 분야에 종사하는 사람들에게 설명들과 증명들 그리고 배치에서의 철저성이 요구되었다는 점에 놓여 있다.

필연존재자는 그 개념으로부터 현존을 이끌어 낼 수 있는 그런 존재자이다. (No.1에 의하면 이것은 가능하지 않다.) 따라서 만일 내가 그런 존재자에 대한 개념을 가지고 있지 않다면, 나는 그 존재자의 현존을 선천적으로 인식할 수 없다. 왜냐하면 현존이 절대적으로 필연적이라고 생각된다 할지라도, 현존이란 단순히 양태이며 존재하는 사물에 대한 개념을 제공하지 않기 때문이다. 그러나 내가 하나의 사물에 대한 어떤 종류의 것이든 개념을 형성하고자 한다 해도, 모순 없이 그 사물을 언제나 폐기할 수 있다. — 그것은 …

변화에서 추론되는 세계의 우연성으로부터 세계와 구분되는 필연적 원인을 추론하는 것은 가능하지 않다. 왜냐하면 세계의 우연성은 이를 통해 증명되지 않기 때문이다. — 단지 합목적성만이 그런 것이어야 한다. 왜냐하면 그것은 우연적이지만, 사물들의 성질이 아니라 우리가 사물들의 가능성을 설명하기 위해 사물들에 관한 우리의 개념 속에 우리가 집어넣은 것이기 때문이다.

자연신학적 논증

신의 단일성과 신은 이름을 가지지 않는다는 것에 관하여. 왜냐하면 신의 성질과 양은 단지 유일한 것이기 때문이다.

실재성들의 집적물에 관하여, 그것으로부터 의인관이 349

유비에 의한 신 표상에 관하여

실재성에 관한 선험적 개념들에서 사유의 잠입의 오류에 의해 우리는 개념을 사태로, 사유에서 주관적인 것을 사유된 것에서 객관적인 것으로 간주하는데, 후자는 사유가 아니라 단지 직관에서, 또한 여기서는 경험적 직관에서 발견될 수 있다. 왜냐하면 그것은 개념의 실례를 위해, 다시 말해 경험적 직관의 대상을 위해 주어져야만 하는 감각 전반의 객관이지만, 이런 일은 초감성적인 것에 관해서는 불가능하기 때문이다. 그것에 대한 개념이 비존재를 포함하는 것과는 반대로 그것에 대한 개념이 존재를 포함하는 것은 우리가 객관적인 의미를 부여할 수 없는 정립과 제거의 양태들이다. 왜냐하면 양태들은 순전히 사유에서 주관적인 것만을, 다시 말해 주체와, 즉 표상 능력 전반과 관계하는 술어의 계사만을 포함하기 때문이다. 선험적 잠입의 오류. 라이프니츠에 의한 안셀무스의 논증의 보충.[46)]

1. 가장 실재적인 존재자는 현존해야만 한다(필연적인 존재자이다). 왜냐하면 만일 그런 존재자가 현존하지 않는다면, 그것은 하나의 실재성, 즉 현존을 결하고 있을 것이기 때문이다.

2. 반대로 (뒷문에서) 필연적인 존재자, 즉 자신의 개념에 의해 철저히 규정된 존재자는 모든 실재성을 포함해야만 한다. 만일 이런 존재자가 모든 실재성을 포함하지 않는다면, 그 존재자는 자신의 개념에 의해 완전히 규정되지 않을 것이며, 따라서 필연적이지 않을 것이기 때문이다.

그런데 필연적인 존재자는 현존한다. 등등. 이 마지막 명제는 동어반복이지 확장적인 것이 아니다. 만일 필연적 존재자라는 개념이 그것의 객관적 실재성에 관해, 즉 객관의 규정에 관해 가능하다면, 그것은 마치 필연적 존재자는 필연적으로 현존한다고 말하는 것과 마찬가지일 것이다. — 객관을 이해가능한 것으로 만들기 위해 어떤 것, 예를 들어 재료를 [−] 왜냐하면 이것이 없다면 공간조차도 지각의 대상이 아닐 것이기 때문이다 [−] 전제해야 하는 필연성은 객관적 필연성으로 간주되며, 그러므로 여기서는 *현상적 실재성*이다.

350 개념을 사태로 간주하는 것 그리고 사태의 명칭을 개념으로 간주하는 것.

그것의 비존재가 그 자체로 자기모순인 그런 사물에 대한 개념은 거짓이다. — 왜냐하면 비존재는 결코 그 자체로 자기모순이 아니기 때문이다. (따라서 내가 어떤 사물을 그 자체로 필연적인 것이라 부른다면, 나는 단지 그 사물의 비존재에 대한 개념을 가지고 있지 않다고 말하려는 것일 뿐이다.)

만일 내가 '어떤 것이 현존한다면 어떤 다른 것도 전적으로 필연적으로 현존한다'고 말한다면 [–] 왜냐하면 만일 아무것도 필연적으로 현존하지 않는다면, 모든 것은 우연적인 것이며, 따라서 다른 사물을 원인으로 가질 것이기 때문이다 [–] '이 명제가 분석적인가 종합적인가'라는 첫 번째 물음이 생겨난다. — 처음의 경우라면 현존은 개념 속에 포함되어 있으며, 두 번째 경우라면 현존은 규정으로서 개념을 넘어 부가된 것이다. 현존이 개념 속에 포함되어 있다든지 현존이 사물의 규정으로서 사물에 대한 개념을 넘어서서 사물에 대한 개념에 부가되는 어떤 것이라는 것은 모두 거짓이다. 왜냐하면 이에 의해 사물에 대한 개념은 확장되지 않으며, 단지 사물 자체가 정립되기 때문이다. 따라서 이 질문은 단지 사물들이 사유와 맺는 관계만을 포함하며 사물들 상호 간의 관계를 포함하지 않는다. 나의 (정립하거나 제거하는) 사유가 필연적인 것인가 아니면 우연적인 것인가. 따라서 여기서 개념은 사태로 간주되거나 혹은 오히려 어떤 것의 현상

철저한 증명은 단지 이론적 독단적 판단에 대해서만 타당하지만, 논증은 또한 실천적//독단적인 것에 대해서도 타당할 수 있다. 그러므로 이런 논증은 자유로운 동의[47]를 정초하는데, 이 동의는 증명에 의해 강요된 것은 아니지만, 그럼에도 불구하고 적어도 그처럼 생각한 사람이 실천적 의도에서 그 동의를 저버리지 않을 것이라 확신하는 정도로 확실한 자유로운 동의이다. 이런 동의는 세 종류의 초감성적인 것들에 관해서 발생한다. 이런 이념들에 관해서 그[그처럼 생각한 사람]는 이론적으로 보자면, 회의적일 수도 있지만, 마치 그 이념들이 그에게 길을 밝혀 주는 것처럼 이런 이념 없이 있을 수 없다,

집적물인 가장 실재적인 것에 대한 표상에서의 의인관에 관하여. 나는 이 경우 이런 존재자에 (비록 우리의 것과는 다른 것이라 하더라도) 지성
351 과 의지를 부여할 필요가 없으며, 오히려 이 존재자는 우리가 오직 지성에 의해서만 가능한 것으로 생각할 수 있는 모든 것의 근거이며, 따라서 또한 의지의 근거이다.

만일 즐거움의 감정이 법칙에 선행한다면, 그 감정은 감각적인 것이지만, 그와 반대라면, 그것은 지적인 것, 즉 도덕적 감정이다.

법칙에 대한 표상에 뒤따르는 감정과 비교하여, 법칙에 선행하는 감정에 관하여

실천 이성과 감성의 대립이 아니라 전자의 현상들 사이의 대립.

실천 이성과의 유비에 의한 감성적인 것의 표상에 관하여.

역자 주석

1. '감성적인 것'은 'das Sinnliche'의 번역어다. 이제껏 대상에 관계하는 것이든 주관의 마음의 작용에 관계하는 것이든 언제나 'sinnlich'는 '감성적'이라고 번역되어 왔다. 그러나 여기서는 'sinnlich'가 대상적인 것을 의미할 때는 '감성적'으로, 주관적인 것을 지시할 때는 '감각적'으로 번역한다. 칸트의 비판사상의 최초의 형태를 담고 있다고 일반적으로 인정되는 〈교수취임논문〉에서 칸트는 대상적인 것을 지칭할 때는 'sensibilis(sensibel)'를, 주관적인 측면을 지시할 때는 'sensitivus (sinnlich)'를 사용함으로써 양 측면을 구별했다. 그리고 또한 지성적인 것의 경우에도 대상적 측면을 나타낼 때는 'intelligibilis(intelligibel)'가, 주관적인 측면을 의미할 때는 'intellectualis(intellektuell)'가 사용되어 양 측면 역시 용어에 의해 구별되었다. 물론 라틴어가 아니라 독어로 쓴《순수 이성 비판》에서부터 이런 구별은 점차 사라지며, 감성적인 것의 경우 그것이 대상적인 것을 의미하든 주관적인 측면을 지시하든 모두 'sinnlich'로 표현되며, 지성적인 경우에는 대체로 'intellektuell'이란 말이 사용된다. 그런데 우리말 번역의 경우 감성적인 것의 경우에는 아무런 구별 없이 대상적인 것이든 주관적인 것이든 감성적이라 번역하면서, 이에 반해 지성적인 것의 경우에는 주관적인 측면은 '지성적'이라 번역하고 대상적인 측면을 지시할 때는 '예지적'이라는 번역어를 주로 사용하여 왔다. 그러나 '예지적'란 번역어는 마치 지성적인 세계(지성계)와는 구별되는 또 다른 세계(예지계)를 지시하는 것처럼 여겨질 수 있다. 그러나 대상적 측면에서 지성적인 것은 우리의 지성에 의해 순전히 사유될 수는 있지만 전혀 인식될 수는 없는 영역을 지시할 뿐이다. 따라서 본 번역서에는 'sinnlich'의 경우 대상적인 측면을 지시할 때는 '감성적'이라, 주관적인 측면을 나타낼 때는 '감각적'이라고 번역한 것과 마찬가지로 더불어 'intellektuell'의 경우 대상적인 측면을 의미할 때는 '지성적'이라 주관적인 측면을 지시할 때는 '지적'이라 번역함으로써 두 측면들을 구분하여 표현하고, 이를 통해 번역어에 의해 야기될 수도 있는 혼란을 피하고자 한다.

2. 존재론이란 명칭을 칸트는《순수 이성 비판》에서 원래는 "사물들 전반에 관한 선천적인 종합적 인식들에 대한 체계적 이론을 제공"하는 것이라 주장해 왔지만 이제는 "순수 지성의 순전한 분석론이란 겸손한 명칭으로 대치"(A274/ B303)되어야 한다고 말하며, 다른 구절에서는 "객관들을 상정하지 않고 대상 전반에 관계하는

모든 개념들과 원칙들의 체계"(A845/B873)로 정의하거나 또는 〈발견〉에서는 "사물들 전반에 대한 인식에 관계하는 개념들과 원칙들"(본서 146 주석)의 체계라고 정의한다. 이러한 정의에서 알 수 있듯이 〈형이상학의 진보〉에서 칸트는 존재론을 대체로, 바움가르텐의 분류에 따라, 일반 형이상학에 해당하는 사물들 전반에 관계하는 선천적인 개념들과 원칙들의 체계를 의미하는 것으로 사용하기도 하지만, 간혹 좁은 의미로는《순수 이성 비판》에서 수행된 선천적인 개념과 원칙들의 체계인 〈선험적 분석론〉을 지칭하는 것으로 사용하기도 하는데, 라이프니츠와 볼프의 시대에 이르기까지의 존재론을 의미하는지, 아니면《순수 이성 비판》에 의해 이성 능력의 한계 안에서 이루어진 존재론을 지칭하는지에 따라 이런 차이가 생겨난다.

3. '지혜론Weisheitslehre'이란 'philosophia'에 대한 독일어 번역어라 할 수 있다. 칸트에 따르면 지혜론은 "옛 사람들이 이 낱말을 이해했던 바로 그 의미에서 철학"(AK 5. 108)인데, 여기서 지혜란 "이론적으로 보면 최고선에 대한 인식이며, 실천적으로는 의지의 최고선과의 일치"(AK 5. 130)를 의미한다. 따라서 〈형이상학의 진보〉에서도 지혜론은 바로 최고선에 관계하는 학문으로서 "최고선을 실천적으로, 다시 말해 우리의 이성적 태도의 준칙을 위해 충분하게 규정해 주는"(AK 5. 108) 학문을 나타낸다.

4. '이론적 학설'은 'theoretiche [Lehre]'의 번역어다. 원래 다른 곳에서는 'Lehre'를 '이론'으로 번역했지만, 이 구절에서만은 '이론적 이론'으로 번역되어야 하기 때문에, '학설'로 번역했음을 알려 둔다.

5. 칸트는《순수 이성 비판》의 〈선험적 방법론〉에서 철학과 연관하여 수학이 가지는 고유성을 매우 자세히 설명하고 있다. 이에 따르면 철학적 인식은 "개념들에 의한 이성 인식"으로 순전히 지성에서 기원하는 "보편적 개념만"을 고집하며 "특수를 오직 보편에서" 고찰하는 것이지만, 이에 반해 수학적 인식은 "개념들의 구성에 의한 인식"으로서 "선천적으로 구성한 직관에서 개념을 구체적으로" 고찰하는 것이며, 따라서 "보편을 특수에서 고찰"하지만 그러나 "선천적으로 이성에 의거하여" 고찰하는 것이라고 규정한다.(A 712-38/B 740-66을 참고할 것)

6. '한도를 넘어선'은 'überschwenglich'의 번역어이다. 원래 'überschwenglich'는 라틴어에서 유래한 낱말인 'transzendent(초월적)'에 대응하는 순전한 독일어 낱말이라 할 수 있다. 그렇기 때문에 'überschwenglich'는 우리말 번역본에서 통상 'transzendent'와 똑같이 '초월적'이라고 번역되거나 아니면 '과도한'으로 번역되어 왔으며, 영어 번역본에서는 대체로 'transcendent'로 번역한다. 그러나 본 역서에서는 'transzendent'는 '초월적'으로, 'überschwenglich'는 낱말이 지닌 어원적 의미를 살려 '한도를 넘어선'으로 번역했으며, 이로써 라틴어에서 유래한 낱말과 순전한 독일어 낱말을 구분하여 번역하였다.

7. 〈형이상학의 진보〉에서 '순수 이성 비판'이란 말이 등장할 때 전부 저서 표시 없이 사용된다. 이것은 그 당시의 학술 논문에서 저서들이 지금처럼 정확하게 표기되지 않았기 때문이다. 그러나 여기서 '순수 이성 비판'은 구체적으로 칸트 자신의 저작을 지칭할 경우도 있으며, '이성 비판' 이라는 학문의 일반적 이념을 나타내기도 한다. 그래서 '순수 이성 비판'이 구체적으로 칸트의 저작을 나타낸다고 생각되는 구절의 경우에는《순수 이성 비판》으로 책 표기를 하여 번역했으며, 그 외에 이성 능력 비판이라는 일반적인 학문의 과제나 이념을 의미하는 것으로 생각되는 구절에서는 책 표기를 생략했다.

8. 형이상학이 거쳐 온 세 단계에 대한 설명은 〈형이상학의 진보〉에 대한 해제를 참고할 것.

9. 종합판단들과 분석판단들의 구분은《순수 이성 비판》A6-3/B10-4, A150-8/B187-97과《서언들》§ 2 그리고 〈발견〉의 2절(본서 191쪽 이하)을 참고할 것.

10. 흄에 대한 칸트의 평가는《순수 이성 비판》의 다음의 구절에서도 찾아볼 수 있다. 즉 칸트는 "다른 경우에는 매우 명민했던 이 사람[흄]의 회의적 혼동은 (…) 무엇보다도 지성의 모든 종류의 선천적 종합을 체계적으로 개괄해 내지 못한 결함으로부터 생겨났다. 왜냐하면 그렇지 않았다면 이때 그는 다른 것을 언급하지 않고서도, 예를 들면 인과성의 원칙과 마찬가지로 경험을 예견하는 지속성의 원칙을 찾아냈을 것이기 때문이다. 그렇게 해서 그는 또한 선천적으로 자신을 확장해 나가는 지성과 순수 이성에 일정한 한계를 지정해 줄 수 있었을 것이다. 그러나 그는 우리 지성의 한계를 규정하지 않고서도 단지 지성을 제한하며 게다가 일반적인 불신을 불러일으키면서도 우리에게는 불가피한 무지에 대한 명확한 지식을 성취하지는 못했는데, 그것은 그가 지성의 능력 전체와 연관하여 지성을 비판이라는 시험대에 올려놓지 않고 지성의 몇몇 원칙들만을 검사했기 때문이다"(A767/

B795)고 주장한다. 이처럼 칸트는 흄이 단지 인과법칙뿐만이 아니라 그의 회의를 일반적으로 확장해서 실행했었다면《순수 이성 비판》과 동일한 결과를 산출할 수 있었으리라 생각한다. 칸트의 흄의 인과법칙 비판에 대한 또 다른 구체적인 논의들은《서언들》AK 4. 310-13,《순수 이성 비판》A760-68/B788-96,《실천 이성 비판》AK 5. 13 등을 참고할 것.

11. 시간과 공간의 관념성에 대한 자세한 설명은《순수 이성 비판》A26-8/B42-4, A32-6/B49-55를 참고할 것.

12. 감각적 직관의 재료를 형성하는 감각적 직관의 성질에서 주관적인 것을 설명하면서 칸트는 '신맛인 소금 속의 물체Körper im Salze als Säure'로 표현한다. 소금도 염류에 속하므로 신맛으로 분류될 수 있지만, 우리달 어감으로는 오히려 '짠맛'이 더 적당할 것이다. 그러나 원전을 살려 여기서는 조금 어색하지만 '신맛'으로 번역했다.

13. '외관Apparenz', '겉모습Schein' 또는 '외양Anschein'이라는 용어들은 칸트가 일상적인 경험 대상에서 우리를 오도할 수 있는 겉모습에 불과한 현상을 모든 경험 대상들인, 본래 우리에게 알려질 수 없는 사물 자체의 현상Erscheinung과 구분하기 위해 사용한 용어들이다. 두 가지 구분되는 현상들 — 즉 감각 경험에서 순전히 주관적인 것을 의미하는 외관과 객관적인 경험 대상인 현상들에 대한 동일한 방식의 설명이《순수 이성 비판》에서도 등장한다. 즉 "가령 색깔들이나 맛 따위는 당연히 사물들의 성질들이 아니라 다른 사람들마다 다른 것일 수 있는 순전히 우리 주관의 변화들로 여겨지기 때문이다. 왜냐하면 이 경우 본래 그 자체로 현상인 것, 예를 들자면 한 송이 장미는 그것의 색깔이 각자의 눈에 다르게 현상할 수 있다 하더라도 경험적 의미에서 사물 자체로 통용되기 때문이다."(A29-30/ B45)

14. 'Auffassung(apprehensio)'은 일반적으로 '포착'으로 번역되던 용어이다. 그러나 여기서는 감각의 차원에서 파악하는 작용이라는 의미에서 '감지(感知)'로 번역한다. 일반적으로 직관에서의 감지의 종합이란 직관의 차원에서 다양한 것을 일별하고 이 다양한 것을 총괄하는 작용을 의미한다. 따라서 감각에서의 이해를 의미하는 '감지'가 일반적인 의미의 '포착'보다 더 적절한 듯 보인다.

15. 이 구절은 이중의 자극, 혹은 자기 자극의 이론을 암시하는 구절이다.《순수 이성 비판》에 의하면, 우리는 우리 바깥의 대상에 의해 자극됨으로써 외적인 감관 표상을 공간 아래로 받아들이며, 다시금 지성적 자아에 의해 감각적 자아가 자극됨으로써 외적인 감관 표상들을 내감으로 수용한다. 우리가 우리 자신에 대해 알 수

있는 것은 우리가 우리 자신에 의해(즉 지성적 자아에 의해) 우리 자신을(즉 감각적 자아를) 내적으로 자극되는 한에서 우리에게 드러나는 자아, 즉 현상하는 경험적 자아일 뿐이다.(《순수 이성 비판》 B68-9를 참고할 것)

16. 《순수 이성 비판》에서 칸트는 결합을 합성Zusammenseztung과 연결Verknüpfung로 구분하면서 합성을 "필연적으로 서로 서로에게 귀속하지 않는 다양한 것의 종합" 혹은 "종류가 같은 것의 종합"(B201의 각주)으로 설명한다. 그러나 여기서 합성은 《순수 이성 비판》의 의미에서 결합의 한 종류에 불과한 합성을 의미하지 않는다. 오히려 '합성'이란 말은 칸트가 후기에 즐겨 사용한 용어로, 감각적 직관의 다양한 것을 범주 아래로 '종합Synthesis'하고 '결합Verbindung'하며 '통일Vereinigung'하는 활동 전반을 지시한다. 특히 《유작Opus Postumum》에서 칸트는 '결합'이라는 말보다 '합성'이라는 말을 주로 사용한다.

17. 여기서 'Prädikament'는 '주술어'로, 두 단락 뒤에 등장하는 'Prädikabilien'는 '준술어'로 번역하였으며, 《순수 이성 비판》에서 논의되는 아리스토텔레스가 나중에 덧붙인 다섯 개의 Postprädikament(후술어)와 구분하여 표현하고자 했다.

18. '위험한 도약gefährlicher Sprung'이란 표현은 'salto mortale'라는 라틴어에 대한 독일어 표현으로서, 이 표현은 믿음의 도약을 비유적인 의미에서 위험한 도약이라고 표현한 야코비F. H. Jacobi에게서 빌려온 말로서 칸트의 후기 저작에 종종 등장하곤 하는 표현이다.(AK 6. 21이나 AK 8. 392, 398 등을 참조할 것)

19. 학술원판에는 '이성론Rationalism'이 바이셰델 판에는 '실재론Realism'이 씌여져 있다. 바이셰델 판은 1804년의 원판에 의거한 것이므로, 레만에 의해 편집된 학술원판보다 아마 더 신뢰할 수 있을 것이다.

20. '말도 되지 않는 것'이란 'Unding'에 대한 번역어이다. 통상 이제까지 'Unding'은 '무물' 또는 '불합리한 것'이라 번역되어 왔지만, 여기서는 문맥에 따라 자연스러운 우리말로 풀어서 번역해 보았다.

21. 인과법칙의 기초로서 습관과 연상에 호소하는 흄의 경험론에 대한 유사한 논박을 《순수 이성 비판》 A112에서 찾아볼 수 있다.

22. 모순율의 불충분성에 대한 논거를 칸트는 《순수 이성 비판》에서 다음과 같이 설명한다. "우리의 인식이 어떤 내용을 가지든 그리고 또한 그것이 객관과 어떻게 관

계 맺든 어쨌든 우리의 모든 판단들 전반의 비록 소극적이지만 보편적인 조건은 판단들이 자기 자신과 모순되지 않으며, 그렇지 않을 경우 이 판단들은 (객관을 고려할 것도 없이) 그 자체로 아무것도 아니라는 것이다. 그러나 우리의 판단에 모순이 없다 할지라도 그 판단은 그와는 상관없이 개념을 대상이 제공하지 않는 방식으로 또는 그런 판단을 정당화하는 어떤 근거가 우리에게 선천적으로나 후천적으로나 주어져 있지 않아도 결합할 수 있으며, 다라서 판단은 아무런 내적 모순이 없다 할지라도 거짓이거나 무근거한 것일 수 있다."(A150/ B189-90)

23. 이제까지 'Satz des zureichenden Grundes'는 '충족이유율'이라고 번역되어 왔지만, 여기서는 '충분한 근거의 원칙'으로 번역한다. 〈발견〉에서 에버하르트에 의해 이루어진 충분한 근거의 원칙의 증명에 대한 칸트의 반박을 참조할 것. 〈발견〉 149-156쪽.

24. 근대 철학에서 참인 표상과 그렇지 못한 표상이나 개념을 설명하기 위해 사용되어 왔던 'klar/dunkel', 'deutlich/verworren'을 분명한/모호한', '명확한/섞갈린'으로 번역하였다. 여태까지 'verworren'은 주로 '혼란된'이라고 번역되어 왔는데, 혼란의 형용사는 '혼란스러운'이라고 표기하는 것이 옳으며, '혼란된'이란 우리말에서는 불가능한 낱말로, 영어의 'confused'에 끼워 맞춘 어색한 번역 용어의 전형이라 할 수 있을 것이다. 게다가 '혼란하다'는 주로 우리의 정신이나 마음이 뒤죽박죽이 된 상태를 표시하는 말이어서, 표상, 개념 등을 수식하는 말로서 사용하는 것에는 문제가 있다. 이에 반해 우리말 '섞갈리다'는 사물이나 사태가 여러 가지의 것들이 혼합된 어지러운 상태에 있음을 뜻하는 말로 'verworren'의 번역어로 더 적합하다고 생각되어 'verworren'을 '섞갈린'으로 'Verworrenheit'는 '섞갈림'으로 번역했다. 이와 연관하여 'undeutlich'는 '불명확한'이라 번역했다.

25. 《판단력 비판》에서 칸트는 도식과 상징을 구분하면서 다음과 같이 설명한다. "우리가 선천적 개념 밑에 놓는 모든 직관은 따라서 도식들Schemate이거나 상징들Symbole인데, 이 중 전자는 개념의 직접적 현시이며 후자는 간접적 현시다. 전자는 이런 일을 증명하면서 수행하고 후자는 유비(이를 위해 우리는 경험적 직관들도 사용한다)에 의해 수행하는데, 이 유비에서 판단력은 이중의 일을 행한다, 즉 첫째로 개념을 감성적 직관의 대상에 적용하고 그리고 나서 둘째로 이런 직관에 대한 순전한 반성의 규칙을 전혀 다른 어떤 대상에 [-] 처음의 대상은 이 대상의 상징에 불과하다 [-] 적용한다."(AK 5. 352)

26. 구별불가능한 것들의 동일성의 원칙에 대한 비판은 《순수 이성 비판》 A271-2/ B327-8을 참고할 것.

27. 라이프니츠의 철학에 대한 칸트의 비판은《순수 이성 비판》A270-6/ B326-32에서 찾아 볼 수 있으며, 또한 〈발견〉의 218-222쪽에서도 〈형이상학의 진보〉에서 나타나는 비판과 유사한 비판을 찾아 볼 수 있다.

28. 자연의 목적론에 관한 구체적인 논의는《판단력 비판》AK 5. 192, 219, 397-400과《판단력 비판 제일 서문》AK 20. 217에서 찾아볼 수 있다.

29. 학술원판에는 '자연-목적론physisch-teleologisch'으로 바이셰델 판에는 '자연-신학적physisch-theologisch'으로 되어 있다.

30. 칸트는《도덕 형이상학》에서 실천 이성의 독재를 "비록 직접적으로 지각된 것은 아니지만 그럼에도 도덕적인 정언명령으로부터 올바르게 추론된, 법칙에 반항하는 경향성들을 지배할 수 있는 능력에 대한 의식"으로 정의한다.(AK 6. 383)

31. 이 단락 이후에 계속 논의되는 인정Fürwahrhalten, 의견Meinen, 믿음Glauben, 확신Überzeugung, 신념Überredung 앎Wissen, 가정Annehmen 등의 개념들은 주로《순수 이성 비판》의 〈선험적 방법론〉에서 설명되어 있는 개념들이다. 이 개념들에 대한 주요 설명들에 의하면, "인정은 객관적인 근거들을 가질 수도 있지만 또한 판단하는 자의 마음에 있는 주관적인 원인들도 필요로 하는 우리의 지성 안의 사건이다. 이 인정이 오직 이성을 가지고 있는 한에서의 모든 사람에게 타당하다면, 그 근거는 객관적으로 충분하며, 이 경우 인정은 확신이라 한다. 이 인정이 주관의 특수한 성질에 그 근거를 가진다면, 신념이라 한다."(A820/B848) 또한 "인정 또는 판단의 주관적 타당성은 (동시에 객관적으로도 타당한) 확신과 관련하여 다음과 같은 세 단계들, 곧 의견, 믿음, 앎을 가진다. 의견은 주관적으로뿐만 아니라 객관적으로도 불충분하다는 것을 의식하는 인정이다. 그러나 인정이 단지 주관적으로만 충분하지만, 동시에 객관적으로는 불충분한 것으로 여겨진다면, 이때의 인정은 믿음이다. 마지막으로 주관적으로뿐만 아니라 객관적으로도 충분한 인정은 앎이라 한다. 주관적으로 충분함은 (나 자신에 대한) 확신이라 하며, 객관적으로 충분함은 (모든 사람에 대한) 확실성이라 한다."(A822/B850)

32. "개연성Wahrscheinlichkeit은 불충분하지만 반대물의 근거들보다는 훨씬 더 충족적인 것이라 할 수 있는 근거들로부터 나온 인정이다. (…) 그럴듯함Scheinbarkeit은 반대물의 근거들보다 훨씬 더 불충분한 근거들로부터 나온 인식의 타당성이다. (…) 우리는 개연성을 수학적으로 나타낼 수 있다. 즉 개연성은 확실성의 절반 이상이다. 확실성의 절반은 의심스럽다. — 개연성의 경우 인정의 정도는 객관적으

로 타당하지만, 그럴듯함의 경우 인정의 정도는 단지 주관적으로만 타당하다."(AK 24. 554이하)

33. 칸트의 이성신학에 대한 비판은《순수 이성 비판》A567-642/B595-70에 매우 자세하게 설명되어 있으며, 또한《이성 신학 강의Vorlesung über Rationaltheologie》에도 담겨 있다.(AK. 28의 1004-12쪽을 참고할 것)

34. 스피노자 철학에 대한 유사한 비판이 〈발견〉(본서, 188)이나《판단력 비판》AK 5. 393-4, 421 등에 나타난다.

35. 신지학Theosophie에 대한 좀 더 자세한 설명을 우리는《판단력 비판》에서 발견할 수 있다.《판단력 비판》의 설명에 따르면, 신지학이란 "신적 본성의 성질과 현존, 그 지성과 의지 및 이 양자의 법칙들과 이 법칙들로부터 나와 세계에 영향을 미치는 특성들을 통찰할 수 있다"(AK 5. 460)고 과장하는, "이성을 혼란시키는 한도를 넘어선 개념들"(AK 5. 459)에 의한 학문이며, 따라서 "신의 본성과 현존에 대한 이론적 인식이 세계의 상태에 대한 설명과 도덕 법칙의 규정에 충분한 것일 때, 이런 이론적 인식을 신지학으로 부르지 않으면 안 된다"(AK 5. 479)

36. 인간에 의거한 논증argumentum κατ΄ἄ ανθρωπον과 참에 의거한 논증argumentum κατ΄ἄληθειαν의 구분은《판단력 비판》에 자세히 설명되어 있다. 후자의 참에 의한 논증은 대상이 그 자체에 있어서 무엇인가를 결정해야 하는 논증으로 규정적 판단력을 위해 충분한 원리들에 기초한 증명이지만, 전자는 판정의 필연적인 이성 원리들에 관해 볼 때 대상이 우리들에게 (인간 전반에게) 무엇인가를 결정하는 증명으로 반성적 판단력을 위해 충분한 원리에 기초한 증명이다.(AK, 5, 463)

37. 창조의 목적으로서의 신의 영광Ehre Gottes에 대하여는《실천 이성 비판》AK 5. 131을 참고할 것.

38. 그리스 신화에 따르면 아르고스의 왕인 다나오스는 자신의 왕국이 자신의 사위들에 의해 멸망된다는 신탁을 받고는, 자신의 50명의 딸들이 이집트의 아이굽터스 왕의 50명의 아들들과 결혼하던 첫날밤에 딸들에게 그들의 남편을 살해하라고 명령한다. 위페르메네스트라를 제외한 나머지 49명의 딸들은 아버지의 명령대로 그들의 남편을 살해했으며, 그 죄의 대가로 저승에서 항아리에 물을 담아 구멍 뚫린 독에 붓는 영겁의 벌을 받게 되었다.

39. 수학자로서의 플라톤에 대해서는《판단력 비판》AK 5. 363-6을 참고할 것.

40. 여기서 '자연학'은 'Physik'의 번역어이다. 원래 'Naturlehre'는 '자연론'으로, 'Naturwissenschaft'는 '자연과학'으로, 'Physik'은 '물리학'으로 번역했지만, 여기서 'Physik'이라는 말은 근대 이후의 물리학이 아니라 고대 아리스토텔레스의 사상에 대해 사용되고 있으므로 이 구절에서만 아리스토텔레스의 저서《자연학 Physica》과 일치하여 '자연학'으로 번역하였다.

41. Hoc est vivere bis, vita posse priori frui. M. V. Martialis(40? — 104?) 에스파냐 출신의 고대 로마의 시인으로 당대의 대표적인 문인인 퀸틸리아누스, 플리니우스 등과 교우를 맺었다. 남아 있는 작품인 14권의 경구집(Epigrams)은 인간의 통속성에 대한 통렬한 풍자를 담고 있다. 인용된 구절은 Epigrams, BK 5, No. 23, 7-8에 나오는 경구이다.

42. 아리스티포스Aristipp(?B.C.435-?B.C.366)는 그리스의 철학자로 최고의 선을 쾌락에 두는 철저한 쾌락주의자이다.

43. 퓔레보른Georg Gustav Fülleborn(1769-1803)은 독일의 철학자이자 문헌학자로서 블레스라우Breslau 대학에서 고전문헌학을 가르쳤다. 그는 1791-1799년 사이에 포르베르그Karl Forberg, 라인홀트Karl Reinhold, 그리고 나트함머F. I. Nithammer 등과 공동으로 철학의 역사에 대한 12권으로 된 책을 써서 출간했다.

44. 이 용어는 스토아학파, 특히 에픽테투스Epictetus에 의해 사용된 용어로서 의지의 주권을 나타내는 말이다.

45. 원리들 사이의 대립은《실천 이성 비판》AK 5. 31-7, 57-62를 참고할 것.

46. 존재론적 증명에 대한 칸트의 비판은《순수 이성 비판》A592-602/B620-30을 참고할 것.

47. 여기서 칸트는 통상 사용해 오던 '인정Fürwahrhalten'이라는 말 대신 '동의Beifall'란 말을 사용한다.

발견

모든 새로운 순수 이성 비판을
이전 비판에 의해 불필요하게 만드는 발견

187 에버하르트J. A. Eberhard는, 《철학 잡지Philosophisches Magazin》1권 289쪽에서 주장하고 있듯이, 다음의 사실을 발견했다. "라이프니츠의 철학은 최근의 이성 비판과 마찬가지로 이성 비판을 포함하지만, 그럼에도 불구하고 그의 이성 비판은 인식 능력들의 정확한 분석에 근거한 독단주의를 도입하며, 따라서 인식 능력들에서 모든 참된 것을 포함할 뿐 아니라 더욱이 지성 영역의 확실한 확장 속에서 포함한다." 그런데 우리가 어찌해서 이 위대한 사상가의 철학에서 그리고 그 딸인 볼프의 철학에서 이런 사태를 이미 오래전에 알아차리지 못했는지에 대해 물론 그는 설명하지 않지만, 그러나 능숙한 해석자들에게 무엇을 주목해 보아야 하는지 제시되고 난 후에도 새롭다고 간주되는 얼마나 많은 발견들을 그들이 고대에서 완전히 명확하게 파악하지 못하는지에 대해서는 설명한다.

그러나 만일 이전의 비판이 그 결과에서 새로운 비판에 정확하게 대립되는 것을 포함하고 있지 않다면, 새롭다는 주장이 허사가 된다 해도 넘어갈 수는 있을 것이다. 왜냐하면 그 경우[즉 이전의 비판이 새로운 비판과 정반대의 것을 포함할 경우] 에버하르트가 자신의 논증만으로는 충분하지 않을 것이라 걱정해서 교묘하게 (298쪽에서처럼 때때로 말을 비틀어서) 사용하는 (로크가 명명했듯이)[1) 권위에의 논증은 후자[에버하르트의 논증]를 받아들이는 데 커다란 장애가 될 것이기 때문이다. 그러나 (그 자체로 우리가 저자들처럼 가까이 있는 원천들에서 길어낸 것일 수 있는) 책들을 가지고 순수 이성의 명제들을 반박하려는 것은 불쾌한 일이다. 에버하르트는 매우 명석한 사람임에도 불구하고 이번 경우에는 그리 정확하게 통찰하지 못했던 것 같다. 그 외에도 그는 때때로 (381쪽과 393쪽의 주석[2)]에서처럼) 마치 라이프니츠의 보증인이 되려 하지 않으려는 것처럼 말한다. 따라서 우리는 이 유명한 사람을 개입시키지 않고 에버하르트가 라이프니츠의 이름에 돌리고, 《비판》에 대항하는 무기로 사용한 명제들을 그의 고유한 주장들로 간주하는 것이 가장 좋을 것이다. 왜냐하면 그렇지 않을 경우 그가 낯선 사람의 이름으로 가한 일격들은 우리가 맞지만, 이에 정당하게 응답한 우리의 일격들은 위대한 사람이 맞게 되어, 그를 존경하는 사람들의 증오가 우리에게로 향하게 되는 곤란한 상황에 빠질 것이기 때문이다.

소송을 진행 중인 법률가들의 실례에 따르면, 우리가 이 논쟁에서 고려해야 하는 첫 번째 것은 형식적인 것이다. 이에 대해 에버하르트는 255쪽에서 다음과 같은 방식으로 자신의 입장을 표명한다. "이 잡지의 편집 순서에 의하면 우리가 하루의 여행을 마음대로 중단하거나 다시금 계속하는 것이 허용되며, 우리는 앞쪽으로도 뒤쪽으로도 갈 수 있으며 모든 방향으로 방향을 바꾸는 것도 허용된다." — 그런데 물론 하나의 잡지가 상이한 면들과 난들에서 매우 상이한 것들을 포함하는 것을 (마치 이 잡지에서 논리적 참에 관한 논문 다음에 곧바로 수염의 역사에 대한 기고문이, 그리고 이것 다음에 시가 따라 나오듯) 허용할 수는 있지만, 지금의 경우처럼 특히 두 체계들을 대립시켜 비교하는 것이 문제 될 경우에 동일한 면에 종류가 다른 것들이 섞여 있거나 맨 뒤의 것이 가장 앞에 오고 가장 아래 것이 가장 위에 오는 것을 에버하르트도 (이 경우에 잡동사니 창고가 되어 버릴 수도 있는) 잡지의 특성이라고 정당화하기는 어려울 것이며, 실제로도 이런 식으로 판단하지는 않는다. 188

이처럼 주장들을 말하자면 마구잡이로 배치한 것은 실제로 참의 시금석이 결정되기 전에 그리고 또한 독자가 그런 시금석을 갖기 전에, 정확하게 검사할 필요가 있는 명제들을 독자가 먼저 호감을 갖고 받아들이게 하고, 그리고 나서 그 이후에 선택될 시금석의 타당성을, 원래 그래야만 하는 것처럼, 그 시금석에 고유한 속성으로부터 증명하지 않고, 오히려 (이 명제들을 시금석에서 검사하지 않고) 이 명제들에서 시금석을 검사하여 이 명제들에 의해 시금석의 타당성을 증명하도록 하기 위해 계획적으로 고안된 것이다. 이것은 인위적인 선결문제 요구의 오류[3]로서, 객관들과 관련하여 우리의 선천적 인식의 요소들과 그 타당성의 근거를 모든 경험에 앞서 탐구하는 일을, 즉 (진저리나도록 길고도 힘든 작업들인) 이런 요소들의 객관적 실재성을 연역하는 일을 교묘하게 피해가고, 그리고 또한 가능하다면 한 번의 펜놀림으로《비판》을 폐기시키지만, 동시에 순수 이성의 무제한적인 독단주의를 위해 여지를 마련하도록 돕기 위해 의도적으로 고안된 것이다. 왜냐하면 잘 알려져 있듯, 순수 지성 비판은 '어떻게 선천적 종합명제들이 가능한가?'라는 일반적인 질문의 해결을 그 목적으로 삼고 있는 이런 탐구로부터 출발하며, 이를 위해 필요한 모든 조건들을 매
189 우 공들여 설명한 이후에야, 개념에 대응하는 (우리에게는 언제나 감각적인) 직관에서 이 개념이 현시될 수 있는 한에서가 아니라면, 개념에 객관적 실재성을 확보할 수 없으며, 그래서 감성의 한계, 따라서 또한 가능한 경험의 한계를 넘어서면, 어떤 인식도, 즉 우리가 공허하지 않다는 것을 확신하는 어떤 개념도 전혀 있을 수 없다는 결정적인 결론에 도달할 수 있기 때문이다. — 잡지는 이와 반대되는 것, 즉 감관들의 대상들을 넘어서는 인식의 확장이 있다는 것을 증명함으로써 이런 주장을 반박하는 것에서 출발하여 어떻게 이런 일이 선천적 종합명제들에 의해 가능한지를 탐구하면서 끝난다.

따라서 실제로 에버하르트의 잡지 1권의 줄거리는 2 막으로 구성되어 있다. 일 막에서는 비감성적인 것에 관한 우리의 개념들의 객관적 실재성이 설명되며, 다음 막에서는 '어떻게 선천적 종합명제들이 가능한가'라는 과제가 해결된다. 왜냐하면 그가 이미 163-166쪽에서 설명한 충분한 근거의 원칙에 관해서 볼 때, 이 종합적 원칙에서 근거 개념의 실재성을 확정하기 위해 이 원칙은 그곳에 놓여 있지만, 그러나 316쪽의 저자 자신의 설명에 따르면, 이 원칙은 또한 종합적 원칙들의 가능성에 관해 비로소 무엇인가를 확정해야 하는 종합판단들과 분석판단들의 장에도 속한다. 이보다 먼저 또는 그 사이에 여기저기서 이야기된 나머지 것들은 모두 장차 등장

할 증명에 대한 암시들, 선행하는 증명에 대한 호소들, 라이프니츠의 주장들 및 다른 주장들에 대한 인용, 용어들에 대한 [-] 대체로 의미의 왜곡에 의한 [-] 공격들, 따위로 이루어져 있다. 이것들은 정확하게 퀸틸리아누스 Quintilianus[4]가 논증과 관련하여 청중들을 속이려는 연사에게 해 주었던 다음과 같은 충고에 따른 것이다. 만일 그것들이 크기 때문에 강하지 못하다면, 그것들은 많기 때문에 강하게 될 것이다. — 낱낱의 것으로는 그것들은 하잘 것 없으며 평범하지만, 함께 모이면 비록 번개처럼은 아닐지라도 우박처럼 해를 끼친다. 이것은 단지 후기에서나 논의될 만한 것이다. 질서를 모르는 작가를 상대하는 것은 불쾌한 일이지만, 이보다 더욱 불쾌한 것은 얄팍하거나 거짓인 명제들을 슬그머니 끼워 넣기 위해 무질서를 고안해 내는 작가를 상대하는 것이다.

190 1절. 대응하는 감각적 직관이 주어질 수 없는 개념들의 객관적 실재성, 에버하르트에 따른

에버하르트는 157-158쪽에서 일의 중요성에 걸맞은 위엄을 갖추고 이 일에 착수한다. 그는 필요하다면 상당한 영토를 버릴 수 있지만 그럼에도 언제나 훨씬 더 광대한 영토가 남아 있게 될 왕국으로 간주하는 학문(형이상학)을 위한 그의 오랜, 편애로부터 벗어난 노력들에 대해 이야기한다. 그는 존재론이라는 논박할 수 없이 풍성한 들판[1]이 약속하는 꽃들과 열매들에 대해 이야기하며, 우주론이라는 문제가 많은 들판에 관해서도 손을 거두어들이지 말라고 격려한다. 왜냐하면, 그가 주장하듯이, "우리는 이 학문을 확장하기 위해 계속 끊임없이 노력할 수 있으며, 먼저 이 참인 것들의 선험적 타당성(이것은 여기서 개념들의 객관적 실재성을 의미한다)에 관여하지 않고도, 이 학문의 들판을 언제나 새로운 참인 것들로 풍성하게 만들려고 할 수 있기" 때문이다. 그리고 또한 그는 덧붙여 말한다. "이런 방식으로 수학자들조차 그들의 대상의 실재성에 대해 한마디도 설명하지 않고 학문들 전체의 설계도를 완성했다." 그는 "이것은 놀랄 만한 실례를, 즉 내가 여기서 인용하지 않을 수 없을 정도로 매우 적절하고 교훈적인 실례를 통해 증명된다"고 말하면서, 독자가 정확히 이 점에 주목하길 원한다. 물론 그것은 매우 교훈적이다. 왜냐하면 우리가 이해하지 못하는 학문들로부터 나온
191 증명 근거들뿐만 아니라 단지 이에 대해 보고한 다른 유명한 사람들의 발언들에 조차 [–] 우리가 이것들 역시 이해하지 못할 것이라고 예상되기 때문에 [–] 의존하지 말라고 경고하기 위해 더 이상 적절한 예가 제시된 적

1. 이 들판은 바로 사물들 전반에 대한 인식의 요구들인 개념들과 원칙들이 논박되었으며, 또한 가능한 경험의 대상들이라는 매우 협소한 땅에 제한되어 있는 들판이다. 먼저 소유권에 관련된 문제에 관여하지 않으려는 것은 진정한 논쟁점을 판사의 눈에서 벗어나게 하려는 계략임이 그 즉시 드러난다.

은 결코 없기 때문이다. 왜냐하면 에버하르트는 아폴로니우스Apollonius[5]의 코니카Conica에 대한 보렐리Borelli[6]에 의해 되풀이된 판단에 의해서보다 더는 강력하게 자기 자신과 이제 막 공표된 그의 의도를 반박할 수는 없었기 때문이다.

아폴로니우스는 먼저 원뿔 개념을 구성한다, 즉 그는 이 개념을 선천적으로 직관에 현시한다. (이것은 기하학자가 자신의 개념의 객관적 실재성을 미리 증명하도록 해 주는 첫 번째 행동이다.) 그는 원뿔을 어떤 특정한 규칙에 의거하여, 예를 들어 원뿔의 꼭짓점을 통과하여 원뿔의 밑면을 직각으로 가르는 삼각형의 한 면과 평행하게 자르고 이렇게 절단함으로써 이 원뿔의 표면에 생겨난 곡선의 성질들을 선천적인 직관에서 증명하며, 그리고 이렇게 해서 원뿔의 세로좌표가 매개 변수와 맺는 관계에 관한 개념을 산출하는데, 이 개념은, 즉 (이 경우에는) 포물선 개념은 이를 통해 선천적 직관에 주어지며, 따라서 이 개념의 객관적 실재성은, 즉 언급된 속성들을 지닌 사물이 있을 수 있는 가능성은 단지 우리가 이 개념 밑에 대응하는 직관을 놓는 방식으로만 증명된다. — 에버하르트는 우리의 인식이 아마도 완전히 공허하며 전혀 어떤 대상도 가질 수 없는 개념들과 관계하는 것은 아닌지(이것은 상식과 곧바로 상충하는 주장이다)의 여부를 먼저 고려하지 않고서도, 우리가 우리의 인식을 확장하고 새로운 참인 것들로 풍성하게 할 수 있다는 것을 증명하고자 했으며, 자신의 의견을 증명하기 위해 수학자에게로 향했다. 그러나 그가 취한 방향은 그 이상 불운할 수는 없는 것이었다. — 그러나 그가 아폴로니우스 자체를 알지 못했으며 고대 기하학자의 수행 방식에 대해 반성한 보렐리를 이해하지 못했기에[7] 불운이 다가왔다. 후자[보렐리]는 (원 바깥에) 원뿔곡선이란 개념을 기계적으로 구성하는 것에 관해 설명하며, 또한 수학자는 후자[기계적 구성]에 대해 설명하지 않고도 전자[원뿔곡선]의 성질들을 가르친다고 주장하는데, 이것은 물론 맞는 말이긴 하지만, 전혀 중요하지 않은 지적이다. 왜냐하면 포물선을 이론의 규정에 따라 그리라는 지시는 기하학자를 위한 것이 아니라 단지 기술자를 위한 것이기 때문이다.[2] 에버하르트는 보렐리의 주석에서
192 그 스스로 인용하고 게다가 줄까지 쳤던 구절에서 이 점을 깨우칠 수 있었어야 했다. 그 구절은 다음과 같다. 하나의 대상은 규정된 것으로 간주될 수 있으므로, 논의되고 있는 대상 자체를 그리는 기술이 전제되어 있지 않더라도 그 대상에 대한 다양한 속성들이 증명된다.[8)] 그러나 이 말로써 보렐리가 기하학자는 이런 기계적 구성으로부터 무엇보다도 먼저 그런 선의 가능성에 대한 증명을, 즉 그 개념의 객관적 실재성을 기대한다고 주장하려 했다고 꾸며 댄다면 매우 터무니없을 것이다. 오히려 우리는 최근의 기하학자들을 이런 식으로 비난할 수 있을 것이다. 즉 그들은 객관의 가능성에 관해 아무런 확신도 하지 못한 채 곡선의 성질들을 곡선의 정의로부터 이끌어 냈다고 비난하는 것이 아니라(왜냐하면 그들은 이 정의와 함께 동시에 순전히 도식적인 순수 구성에 대해서 완벽하게 알고 있으며, 또한 필요하다면 정의를 한 후에 기계적 구성을 수행하기 때문이다), 오히려 그들은 그런 선을 (예를 들자면 포물선을 $ax=y^2$라는 공식을 통해) 임의로

---

2. 개념의 구성 [--] 《순수 이성 비판》은 이에 대해 다양한 방식으로 설명하고 이를 통해 처음으로 수학에서의 이성의 수행 방식을 철학에서의 수행 방식과 정확하게 구분했다 [--] 이라는 표현을 오용으로부터 안전하게 보호하기 위해 아마도 다음의 것이 도움이 될 것이다. 일반적인 의미에서 개념에 대응하는 직관을 (자발적으로) 산출함으로써 개념을 현시하는 것은 모두 구성이라 불릴 수 있다. 구성이 선천적 개념에 따라 순전한 상상력에 의해 이루어진다면, 그것은 순수한 구성이다. (이런 구성을 수학자는 자신의 모든 증명들의 밑바탕에 두어야만 한다. 따라서 그는 그가 막대기를 가지고 모래에 그린 원에서, 그 원이 아무리 고르지 못하게 그려졌다 할지라도, 마치 최고의 기술자가 동판에 그린 원에서처럼 원 전반의 성질들을 완벽하게 증명할 수 있다.) 그러나 구성이 어떤 재료에서 이루어진다면, 그것은 경험적 구성이라 할 수 있을 것이다. 첫 번째 것은 또한 도식적 구성이라 불릴 수 있으며, 두 번째 것은 기술적 구성이라고 할 수 있다. 후자의 실제로는 부적절하게 구성이라 불리는 것(왜냐하면 그것은 학문이 아니라 기술에 속하며 도구들에 의해 수행되는 것이기 때문이다)은 원각기와 자에 의한 기하학적 구성이거나 아니면 기계적 구성인데, 기계적 구성을 위해서는 이를테면 원 바깥에 다른 원뿔곡선들을 그릴 때처럼 다른 도구들이 필요하다.

생각하며, 고대 기하학자들의 실례에 의거하여 이 선을 먼저 원뿔의 단면에 주어지도록 산출해 내지 않는다고 비난하는데, 이렇게 하는 것이 기하학의 품위에 더 어울리는 것이며, 이를 위해 그처럼 많은 것을 발견해 낸 분석적 방법 때문에 고대의 종합적 방법을 그처럼 완벽하게 무시하지 말라고 사람들은 여러 번 충고해 왔다.

그러므로 에버하르트는 수학자들이 아니라 모래로 밧줄을 짤 수 있는 기술자의 실례에 따라, 다음과 같은 방식으로 작업에 착수한다.

그는 이미 그의 잡지의 첫 번째 장에서 모순율과 충분한 근거의 원칙 193
이라고 생각되는 인식의 형식의 원리들을 인식의 재료(그에 의하면 표상과 연장)의 원리들과 구분했으며, 재료의 원리를 재료를 구성하는 단순한 것 속에 정립하며 그리고 아무도 그에게 모순율의 선험적 타당성을 논박하지 않기 때문에, 이제 그는 먼저 충분한 근거의 원칙의 선험적 타당성 및 이와 더불어 후자의 개념[충분한 근거라는 개념]의 객관적 실재성을, 그리고 또한 두 번째로 단순한 존재자 개념의 실재성을, 《비판》이 요구한 것처럼 이 개념들을 대응하는 직관에 의해 증명할 필요 없이, 명백히 밝히려 한다. 왜냐하면 참인 것에 관하여 먼저 그것이 가능한가를 물어서는 안 되며, 또한 그런 한에서 논리학은 '존재로부터 가능성을 이끌어 내는 것은 타당하다'[9]는 원칙을 형이상학과 공유하거나 오히려 이 원칙을 형이상학에 빌려 주기 때문이다. — 이제 이런 분류에 따라 우리의 검사도 나누어 진행하고자 한다.

1. 충분한 근거 개념의 객관적 실재성 증명,
에버하르트에 따른

먼저 주목해야 할 것은 에버하르트가 충분한 근거의 원칙을 순전히 인식의 형식적 원리들에 속하는 것으로 만들고자 했지만 그럼에도 그 다음에 160쪽에서 "이 원칙이 또한 선험적 타당성을 가지는가(이 원칙이 도대체 선험적 원칙인가)"라는 것을《비판》에 의해 야기된 질문으로 간주한다는 점이다. 에버하르트는 인식의 논리적(형식적) 원칙과 선험적(재료적) 원칙의 구분을 전혀 파악하지 못하고 있음이 분명하거나, 아니면 이게 더 그럴듯한데, 이것은 문제가 되는 것 대신에 아무도 묻지 않는 다른 것을 슬쩍 뒤바꿔 넣으려는 그의 교활한 수법들 중 하나이다.

'모든 명제는 근거를 가져야만 한다'는 것은 인식의 논리적(형식적) 원칙으로 모순율과 나란히 있는 원칙이 아니라 모순율 아래에 위치하는 원칙이다.[3] '모든 사물은 자신의 근거를 가져야만 한다'는 것은 선험적(재료적) 원칙으
194 로, 누구도 모순율로부터 (그리고 감각적 직관에 관계하지 않고 무릇 순전한 개념들로부터) 언젠가 증명한 적도 없으며 또한 증명하게 되지도 않을 원칙이다. 객관들과 객관들의 가능성에 관한 선험적 원칙은 어떤 것을 선천적으로 규정하는 것이어야 하며, 따라서 논리적 원칙들이 (논리적 원칙들은 객관의 가능성에 관계하는 모든 것을 깡그리 도외시하는 것이기 때문에) 그렇게 하듯, 순전히 판단들의 형식적 조건들에만 관계하는 것이 아니라는 것은 충분히 명백하며, 그리고 또한《비판》에서 수없이 여러 번 주

3.《비판》은 미정 판단들과 확정 판단들 사이의 구분을 설명했다. 확정 판단은 하나의 명제이다. 논리학자들은 명제를 낱말들로 표현된 판단이라고 정의하고 있다는 점에서 결코 올바르지 않다. 왜냐하면 우리는 또한 우리가 명제들로 간주하지 않는 판단들을 위해서도 사유 속에서 낱말들을 사용해야 하기 때문이다. '만일 물체가 단순하다면 그것은 불변한다'라는 조건 명제에는 두 판단들 사이의 관계가 있는데, 이 두 판단들 중 어떤 것도 명제가 아니며, 단지 앞의 판단(전건)으로부터 뒤의 판단(후건)의 귀결만이 명제를 형성한다. '약간의 물체들은 단순하다'라는 판단은 언제나 모순된 것일 수 있지만, 그럼에도 불구하고 이 판단이 하나의 주장으로, 즉 명제로 진술된다면 그로부터 무엇이 귀결되는가를 알기 위해 제시될 수는 있다. '모든 물체는 나누어질 수 있다'라는 확정 판단은 단순한 미정 판단(우리는 모든 물체가 나누어질 수 있다고 생각한다 등등) 보다 많은 것을 진술하며, 명제들의 보편적인 논리적 원칙에, 즉 모순율로부터 귀결되는 '모든 명제는 (순전히 가능 판단이 아니라) 근거를 가지고 있어야만 한다'는 원칙에 종속한다. 왜냐하면 그렇지 않다면 앞의 명제는 명제가 아닐 것이기 때문이다.

장된 것이다. 그러나 163쪽에서 에버하르트는 그의 원칙을 '모든 것은 근거를 가진다'는 형식으로 관철해 내고자 했으며, 또한 (그곳에서 그가 인용한 예로부터 알 수 있듯이) 실제로는 인과성이라는 재료적 원칙을 모순율을 매개로 슬며시 끼워 넣고 싶어 했기 때문에, '모든 것'이라는 말을 사용하며 '모든 사물'이라 말하지 않으려고 조심한다. 왜냐하면 그럴 경우에 그 원칙이 인식의 형식적이며 논리적인 원칙이 아니라, 이미 논리학에 (모순율에 근거한 모든 원칙들처럼) 자리 잡을 수 있는 인식의 재료적이며 선험적인 원칙이라는 것이 너무나도 명백해질 것이기 때문이다.

그러나 그는 이 선험적 원칙을 정말로 모순율로부터 증명하려고 끈질기
게 노력하는데, 그것도 신중하게 반성해 보지 않은 채 그리고 기꺼이 독자
에게는 감추고 싶다는 의도에서 이렇게 한다. 그는 근거 개념을 (이 개념과
함께 또한 은근 슬쩍 원인성 개념을) 모든 사물들에 전반적으로 타당한 것
으로 만들려고 하며, 다시 말해 이 개념의 객관적 실재성을 순전히 감관들
의 대상들에 제한하지 않고 증명하려 하며, 또한 그렇게 하여《비판》이 부 195
가한 조건인, '개념은 직관을 필요로 하며 직관에 의해서만 비로소 그 실
재성이 증명가능하게 된다'는 조건을 피해 나가려 한다. 그런데 모순율은
우리가 단지 사유할 수 있는 모든 것에, 이것이 감성적 대상이든 또한 이것
에 가능한 직관이 주어질 수 있든 없든, 전반적으로 타당한 원칙이라는 것
은 분명하다. 왜냐하면 모순율은 객관과는 상관없이 사유 전반에 타당한
것이기 때문이다. 따라서 이 원칙과 일치할 수 없는 것은 명백히 아무것도
아니다(게다가 사유조차도 아니다). 따라서 그가 감각적 직관의 대상들로
제한하는 것에 구속받지 않은 채 근거 개념의 객관적 실재성을 이끌어 들
이고 싶었다면, 그는 이를 위해 사유 전반에 타당한 원칙을 사용해야 했지
만, 그러나 비록 근거 개념이 실제로는 순전히 논리적 의미만을 가진다 하
더라도, 여기서는 그럼에도 이 개념이 실재적 근거들을 (따라서 원인성이
라는 근거를) 자기 아래 포함하고 있는 것처럼 설정해야 했을 것이다. 그러

나 그에게 그리고 또한 매우 평범한 판단력을 지닌 사람들에게 전제할 수 있는 것 이상으로 그는 독자들이 순진하게 믿을 것이라고 자신했다.

그러나 계략을 꾸밀 때 자주 그렇게 되듯, 에버하르트는 자신의 계략에 스스로 말려들었다. 앞에서 그는 형이상학 전체를 두 지도리들에, 즉 모순율과 충분한 근거의 원칙에 걸어 놓았으며, 그리고는 라이프니츠를 좇아 (다시 말해 그가 라이프니츠를 해석하는 방식에 따라) 형이상학을 위해 전자를 후자에 의해 보충해야 한다고 거짓으로 둘러대면서, 이런 자신의 주장을 철저히 고수한다. 그런데 163쪽에서 그는 "충분한 근거의 원칙이 보편적으로 참임은 이것(모순율)으로부터만 증명될 수 있다"고 말하면서, 곧바로 용감하게 이 일을 수행한다. 그러나 이렇게 됨으로써 형이상학 전체는 앞에서는 두 개의 지도리들이어야 했지만, 이제 다시금 하나의 지도리에 걸려 있게 된다. 왜냐하면 원칙의 적용을 위해 새로운 조건을 조금도 덧붙이지 않은 채, 이 원칙의 전반적인 보편성 안에서 이 원칙으로부터 귀결된 순전한 결과는 앞선 원칙에 결핍된 것을 보충해 줄 새로운 원칙이 전혀 아니기 때문이다!

그러나 에버하르트는 충분한 근거의 원칙에 관한 이런 증명을 (이와 더불어 모순율 이상의 것을 필요로 하지 않은 채 실로 원인 개념의 객관적 실재성을) 제시하기 전에, 161-162쪽에서 자신의 작업을 거창하게 구분하고 게다가 다시금 자신의 방법을 수학자들의 방법과 비교함으로써 [–] 그러나 이런 비교는 그에게는 언제나 불운만을 가져다주는데 [–] 독자의 기대를 증폭시켰다. 에우클레이데스조차도 "그의 공리들 가운데 물론 아직
196 증명을 필요로 하지만 증명 없이 설정된 명제들을 가지고" 있다고 한다. 그런데 에버하르트는 수학자에 대해 언급하면서 다음과 같은 말을 덧붙인다. "우리가 수학자의 공리들 중 하나를 수학자에게 부정하자마자 여기에 의존하고 있던 모든 정리들도 또한 사라진다. 그러나 이런 일을 매우 드문 일이므로, 수학자는 자신의 설명이 지닌 복잡하지 않은 간결함과 그의

이론 체계가 지닌 아름다운 외관을 단념해야 한다고는 생각하지 않는다. 철학은 더 친절해야 한다." 따라서 이미 오래전서부터 시학의 자유가 있어 온 것처럼, 이제 기하학의 자유가 있다. 그러나 친절한 철학이 (바로 다음에 말하게 될 증명에서) 또한 에우클레이데스가 수학적으로 증명가능한 명제를 공리로 제시하는 경우에 에우클레이데스로부터 실례를 인용할 정도로 친절했었다면! 왜냐하면 만일 수학적 이론의 방법이 매우 엄밀하게 준비되어 있다면, 순전히 철학적으로 (개념들로부터) 증명될 수 있는 것, 예를 들자면 '전체는 부분보다 크다'는 것에 대한 증명은 수학에는 속하지 않기 때문이다.

이제 약속한 증명이 뒤따른다. 이 증명은 장황하지 않아 좋으며, 그럴수록 증명의 설득력은 더욱 눈에 띈다. 따라서 우리는 이 증명을 온전히 여기로 가져오고자 한다. "모든 것은 근거를 가지거나 모든 것은 근거를 가지지 않는다. 따라서 후자의 경우 그 근거가 무인[전무한] 어떤 것이 가능하며 생각될 수 있을 것이다. — 그러나 만일 대립하는 두 사물들 중 하나가 충분한 근거 없이 있을[일] 수 있다면, 또한 두 대립하는 것들 중 다른 것도 충분한 근거 없이 있을[일] 수 있을 것이다. 예를 들어 일정량의 공기가 동쪽으로 움직이며, 또한 동쪽의 공기가 더 따뜻해지거나 더 엷어지지 않고서도 바람이 동쪽으로 불 수 있다면, 이 일정량의 공기는 동쪽으로 움직이는 것과 마찬가지로 서쪽으로도 잘 움직일 수 있을 것이다. 따라서 동일한 공기가 동시에 서로 대립하는 방향들로, 즉 동쪽으로도 그리고 서쪽으로도 움직일 수 있을 것이며, 따라서 동쪽으로 움직이면서 동쪽으로 움직이지 않을 수 있을 것이다, 다시 말해 어떤 것은 동시에 있으면서 있지 않을[이면서 이지 않을] 수[10] 있는데, 이것은 모순이며 불가능하다."

이 증명은 [–] 이 증명에 의해 철학자가 철저성에 있어서 수학자보다도 더 친절하게 보인다는 것은 분명한데 [–] 우리가 어떻게 증명해서는 안 되는가에 대한 예로 논리학에서 사용되기 위해 증명이 가지고 있어야 할 모든

특성들을 다 가지고 있다. — 왜냐하면 먼저 증명되어야 할 명제가 두 가지
197 의미로 제시되어 있어 [–] '모든 것'이라는 말은 우리가 명제로서 어떤 것에 대해 내리는 모든 판단을 의미할 수도 있지만, 그러나 또한 모든 사물을 의미할 수도 있으므로 [–] 우리는 이 명제로부터 논리적 원칙이나 또는 선험적 원칙도 만들 수 있기 때문이다. 만일 이 명제가 첫 번째 의미로 이해된다면 (이 경우에 그것은 '모든 명제는 자신의 근거를 가진다'는 것을 의미할 것임에 틀림없다), 이 명제는 단지 보편적으로 참일 뿐만 아니라 또한 모순율로부터 직접 추론된 것이기도 하지만, 그러나 만일 '모든 것'이라는 말이 모든 사물을 의미한다면, 이것은 완전히 다른 증명 방식을 필요로 할 것이다.

두 번째로 증명에는 통일이 결여되어 있다. 이 증명은 두 가지 증명들로 되어 있다. 처음의 증명은 이제는 더 이상 아무도 의존하지 않게 된 잘 알려진 바움가르텐A. G. Baumgarten의 증명[11]인데, 이 증명은 각자 덧붙여 생각해야 하는 ('그것은 자기 모순적이다'라는) 결론이 빠져 있는 것을 제외하고는, 내가 줄을 그은 곳에서 완전히 끝난다. 여기에 곧장 다른 증명이 뒤따르는데, 이 증명은 '그러나'라는 말에 의해 처음 증명의 결론에 도달하기 위해 추론들의 연쇄에서 곧바로 이어져 진행되는 것인 양 제시되지만, '그러나'라는 말을 빼버린다면, 그 자체로 성립하는 하나의 증명을 형성한다. 도대체 어떻게 이 증명이 '어떤 것이 근거 없이 있[이]다'는 명제에서 모순을 발견하기 위해, 모순을 직접 이 명제 자체에서 발견했던 처음의 증명 이상의 것을 필요로 하겠으며, 또한 이에 반해 이 증명은 모순을 억지로 고안해내기 위해, 또 다른 명제, 말하자면 이 경우에는 또한 '이 사물의 반대도 근거 없이 있을[일] 것이다'는 명제를 덧붙여야만 하기 때문에, 결과적으로 이 증명의 한 항이어야 하는 바움가르텐의 증명과는 완전히 다르게 수행된다.

세 번째로 에버하르트가 자신의 증명에 부여했다고 생각했던 165쪽의 새로운 방향 전환은 매우 불운한 것이다. 왜냐하면 이 증명이 방향 전환을 하게 해 준 이성추론은 네 개의 밑받침들[개념들] 위에서 진행되기 때

문이다. — 이 이성추론을 삼단논법의 형태로 만든다면, 다음과 같다.

근거 없이 동쪽으로 움직이는 바람은 (그 대신에) 마찬가지로 서쪽으로도 잘 움직일 수 있을 것이다.

그런데 (충분한 근거의 원칙의 반대자들이 내세우는 것처럼) 바람은 근거 없이 동쪽으로 움직인다.

따라서 바람은 동시에 동쪽으로도 서쪽으로도 움직일 수 있다. (이것은 자기모순이다.) 내가 완전히 정당하게 '그 대신에'라는 말을 대전제에 삽입했다는 것은 명백하다. 왜냐하면 의미를 이렇게 제한하지 않는다면, 누구도 대전제를 승인할 수 없기 때문이다. 만일 누군가가 일정 금액을 주사위 던지기에 걸고 이긴다면, 그에게 도박을 하지 말라고 충고하려고 한 사람은 아마도 다음과 같이 말할 수 있다. '그는 마찬가지로 똑같이 잘못 던질 수도 있었으며 그만큼 잃을 수도 있었지만, 그러나 단지 적중하는 대신에 그렇게 할 수 있을 뿐이지, 동시에 똑같은 주사위 던지기에서 틀리면서 맞지는 않는다.' 한 조각의 나무로 신을 조각한 예술가는 (그 대신에) 그 198
나무로 마찬가지로 의자를 잘 만들 수도 있을 것이지만, 그러나 이런 사실로부터 그가 그 나무로 동시에 두 가지를 다 만들 수 있다는 결론은 나오지 않는다.

네 번째로 만일 명제가 사태 자체에 타당한 것이어야 한다면, 거기서 그렇게 쓰이듯이, 무제한적 보편성을 지닌 명제 자체는 명백히 거짓이다. 왜냐하면 이 명제에 따르면, 무조건적인 것은 전적으로 있지 않을 것이기 때문이다. 그러나 근원 존재자에 관해 물론 그런 존재자도 자신의 현존의 근거를 가지지만, 이 근거는 이 존재자 자체 안에 있다고 주장함으로써 이런 당황스러운 결과를 피해 보려 한다면, 그것은 모순이다. 왜냐하면 한 사물의 현존의 근거는 실재근거라면, 언제나 이 사물과 구분되어야만 하며 또한 이 경우 이 사물은 반드시 다른 사물에 의존하는 것으로 생각되어야 하기 때문이다. 한 명제에 관해 나는 이 명제는 그것이 참임에 대한 (논리적) 근거를 자신 안에 가진다고 말할 수 있다. 왜냐하면 주어[로 쓰이는] 개념은 술어[로 쓰이는] 개념과는 다른 것이며 술어의 근거를 포함할 수 있기 때문이다. 이와는 반대로 내가 한 사물의 현존에 관해 이 사물 자체와는 다른 근거를 가정하는 것을 허용하지 않는다면, 이로써 나는 이 사물은 더 이상 실재적인 근거를 가지지 않는다고 주장하려는 것이다.

그러므로 에버하르트는 그가 인과성 개념에 관해 성취하고자 했던 것, 즉 이 범주와 또한 짐작컨대 이와 더불어 나머지 범주들을, 사물들의 인식을 위한 이런 범주들의 사용과 타당성을 경험의 대상들에 제한하지 않고, 사물들 전반에 관해 타당한 것으로 만들려고 한 것에 관해 아무것도 수행한 것이 없으며, 또한 이런 목적을 위하여 쓸데없이 모순율이라는 전제적 원칙을 사용했다.《비판》의 주장은 언제나 확고하다. 즉 범주에 대응하는, 우리 인간에게는 언제나 감각적인 직관이 주어질 수 없다면, 범주는 최소한의 인식도 포함하지 않거나 산출할 수 없으며, 따라서 사물들에 대한 이론적 인식과 관련하여 사용되면서 결코 모든 가능한 경험의 한계 너머로까지 미칠 수 없다.

2. 경험 대상들에서 단순자 개념의 객관적 실재성 증명, 에버하르트에 따른

앞에서 에버하르트는 감관들의 대상들에도 적용될 수 있는 지성의 개념(인과성 개념)에 관하여 그럼에도 불구하고 감관들의 대상들에 제한되
199 지 않고도 사물들에 전반적으로 타당할 수 있는 그런 개념이라고 설명하며, 그렇게 해서 적어도 하나의 범주, 즉 원인이란 범주의 객관적 실재성을 직관의 조건들에 의존하지 않고 증명했다고 큰소리쳤다. 이제 169-173쪽에서 그는 한걸음 더 나아가 명백히 전혀 감관들의 대상일 수 없는 것에

대한 개념, 즉 단순한 존재자라는 개념에조차 객관적 실재성을 확보하려고 하며, 이렇게 해서 그가 칭송했던 이성적 심리학과 신학이라는 풍성한 들판으로 나아가는 입구를 [–] 이 입구로부터 《비판》의 메두사의 머리는 그것들을 놀라 뒤로 움찔하게 만들고자 했다 [–] 활짝 열려고 했다. 169-70쪽의 그의 증명은 다음과 같다.

"구체적인[4] 시간 또는 우리가 지각하는 시간(아마도 그 안에서 우리가 어떤 것을 지각하는 시간이라고 말해야 할 것이다)은 우리의 표상들의 잇

---

4. 여기 등장하는 구체적인 시간이라는 표현과는 반대로 170쪽의 추상적인 시간이란 표현은 완전히 잘못된 것이며, 이처럼 잘못된 사용 자체가 최근의 논리학자들에 의해 인가되었다 할지라도, 특히 최대한의 논리적 정밀성이 문제시될 경우 결코 정당하게 허용되어서는 안 된다. 우리는 공통된 징표인 개념을 추상[12)]하는 것이 아니라 오히려 개념을 사용하면서 이 개념 아래 포섭되어 있는 다양성을 도외시한다. 화학자들은 액체를 따로 가지기 위해 액체를 다른 물질들로부터 분리할 경우에만 어떤 것을 추출할 수 있으며, 철학자는 개념을 특정하게 사용하면서 그가 고려하지 않으려는 것을 도외시한다. 교육의 규칙들을 만들려는 사람은 추상적인 아이와 구체적인 아이의 구별에 대해 언급하지 않고 추상적인 아이라는 개념을 밑바탕에 두거나 (구체적으로) 시민 계급의 아이라는 개념을 밑바탕에 놓고 이 일을 수행할 수 있다. '추상적인'과 '구체적인'의 구별은 개념들 자체가 아니라 개념들의 사용에만 관계한다. 이런 스콜라적 정밀성을 등한시하면 자주 대상에 대한 판단이 왜곡된다. 만일 내가 추상적인 시간이나 공간은 이러저러한 성질들을 가진다고 말한다면, 붉은색이 장미꽃이나 주사[13)] 따위에 먼저 주어져 있듯이, 마치 시간과 공간도 감관들의 대상들에 먼저 주어져 있으며, 단지 논리적으로 여기에서 추상된 것처럼 되어 버린다. 그러나 내가 추상적으로, 즉 모든 경험적인 조건들에 앞서서 탐구할 경우, 시간과 공간에서 이러저러한 성질들이 알려질 수 있다고 말한다면, 이런 성질들을 또한 경험에 의존하지 않고 (선천적으로) 인식될 수 있다고 간주하는 것은 적어도 나에게 여전히 열려진 채 있지만, 내가 시간을 경험으로부터 순전히 추상된 개념으로 간주한다면, 이것은 나에게 열려 있지 않다. 처음의 경우에 경험적인 것을 모두 도외시함으로써, 나는 경험적인 특정한 시간 및 공간과 구분하여 순수한 시간과 공간에 관해 선천적 원칙들에 의거하여 판단할 수 있으며, 적어도 판단하려고 시도할 수 있지만, 두 번째 경우에 (사람들이 주장하듯) 내가 이 개념들 자체를 (위에서 언급한 붉은색의 실례처럼) 단지 경험으로부터 추상했다면, 이런 일은 나에게 허용되지 않는다. — 따라서 사이비 지식을 가지고 정확한 검사를 피하고자 하는 사람들은 이런 사이비 지식이 눈에 띄지 않게 슬쩍 끼어들 수 있도록 해 주는 표현들 뒤로 숨어야만 한다.

200 따름 이외에 다른 것이 아니다. 왜냐하면 운동에서의 잇따름조차도 표상들의 잇따름으로 되돌려질 수 있기 때문이다. 따라서 구체적인 시간은 합성된 어떤 것이며, 시간의 단순한 요소들은 표상들이다. 모든 유한한 사물들은 지속적으로 흘러가고 있기 때문에(순전히 현상들에 대해서가 아니라 모든 유한한 사물들에 대해서 선천적으로 이런 주장을 할 수 있다는 것을 그는 어디에서 인지하는가?), 이 요소들은 결코 감각될 수 없으며, 내감은 이 요소들을 분리해서 지각할 수 없다. 이것들은 언제나 앞서가며 뒤따르는 어떤 것으로서 지각된다. 게다가 모든 유한한 사물들의 변화들의 흐름은 연속적인(이 말은 그가 스스로 밑줄을 그은 말이다) 중단 없는 흐름이기 때문에, 시간의 감각가능한 어떤 부분도 가장 작은 부분이 아니거나 완전히 단순한 부분이 아니다. 따라서 구체적인 시간의 단순한 요소들은 전적으로 감성의 영역 바깥에 있다. — 그러나 그것이 없다면, 시간과 관련해서도 감성의 형상이 가능하지 않은, 그런 비형상적 단순자를 발견함으로써 지성은 감성의 영역 너머로 고양된다. 그러므로 시간의 형상에는 무엇보다도 먼저 객관적인 어떤 것, 즉 나누어질 수 없는 이런 요소 표상들이 속하며, 이 요소 표상들은 유한한 정신의 제한들 안에 놓여 있는 주관적인 근거들과 함께 동시에 감성을 위해 구체적인 시간의 형상을 제공한다는 것을 지성은 인식한다. 왜냐하면 이런 제한들 덕분에 이 표상들은 동시에 있을 수 없으며 또한 바로 이런 제한들 덕분에 이 표상들은 형상에서 서로 구분될 수 없기 때문이다." 171쪽 이후에는 공간에 관해 다음과 같이 말한다. "직관의 다른 형식인 공간은 시간과 많은 측면에서 같은 종류의 것이기 때문에, 우리는 공간의 분할에서 시간의 분할과 공유하는 것을 모두 반복하는 수고를 하지 않아도 된다. — 공간이 그것과 함께 동시에 있는 합성된 것의 최초의 요소들은 시간의 요소들과 마찬가지로 단순하며 감성의 영역 바깥에 있다. 그것들은 지성적 존재자이며, 비형상적이어서, 감각적 형식 아래에서 직관될 수 없지만, 그것들은 그럼에도 불

구하고 진짜 대상들이다. 이 모든 것을 공간의 요소들은 시간의 요소들과 공유한다."

에버하르트는 물론 특별히 성공적인 논리적 설득력을 가지고 있지는 않지만, 그럼에도 불구하고 사려 깊은 숙고에 의해 그리고 그의 의도에 따라 노련하게 그의 증명들을 선택했는데, 쉽게 알아챌 수 있는 이유에 201 서 그가 이런 증명들을 발견한 것은 아니라 하더라도, 증명의 계획을 살펴보는 일은 어렵지도 않으며, 증명들의 판정을 위해 불필요한 것도 아니다. 그는 순수한 지성적 존재자들인 단순한 존재자들에 대한 개념의 객관적 실재성을 증명하고자 하며, 이런 존재자들을 감관들의 대상인 것의 요소들에서 찾는데, 이것은 겉보기에 사려 깊지 못하며 그의 의도와 상충하는 계책인 듯 보인다. 그러나 그는 이에 대한 합당한 근거들을 가지고 있었다. 통상적으로 '합성된 것의 근원 근거들은 반드시 단순한 것에서 구해져야 한다'는 명제가 증명되듯이, 그가 일반적으로 순전한 개념들로부터 그의 증명을 수행하고자 했다면, 우리는 이 증명을 그에게 허용했겠지만, 그러나 동시에 다음과 같은 점을 덧붙였을 것이다. 즉 우리가 그것에 대해 아무것도 알 수 없는 그런 사물 자체를 생각하고자 한다면, 이 증명은 우리의 이념들에 대해서는 물론 타당하겠지만, 그러나 우리에게 인식가능한 유일한 객관들인 감관들의 대상들(현상들)에 대해서는 결코 타당하지 않으며, 따라서 앞서 말한 [단순한 존재자] 개념의 객관적 실재성은 전혀 증명되지 않는다. 따라서 그는 그의 의지에 반해 앞서 말한 지성적 존재자들을 감관들의 대상들에서 찾아야만 했다. 어떻게 이런 일이 수행될 수 있었는가? 그는 비감성적인 것에 관한 개념을 독자가 정확하게 눈치 채지 못하도록 살짝 비틀어서 《비판》뿐만 아니라 대체로 모든 사람들이 그 개념과 연결시키곤 하는 의미와는 다른 의미를 그 개념에 부여해야만 했다. 한 번은 그것은 마치 물체의 작은 부분들이나 아니면 또한 우리가 분리해서 명확하게 표상하지 않는 우리 표상 능력의 규정들의 작은 부분들처럼 감각적 표상에서 더 이상 의식적으로 지각되지는 않지만, 그럼에도 불구하고 지성은 그것에 관해 그것이 거기 있다는 것을 알고 있는 그런 것을 의미하지만, 그러나 다른 한 번은 (주로 앞서 말한 작은 부분들이 정확하게 단순한 것으로 사유되어야 한다는 것이 문제될 경우에는) 그것은 그것에 관한 어떤 형상도 가능하지 않으며, 171쪽에서 말하듯 감각적 형식 (즉 하나의 형상) 아래에서 표상될 수 없는 비형상적인 것이다. — 만일 언제든 어떤 작가가 (역시 고의적인 것일 수도 있는 혼동이 아니라) 개념을 왜곡했다고 정당하게 비판받았다면, 그것이 바로 이 경우이다. 왜냐하면 《비판》에서 비감성적인 것은 언제나 전혀 또는 가장 작은 부분들에서조차도 감각적 직관 안에 포함되어 있을 수 없는 것만을 의미하며, 그리고 비감성적인 것에 대해서는 (특정한 관계 안에 있는 다양한 것을, 즉 어떤 형태를 자체 내에 포함하는 직관을 의미하는) 어떤 형상도 주어질 수 없기 때문에, 감관들의 객체에 속하는 어떤 것의 자리에 비감성적인 것을 슬그머니 끼워 넣는 것은 미숙한 독자를 의
202 도적으로 현혹하는 것이기 때문이다. 이런 (그리 정교하지 않은) 속임수가 성공했다면, 독자는 단지 이념에서만 발견되는 사물들에서 지성이 사유하는 진정으로 단순한 것이 이제 (모순을 알아차리지 못한 채) 그에게 감관들의 대상들에서 제시되었으며, 그렇게 해서 이 개념의 객관적 실재성이 직관에서 밝혀졌다고 믿는다. — 이제 우리는 증명을 좀 더 자세하게 검사해 보고자 한다.

증명은 두 가지 주장들에 기초한다. 먼저 구체적인 시간과 공간은 단순한 요소들로 되어 있다는 것과 두 번째로 이 요소들은 그럼에도 불구하고 감성적인 것이 아니라 지성적 존재자라는 주장이 그것이다. 이런 주장들은 모두 똑같이 오류투성이다. 첫 번째 주장은 수학과 모순되기 때문이며, 두 번째 주장은 자기모순이기 때문이다.

첫 번째 오류에 관해서는 짧게 다룰 수 있다. 에버하르트는 (수학자들

을 자주 인용하지만) 수학자들과 그리 특별한 친분을 가지고 있지 않은 듯 보임에도 불구하고, 킬J. Keil이 자신의 《참 물리학 입문Introductio in veram physicam》[14]에서 무한히 많은 선들에 의해 하나의 직선을 순전히 분할함으로써 수행한 증명이 이해가능하다고 보고, 이 증명으로부터 주어진 두 점들을 통과하는 오직 하나의 직선만이 있을 수 있다는 기하학의 순전한 원칙에 따르면 직선의 단순한 요소들은 있을 수 없다는 것을 통찰한다. 이 증명 방식은 다양한 방식으로 변형될 수 있으며, 또한 동시에 선에서의 점의 운동을 밑바탕에 놓을 경우, 시간 안에서 단순한 부분들을 가정하는 것은 불가능하다는 것에 대한 증명도 포함한다. — 그런데 우리는 여기서 구체적인 시간과 구체적인 공간은 상상된 것인 수학적인 추상적인 공간(과 시간)에 대해 수학이 증명한 것에 종속하지 않는다고 대충 얼버무린 채 넘어갈 수는 없다. 왜냐하면 이런 방식으로 물리학이 기하학의 명증적인 이론들을 정확하게 다룰 경우, 매우 많은 경우들에서 (예를 들어 물체들의 낙하법칙에서) 오류에 빠지지 않을까 걱정해야 할 뿐 아니라 또한 공간 안의 모든 사물, 시간 안의 모든 변화는 그것들이 공간의 한 부분 혹은 시간의 한 부분을 차지하자마자 바로 그것들이 차지하고 있는 공간이나 시간의 부분들과 같은 수의 사물들과 변화들로 나눠진다는 것 역시 절대 확실하게 증명되기 때문이다. 또한 (합성된 모든 것의 밑바탕에 최종적으로 단순한 것을 놓을 것을 요구하는 이성은 수학이 감각적 직관에서 증명한 것과 상충하기 때문에) 여기서 감 203
지하는 역설을 제거하려면, 공간과 시간은 순전한 사유물들이며 상상력의 것들이지만, 그렇다고 해서 상상력에 의해 상상된 것이 아니라 오히려 상상력이 자신의 모든 합성들과 상상들의 밑바탕에 놓아야만 하는 것인데, 그 이유는 공간과 시간은 우리 감성과 감성의 직관들의 수용성의 본질적인 형식으로, 이런 형식에 의해 우리에게 무릇 대상들이 주어지게 되며 또한 직관들의 보편적 조건들은 동시에 필연적으로 현상들인 감관들의 모든 객관들의 가능성의 선천적 조건들이며 또한 이런 조건들과 일치해야 하기 때문이라는 것을 우리가 인정할 수 있으며 인정해야만 한다. 따라서 공간 및 시간의 연속에서 단순한 것은 전적으로 불가능하며 그리고 만일 라이프니츠가 단순한 존재자에 대한 자신의 이론을 때때로 그가 물질이 이런 단순한 존재자로부터 합성된 것으로 이해하고자 한 것처럼 해석할 수 있다고 가끔 설명했다면, 라이프니츠의 설명들과 일치할 수 있는 한에서, 마치 라이프니츠가 단순한 것을 물질의 한 부분이 아니라 오히려 우리가 물질이라 부르는, 감성적인 모든 것을 전적으로 넘어서 있는 우리에게는 전혀 알려지지 않은, 현상의 근거(어쨌든 이 근거도 현상을 이루는 물질이 합성된 것이라면 또한 단순한 존재자일 수 있을 것이다)를 의미하고 있는 것처럼 그를 이해하는 것이 더 적절할 것이며, 혹시 이것이 그의 설명과 일치하지 않는다면, 우리는 라이프니츠의 주장에서 벗어나야 한다. 왜냐하면 그는 탐구에서 다른 사람들의 이런 자유를 시인해야만 하는 첫 번째 위대한 사람도 아니며 마지막 위대한 사람도 아닐 것이기 때문이다.

두 번째 오류는 너무도 분명한 모순과 관련된 것이어서 에버하르트도 이 모순을 알아차렸음에 틀림없지만, 그는 이 모순이 눈에 띄지 않도록 하기 위해 그가 할 수 있는 한 이 모순에 분칠을 하고 착색하였다, 다시 말해 경험적 직관 전체는 감성의 영역 내에 있지만 이런 직관의 단순한 요소들은 완전히 감성의 영역 바깥에 있다고 둘러댔다. 즉 그는 단순한 것을 공간과 시간 안의 직관들을 위한 근거라고 교묘하게 주장하려 한 것이 아니라(이렇게 했다면 그는《비판》에 매우 가까이 다가섰을 것이다), 단순한 것을 감각적 직관 자체의 요소 표상들에서 (비록 명확하게 의식하지는 못하더라도) 만날 수 있기를 바라며, 그리고 이런 요소 표상들로부터 합성된 것은 감성적 존재자이지만 이것의 부분들은 감관들의 대상들이 아니라 지성적 존재자일 것을 요구한다. "구체적인 시간의 (그리고 또한 마찬가지로 구체적인 공간의) 요소들에는 이처럼 직관하는 것이 빠져 있지 않다" 고 그는 170쪽에서 주장하지만, 그럼에도 불구하고 "이런 요소들은 감각적 형식 아래에서 직관될 수 없다."(171쪽)

먼저, 에버하르트를 이처럼 기이하고도 불합리하다는 것이 명백한 혼 204
란으로 이끈 것은 무엇인가? 그 역시도 개념이 대응하는 직관이 주어지지 않는다면, 그 개념의 객관적 실재성은 전혀 확정되지 않는다는 것을 알고 있었다. 그런데 이제 그는 여기서의 단순한 존재자 개념과 같은 특정한 이성의 개념들에 후자[객관적 실재성]를 확보하고자 했으며, 게다가 그렇게 함으로써 단순한 존재자는 (《비판》이 주장하듯이) 그것에 대해 더 이상 인식이 전혀 불가능한 그런 객관이 아니게 되는데, 이 경우 그것의 가능성을 위해 앞서의 초감성적인 객관이 사유되는 그런 직관은 순전한 현상으로 간주되어야만 하지만, 그는 이 점 역시 똑같이 《비판》에 인정하려 하지 않았기 때문에, 감각적 직관을 감성적이지 않은 부분들로부터 합성해 내야만 했는데, 이것은 명백한 모순이다.[5]

그렇다면 에버하르트는 이런 곤경에서 어떻게 벗어나는가? 그 수단은 단지 이중적 의미에 의해 잠시 주춤거리도록 하는 낱말들을 가지고 순전히 장난치는 것이다. 비-감각가능한[15)] 부분은 완전히 감성의 영역 바깥에 있지만, 비-감각가능한 것은 전혀 분리되어 감각될 수 없는 것으로, 이것이 사물들에서뿐만 아니라 우리의 표상들에서의 단순한 것이다. 감관 표상

---

5. 우리는 여기서 그가 이제 감성을 표상들의 순전한 섞갈림에 정립하려 하지 않으며, 오히려 마치 그가 그렇게 함으로써 그에게 무언가 이득이 되는 것을 얻게 되는 것처럼 객관이 감관들에 주어지게 된다는 사실에 감성을 정립하고자 했다는 점에 주목해야 한다(299쪽). 170쪽에서 그는 시간의 표상을 감성에 귀속시켰다. 왜냐하면 유한한 정신의 제한들 때문에 시간의 단순한 부분들은 구별될 수 없기 때문이다. (따라서 시간의 표상은 섞갈리는 것이다.) 나중에(299쪽) 그럼에도 불구하고 이에 대한 정당한 비난들을 피해 나갈 수 있도록 그는 이 개념을 좀 더 엄밀하게 만들려 하며, 또한 단순한 존재자를 지성적 존재자로 증명하고자 했기 때문에, 그에게는 매우 불리한 앞서 이야기한 조건을 덧붙이는데, 그렇게 해서 그는 자신의 고유한 주장에 모순을 끌어들인다.

들의 부분들 혹은 그런 표상들의 대상들의 부분들로부터 지성적 존재자를 만든다고 생각된 두 번째 낱말은 비형상적 단순자이다. 이 용어가 가장 그의 마음에 들었던 것 같다. 왜냐하면 그는 이 용어를 계속해서 가장 빈번하게 사용하기 때문이다. 비-감각가능하면서도 감각가능한 것의 부분을 형성하는 것은 그것을 가지고 비감성적인 것의 개념을 감각적 직관으로 은근슬쩍 집어넣기에는 그에게조차 너무나 명백히 모순적인 것으로 여겨졌다.

비-감각가능한 부분이란 여기서 경험적 직관의 한 부분을, 즉 그것의 표상을 우리가 의식하지 않는 그런 부분을 의미한다. 에버하르트는 이것을 말로써 드러내고 싶어 하지 않는다. 왜냐하면 그가 이 말에 대해 후자의 설
205 명을 제공했더라면, 감성은 그에게는 단지 직관의 다양한 것에서의 섞갈린 표상들의 상태 이외에 다른 것이 아니라는 것을 그는 인정했겠지만, 《비판》의 이런 비난을 피하고 싶어 했기 때문이다. 이에 반해 '감각가능한'이라는 말이 실제적인 의미에서 사용된다면, 감관들의 대상의 어떤 단순한 부분도 감각가능하지 않다면, 전체인 감관들의 대상 역시 감각될 수 없을 것이며, 또한 이와는 반대로 어떤 것이 감관들과 감각의 대상이라면, 비록 표상의 명확성은 결여하고 있을지라도 단순한 부분들도 모두 마찬가지로 감관들과 감각의 대상이어야만 하지만, 그러나 전체의 부분 표상들은 그럼에도 불구하고 전체 속에 그리고 전체의 직관 속에 포함되어 있어야 한다는 것을 지성이 알고 있는 한, 전체의 부분 표상들이 모호하다고 해서 이 부분 표상들이 감성의 영역 너머로 이전될 수 없으며 지성적 존재자들이 될 수 없는 것은 분명하다. 물체들의 색채 입자들을 구성하는 뉴턴의 판막들[16)]을 현미경으로도 발견할 수는 없지만, 지성은 그런 판막들이 존재한다는 것뿐만이 아니라 그것들이 우리의 경험적 직관에서, 비록 무의식적이라 하더라도, 실제로 표상된다는 것을 알고 있다(혹은 그럴 것이라 추측한다). 그러나 바로 이런 이유에서 뉴턴의 추종자들 중 누구

도 이 판막들이 전혀 비-감각가능한 것이라고 그리고 또한 더 나아가 지성적 존재자라고 억지 주장을 할 생각을 하지는 않았다. 그런데 이처럼 작은 부분들과 완전히 단순한 부분들 사이에는 작아지는 정도에서의 차이만이 있을 뿐이다. 전체가 감관들의 대상이어야 한다면, 부분들도 모두 반드시 감관들의 대상들이어야 한다.

그러나 단순한 부분 자체가 형상의 부분, 즉 감각적 직관의 부분이라 할지라도, 단순한 부분들에 대한 어떤 형상도 생겨나지 않는다는 사실에 의해 단순한 부분이 초감성적 영역으로 고양될 수는 없다. 물론 단순한 존재자들은 (《비판》이 제시하듯) 감성적인 것의 한계를 넘어서 있는 것으로 생각되어야 하며, 또한 그 개념에는 어떤 형상도, 즉 어떤 직관도 대응하는 것으로 주어질 수 없지만, 그러나 이 경우에 우리는 단순한 존재자들을 부분들로서 감성적인 것에 귀속시킬 수 없다. 그러나 그럼에도 불구하고 (수학의 모든 증명들에 반하여) 단순한 존재자들이 감성적인 것에 속하는 것으로 생각된다 하더라도, 이런 존재자들에 어떤 형상도 대응하지 않는다는 사실로부터 이런 존재자들의 표상이 초감성적인 어떤 것이라는 것은 귀결되지 않는다. 왜냐하면 이 표상은 단순한 감각, 즉 감성의 요소이며, 그리고 또한 지성이 이 표상을 합성된 것으로 사유할 경우보다 이런 표상에 의해 지성이 감성 너머로 훨씬 더 고양되지는 않기 때문이다. 왜냐하면 전자[단순한 존재자]가 단지 그것의 부정에 불과한 후자[합성된 것]의 개념도 마찬가지로 지성의 개념이기 때문이다. 지성이 단순한 것을 완전히 감각적 직관과 그 대상들로부터 추방할 경우에만 지성은 감성 206
을 넘어서게 될 것이며, 또한 (수학이 명령하듯) 물질의 무한하게 진행되는 분할가능성과 더불어 작은 입자의 세계로의 조망을 열어 놓게 될 것인데, (단순한 것이 전적으로 결여되어 있기 때문에 분할을 완결시킬 수 없는) 감성적으로 합성된 것에 대한 내적인 설명 근거가 불충분하기 때문에, 이런 단순자를 감각적 직관의 전 영역 바깥에서 추론하게 될 것이므로, 따라서 단순한 것은 감각적 직관 안의 한 부분이 아니라, 순전한 이념에서 발견되는, 우리에게는 전혀 알려져 있지 않은 감각적 직관의 근거로 생각될 것이지만, 이 경우 물론 이런 초감성적인 단순자에 관해 최소한의 인식도 가질 수 없다는 것을 [–] 에버하르트에게 이것을 인정하는 것은 매우 어려운 일이겠지만 [–] 인정하지 않을 수 없었을 것이다.

이것을 인정하지 않기 위한, 이른바 증명에는 실제로 매우 기이한 이중의 언어가 지배한다. "모든 유한한 사물들의 변화의 흐름은 연속적인 중단 없는 흐름이다. — 어떤 감각가능한 부분도 가장 작은 부분이거나 완전히 단순한 부분이 아니다"라고 말하고 있는 구절은 마치 수학자가 받아쓰게 한 것처럼 들린다. 그러나 이 구절에 이어 바로 이런 변화들에는, 감각될 수 없기 때문에 지성만이 인식하는 단순한 부분들이 있다. 그런데 만일 변화들 속에 언젠가 한 번 이런 단순한 부분들이 있다면, 변화들의 흐름의 연속성의 법칙은 거짓이며, 변화들은 간헐적으로 일어나며, 또한 에버하르트가 잘못 말하고 있듯이, 그것들[단순한 부분들]이 감각되지 않는다는, 즉 의식적으로 지각되지 않는다는 사실은 부분들로서 감관들의 순전한 경험적 직관에 속하는 그것들[단순한 부분들]의 특수한 성질을 전혀 제거하지 않는다. 에버하르트가 과연 연속성에 관해 확실하게 알고 있었을까?

한마디로 말하자면, 《비판》은 개념에 대응하는 직관이 주어지지 않는다면, 그 개념의 객관적 실재성은 결코 밝혀지지 않는다고 주장했다. 에버하르트는 정반대의 것을 증명하고자 했으며, 거짓임이 잘 알려져 있는 것에, 즉 시간과 공간 안의 직관의 대상들인 사물들에서 지성은 단순자를 인식한다는 것에 의지하는데, 그럼에도 우리는 이 점을 그에게 인정하고자 한다. 그러나 이 경우 그는 《비판》의 요구를 반박했다기보다는 이 요구를 나름의 방식으로 충족시킨 것이다. 왜냐하면 전자[《비판》]는 단지 객관적 실재성이 직관에서 증명될 것만을 요구하지만, 그러나 이렇게 됨으
207 로써 개념에 대응하는 직관이 주어지게 되는데, 이것은 바로 《비판》은 요

구하지만 에버하르트는 반박하고 싶어 했던 것이다.

어떻게 에버하르트가 대상들에서 감성적인 것과 비감성적인 것을 구별하는《비판》의 의미를 전혀 통찰하지 못했는지에 관해, 혹은 오히려 그가 원하듯, 그가 그 구별을 오해했다는 것에 관해 반박 불가능한 증명이 수반되지 않는다면, 이런 분명한 문제에 오래 머물러 있지 않을 것이다.

3. 감성적인 것으로부터 비감성적인 것으로 올라가는 방법, 에버하르트에 따른

위의 증명들, 특히 마지막 증명으로부터 에버하르트가 이끌어 낸 결론은 이것이다(262쪽). 즉 "따라서 공간과 시간이 주관적인 근거들과 객관적인 근거들을 동시에 가진다는 참인 주장은 — 완전히 확실하게 증명되었다. 시간과 공간의 최종적인 객관적 근거들은 사물들 자체라는 것이 증명되었다." 그런데《비판》의 독자는 이 모두가 바로 나 자신의 주장들이라는 것을 승인할 것이며, 따라서 에버하르트는 자신의 확실한 증명들(그것들이 어느 정도 확실한 것인지는 위의 설명으로부터 알 수 있다)에 의해《비판》에 반하는 어떤 것도 주장하지 않았다. 그러나 이 객관적 근거들은, 즉 사물들 자체는 시간과 공간 안에서 구할 수 없으며《비판》이 시간과 공간의 감성 외적이며 초감성적인 기체(지성체)라 부른 것에서 구할 수 있다는 것이 나의 주장들이었는데, 에버하르트는 이와는 정반대의 것을 증명하고자 했지만, 이곳의 결론에서조차 결코 그것을 정확하게 말로 드러내고 싶어 하지 않는다.

258쪽의 3번과 4번에서 에버하르트는 "공간과 시간은 주관적인 근거들 이외에 또한 객관적인 근거들을 가지며, 그리고 이 객관적인 근거들은 현상들이 아니라 인식가능한 진짜 사물들이다", 259쪽에서 "그것들의 최종적인 근거들은 사물들 자체"라고 말하는데, 이 모두를 《비판》도 마찬가지로 문자 그대로 또한 반복해서 주장한다. 다른 경우에는 자신에게 이익이 되는 것을 충분히 명석하게 간파해 낸 에버하르트가 어찌해서 이번 경우에는 자신에게 해가 된다는 것을 알아차리지 못했을까? 우리는 어떤 것이 알려지길 원치 않기 때문에, 그것을 알려하지 않는 약삭빠른 사람과 상대
208 하고 있다. 그는 실제로 독자가 현상들이 아니라 사물들 자체인 그의 객관적 *근거*들이 순전히 현상들의 (단순한) 부분들이라는 것을 알아차리지 않길 원했다. 왜냐하면 그 경우 우리는 그런 설명 방식이 그다지 쓸모 있지 않다는 것을 곧장 알아차렸을 것이기 때문이다. 따라서 그는 '근거들'이라는 표현을 사용한다. 왜냐하면 부분들도 또한 합성된 것의 가능성의 근거들이기 때문이다. 또한 여기서 그는 《비판》과 똑같은 말을, 즉 현상들이 아닌 최종 근거들이라는 말을 가져온다. 그러나 그가 그 자체로는 현상들이 아닌 현상들의 부분들에 관해서, 즉 그것의 부분들이 비-감성적인 그런 감성적인 것에 관해서 정직하게 표현했더라면, (비록 우리가 단순한 부분들이라는 전제를 인정했다 하더라도) 불합리하다는 것이 명백히 드러났을 것이다. 그러나 이처럼 '근거'라는 말이 모든 것을 덮어 버린다. 왜냐하면 조심성 없는 독자는 '근거'라는 말은 《비판》이 원하는 것처럼, 앞서의 직관과는 완전히 상이한 어떤 것을 의미한다고 믿고, 감관들의 대상들에서조차 지성에 의해 초감성적인 것을 인식하는 능력이 증명되었다고 확신하기 때문이다.

이런 속임수를 평가할 때, 특히 문제 되는 것은 독자가 공간과 시간, 그리고 또한 마찬가지로 감관 인식 전반에 대한 에버하르트의 연역에 관하여 우리가 주장한 것을 잘 기억하는 것이다. 에버하르트에 의하면 어떤 것은 그것의 표상이, 그가 말하듯, 감각가능하지 않은, 즉 직관에서 의식적으로 지각되지 않는 부분들을 포함하는 한, 감관 인식이며 그 객관은 현상이다. 그에 의하면 현상의 고유한 부분들인 현상의 제일 근거들을 지성이

통찰하고 발견하자마자, 감관 인식은 즉시 감각적인 것이기를 멈추며, 대상은 더 이상 현상이 아니라 사물 자체로 인식된다, 한마디로 말하자면, 그것은 이제 지성체이다. 따라서 현상체인 사물과 현상체의 밑바탕에 놓여 있는 지성체의 표상 사이의 차이는 단지 내가 멀리서 바라보는 한 무리의 사람들과 내가 하나씩 셀 수 있을 정도로 가까이 있는 한 무리의 사람들 사이의 차이에 불과하다. 단지 그는 우리가 그것에 결코 그처럼 가까이 다가설 수 없다고 주장하지만, 이것은 사태 자체에 아무런 차이도 만들지 못하며, 단지 종류에서는 언제나 동일하게 남아 있는 우리의 지각 능력의 정도의 차이를 형성할 뿐이다. 만일 이것이 실제로 《비판》이 〈감성론〉에서 그렇게 공을 들여서 현상들인 사물들에 대한 인식과 사물들 자체인 대로의 사물들에 대한 개념들 사이에 형성한 구분이라면, 이처럼 구별하는 것은 순전히 어린애 같은 짓이며, 또한 이에 대한 장황한 반박에 어울리는 이보다 더 나은 명칭도 없을 것이다. 그런데 《비판》은 (많은 실례들 209
중 오직 하나를 인용하자면) 외감들의 모든 대상들의 총체인 물체의 세계에는 물론 도처에 합성된 사물들이 있지만, 그러나 그 안에서 단순한 것은 발견되지 않는다는 것을 보여 준다. 그러나 동시에 《비판》은 이성이 실체들로 구성된 합성물을 (우리의 감관들이 지닌 특수한 성질과는 무관한) 사물 자체로 생각한다면, 이성은 이 합성물을 전적으로 단순한 실체들로 구성된 것으로 생각해야만 한다는 것을 증명한다. 공간 안의 대상들의 직관이 필연적으로 동반하는 것에 의하면, 이성은 이런 대상들 안에 있을 어떤 단순자도 생각할 수 없으며 생각해서도 안 되는데, 이것으로부터 다음의 사실이 귀결된다. 즉 우리의 감관들이 아무리 무한히 발달한다 하더라도, 여전히 우리의 감관들은 단순자에 조금도 가까이 다가설 수 없으며, 최종적으로 단순자를 만나는 일은 더욱더 불가능하게 남아 있을 수밖에 없다. 왜냐하면 그것들[공간 안의 대상들]에서 단순자는 발견될 수는 없기 때문이다. 따라서 그 경우 물체들은 전혀 사물들 자체가 아니며, 또한 우리가 물체적 사물들이라 이름 붙이는 물체들에 대한 감관 표상은 사물 자체로서 단순한 것[6]을 포함할 수는 있지만, 그러나 우리에게는 전혀 인식 불가능한 것으로 남아 있는 어떤 것의 현상에 불과하다는 것을 인정하는 것 이외의 방책이 있을 수 없다. 왜냐하면 그것 아래에서만 사물이 우리에게 주어질 수 있는 직관은 사물에 그 자체로 부가되는 성질들이 아
210 니라 우리의 감성의 주관적 조건들만을 제공하며, 이런 조건들 아래에서만 우리는 사물의 성질들에 관한 직관적 표상을 보유할 수 있기 때문이다. — 따라서《비판》에 의하면 지성이 아무리 현상을 그 부분들로 분할하고 또한 감관들이 더 이상 분명하게 지각하지 못하는 부분들의 현실성을 증명할 수 있다 하더라도, 현상 안의 모든 것은 그 자체로 다시금 현상이지만, 에버하르트에 의하면 그 경우 그것들[부분들]은 즉시 현상이기를 멈추며 사태 자체가 된다.

에버하르트가 반박하고자 했던《비판》이 제공했던 감성적인 것에 대

---

6. 어떤 객관을 단순한 것으로 표상하는 것은 이성에게는 불가피한 순전히 소극적인 개념이다. 왜냐하면 이 개념만이 그것의 가능성이 언제나 조건 지워져 있는, (순전한 형식이 아니라 사물인) 합성된 모든 것을 위한 무조건적인 것을 포함하기 때문이다. 따라서 이 개념은 확장적인 인식의 부분이 아니라, 순전히 (모두가 어떤 하나의 합성을 포함하는) 감관들의 객관들과 구분되는 한에서 어떤 것을 나타낼 뿐이다. 그런데 내가 합성된 것의 가능성의 밑바탕에 놓여 있는 것, 따라서 오직 합성되지 않은 것으로 사유될 수 있는 것은 지성체라고 주장한다면 (왜냐하면 감성적인 것에서 그런 것은 발견될 수 없기 때문에), 나는 이 말로써 현상인 물체의 밑바탕에는 순수한 지성적 존재자들만큼 많은 단순한 존재자들의 집적물이 놓여 있다고 주장하는 것이 아니라, 오히려 기체로서 현상 밑에 놓여 있는 초감성적인 것이 사물 자체로서 또한 합성된 것인지 아니면 단순한 것인지에 대해서는 누구도 전혀 조금도 알 수 없으며, 또한 만일 이를 통해 물질의 초감성적인 기체는 내가 물질 자체를 분할하는 것처럼 그렇게 단자들에 의해 분할된다는 것을 의미한다고 상상하거나 다른 사람이 이렇게 상상하도록 만들고자 한다면, 이것은 우리가 그 밑에 비감성적인 어떤 것을 놓아야만 하는 순전한 현상들인 감관들의 대상들에 관한 이론을 완전히 잘못 이해한 것이라고 주장하는 것이다. 왜냐하면 그 경우 (단지 합성된 것의 더 이상 조건 지워져 있지 않은 조건이라는 이념일 뿐인) 단자는 물론 공간 안에 자리 잡게 될 것인데, 이때 단자는 지성체이기를 멈추며, 그 자체로 다시금 합성된 것이 될 것이기 때문이다.

한 개념을 자의적으로 그처럼 명백하게 왜곡했다는 것은, 또는 그가 지성적 존재자들로부터 감관[들에 의해 파악되는] 존재자들의 구별이라는 그처럼 무의미하며 또한 형이상학에 전혀 쓸모없는, 단지 표상 방식의 순전히 논리적 형식에 불과한 개념을 제시했다는 것은 독자에게는 아마도 믿을 수 없는 일처럼 여겨질 수 있기 때문에, 이제 그가 의도한 것을 스스로 설명하도록 하고자 한다.

말하자면 에버하르트는 271-272쪽에서 아무도 회의한 적인 없었던 것을 증명하려고 불필요한 노력을 기울이며, 그와 더불어, 자연스러운 일이지만, 개별적으로는 단지 경험의 대상들에서만 증명될 수 있는 개념의 객관적 실재성이 그럼에도 불구하고 논쟁의 여지없이 또한 일반적으로, 즉 전반적으로 사물들에 관해서도 증명가능하며 또한 그런 개념은 객관적 실재성이 없이는 있을 수 없다는 사실을 (물론 이를 통해 경험의 대상일 수 없는 사물들에 관한 개념들에 대해서도 이런 실재성이 증명된다고 추론하는 것은 오류임에도 불구하고) 비판적 관념론이 간과할 수 있었던 것에 대해 매우 놀란 후에, 그는 계속 진행한다. "여기서 나는 하나의 실례를 사용해야 하는데, 이 실례가 적절하게 사용되었다는 것을 우리는 한참 뒤에나 비로소 확신하게 될 것이다. 현재 상태에서의 인간의 상상력과 감관들은 일천각형에 대한 정확한 형상을, 즉 그것을 통해 일천각형이 예를 들자면 구백구십구각형과 구분될 수 있는 그런 형상을 그려 낼 수는 없다. 그러나 하나의 도형이 일천각형이라는 것을 알자마자, 나의 지성은 그 도형에 다양한 술어들을 부가할 수 있다. 등등. 그렇다면 상상력이 사물 자체의 형상을 그려 낼 수 없기 대문에 혹은 우리가 사물 자체의 개체성에 속하는 모든 규정들을 알지 못하기 때문에, 바로 그런 이유에 211
서 지성이 사물 자체에 관해 아무것도 긍정하거나 부정할 수 없다는 것이 어떻게 증명되는가?" 계속해서, 즉 291-292쪽에서 그는 《비판》이 논리적 의미의 감성과 선험적 의미의 감성 사이에 형성한 구분에 대해 다음과 같이 설명한다. "지성의 대상들은 비형상적 대상들이지만, 이에 반해 감성의 대상들은 형상적 대상들이다." 그리고 이제 라이프니츠[7]로부터 우리가 그것에 관한 형상을 만들 수는 없지만 아마도 지성의 이념을 형성할 수는 있는, 영원성을 실례로 인용하며, 또한 동시에 위에서 논의된 일천각형의 예를 끌어들이면서 이에 대해 다음과 같이 주장한다. "인간의 상상력과 감관들은 현재 상태에서는 그것을 통해 일천각형을 구백구십구각형과 구별시켜 주는 그런 정확한 형상을 형성할 수 없다."

그런데 내가 《비판》에 대한 자의적인 왜곡에 대해서가 아니라 [–] 왜냐하면 이 왜곡은 속여 넘길 만큼 그다지 충분하지 못한 것처럼 보이기 때문이다 [–] 논의되는 문제에 대한 전적인 무지에 대해 말하고자 한다면, 여기서 우리는 에버하르트가 제시한 것보다 더 분명한 증명을 요구할 수는 없다. 그에 따르면 오각형은 아직 감관들의 대상이지만, 일천각형은 이미 순전한 지성적 존재자, 즉 비감성적인 어떤 것(혹은 그가 말하듯 비형상적인 것)이다. 나는 구각형도 감성적인 것에서 초감성적인 것으로 이미 절반쯤 넘어가 있는 것은 아닌지 염려된다. 왜냐하면 우리가 변들을 손가락을 가지고 따라 세어 보지 않는다면, 한 번 힐끗 봄으로써 변들의 수를 확정하기란 어렵기 때문이다. 문제는 '우리가 대응하는 직관이 주어질 수 없는 것에 대한 인식을 획득할 수 있으리라 기대할 수 있는가'하는 것이었다. 감관들의 대상일 수 없는 것과 관련해, 《비판》은 이것을 부정했다. 왜냐하면 우리

---

7. 에버하르트가 라이프니츠의 이론으로부터 추론해 낸 모든 것을 곧장 라이프니츠에게로 돌리지 않는다면, 독자는 잘 해낼 것이다. 라이프니츠는 로크의 경험론을 반박하고 싶어 했다. 이런 의도에서 수학적인 것과 같은 종류의 예들은 후자의 [수학적] 인식들은 경험적으로 획득된 개념들이 할 수 있는 것보다 훨씬 더 많은 것에 미칠 수 있다는 것을 증명하고, 이를 통해 전자의[수학적 인식들의] 선천적 기원을 로크의 공격으로부터 옹호하기에는 매우 적절한 것이었다. 그러나 그렇게 됨으로써 대상들은 감각적 직관의 순전한 객관들이기를 멈추며, 완전히 다른 종류의 존재자를 밑바탕에 놓여 있는 것으로서 전제한다고 주장할 생각조차 라이프니츠는 전혀 할 수 없었다.

는 개념의 객관적 실재성을 위해 언제나 직관을 필요로 하지만, 우리의 직관은 수학에서 주어질 때조차 단지 감각적인 것이기 때문이다. 에버하르트 212
는 이에 반해 이 물음에 긍정적으로 답하며 불운하게도 — 모든 것을 언제나 직관에서 증명하는 수학자가 마치 개념에 정확히 대응하는 직관이 상상력에 주어지지 않아도 지성에 의해 그 개념의 대상을 다양한 술어들을 가지고 증명할 수 있으며 따라서 또한 앞서의 조건 없이도 그 대상을 인식할 수 있는 것처럼 수학자를 인용한다. 그런데 아르키메데스가 구십육각형을 원의 주위에 그리고 또한 동일한 도형을 원 안에 그려서, 원이 첫 번째 도형보다는 작고 두 번째 도형보다는 크며 또 어느 정도 더 작고 더 큰지를 증명했을 때, 그는 논의되는 정다각형 개념 밑에 직관을 두고 있는가, 아니면 그렇지 않은가? 그는 필히 직관을 밑바탕에 두었지만, 그러나 그가 그 도형을 실제로 그렸기 때문이 아니라(이것은 불필요하고 불합리한 요구일 것이다) 오히려 그가 개념의 구성 규칙을, 따라서 도형의 크기를 그가 원하는 것만큼 객관 자체의 크기에 근접하게 규정하고, 이렇게 해서 개념에 맞는 객관을 직관에 제공하는 자신의 능력을 알고 있었으며, 이렇게 해서 상상력의 사용을 위해 규칙 자체의 실재성뿐만 아니라 이와 함께 이 개념의 실재성을 증명했기 때문이다. 우리가 그에게 어떻게 단자들로부터 하나의 전체가 합성될 수 있는지를 밝혀내라는 과제를 부여했다면, 그는 그런 종류의 이성적 존재자들을 공간에서 찾아서는 안 된다는 것을 알고 있었기 때문에, 우리는 그것들에 대해서는 아무런 말도 할 수 없다는 것을 인정했을 것이다. 왜냐하면 그것은 단지 사유 속에서만 나타나며 결코 그 자체로 직관에서 나타날 수 없는 초감성적 존재자들이기 때문이다. — 그러나 후자[초감성적 존재자]가 우리의 감관들의 예민함의 정도에 비해 너무 작거나 아니면 주어진 직관적 표상에서 다수의 이런 존재자들이 지금 정도의 상상력과 상상력의 파악 능력에 비해 너무 큰 것인 한, 에버하르트는 이런 존재자들을 우리가 지성에 의해 많은 것을 인식할 수 있는 비감성적 대상들로 간주하고자 하는데, 이 지점에 우리는 그를 내버려 두고자 한다. 왜냐하면 비감성적인 것에 관한 이 개념은《비판》이 비감성적인 것에 대해 제시한 개념과 전혀 유사하지 않으며, 또한 이 개념은 이미 그 용어에서 모순을 동반하고 있기 때문에 추종자를 얻기 쉽지 않을 것이기 때문이다.

지금까지 논의된 것으로부터 우리는 다음의 사실을 명확하게 알 수 있다. 에버하르트는 모든 인식을 위한 재료를 감관들에서 구하는데, 이 점에서 그는 잘못한 것이 없다. 그러나 그는 이 재료를 초감성적인 것에 관한 인식을 위해 사용하고자 한다. 초감성적인 것으로 넘어가는 교량으로 그는 충분한 근거의 원칙을 사용하는데, 이 원칙을 그는 무제한적 보편성에
213 서 가정할 뿐만 아니라 [–] 이 경우 그러나 그는 그가 인정하고자 한 것과는 전혀 다른 방식으로 감성적인 것을 지성적인 것으로부터 구별해야 한다 [–] 또한 그 형식에 관해서도 조심스럽게 인과성의 원칙과 구분한다. 왜냐하면 그렇지 않다면, 그의 목적에 방해가 될 것이기 때문이다.[8] 그러나 이런 교량만으로는 충분하지 않다. 왜냐하면 건너편 해안에는 감관 표상의 재료들을 가지고 건설할 수 없기 때문이다. 그런데도 그는 (모든 사람들과 마찬가지로) 다른 것을 가지고 있지 않기 때문에 이것을 사용한다. 그러나 그가 이전에 감관 표상의 부분으로 발견했다고 믿었던 단순한 것

8. '모든 사물들은 자신의 근거를 가진다', 혹은 달리 말하자면, '모든 것은 단지 결과로서만, 즉 규정에 관해 볼 때 다른 어떤 것에 의존해서 현존한다'는 명제는 공간과 시간 안의 현상들인 모든 사물들에 예외 없이 타당하지만, 사물들 자체에는 결코 타당하지 않은데, 그러나 바로 이런 사물 자체를 위해 에버하르트는 실제로 이 명제에 보편성을 부여했다. 그러나 인과성의 원칙인 이 명제를 일반적으로 '현존하는 모든 것은 원인을 가진다, 즉 단지 결과로서만 현존한다'라고 표현하는 것은 그가 하고자 한 일에는 더 쓸모없었을 것이다. 왜냐하면 그는 더 이상 어떤 원인에도 의존하지 않는 근원 존재자라는 개념의 실재성을 증명할 의도를 가지고 있었기 때문이다. 따라서 마치 그가 259쪽에서 '근거'라는 말을 사용하여, 논리적으로 고찰하면 또한 전체의 가능성의 근거들이라 불리곤 하는 부분 감각들을 이 경우에 이해하고 있을 때에도, 그가 감각들과는 구분되는 어떤 것을 의도하고 있다고 믿도록 유도하려 한 것처럼, 임의로 왜곡할 수 있는 표현들 뒤로 숨어야 한다는 것을 우리는 안다.

은 순전한 지각에 의한 감관 표상에서는 결코 발견되지 않기 때문에, 그는 단순한 것을 재료에 집어넣어서 증명한 척 떠벌림으로써 단순한 것으로부터 오점을 씻어 내고 깨끗하게 만든다. 그런데 이 부분 표상(단순한 것)이 한 번이라도 감관들의 대상인 재료 속에 있다면, 그것은, 그의 억지 주장에 따르면, 실재한다. 그러나 앞서의 증명에도 불구하고 우리가 단지 감관들의 대상에서 증명했던 개념이 전혀 감관들의 대상일 수 없는 (또한 그런 대상의 동질적인 부분일 수 없는) 그런 존재자를 의미한다면, 어떻게 이 개념에 실재성을 확보할 수 있겠는가라는 조금의 의혹은 여전히 남아 있다. 왜냐하면 만일 우리가 단순한 것을 재료의 한 부분일 수 있게 해 주는 그런 속성들을 모두 단순한 것으로부터 제거한다면, 도대체 가능한 사물이라 할 수 있는 어떤 것이 남아 있을 수 있는지 확실하지 않기 때문이다. 따라서 그는 앞서의 증명에 의해 재료의 부분인, 즉 오직 감관 직관에 속하며 그 자체로 가능한 경험에 속하는 객관인 단순한 것의 객관적 실재성은 증명했겠지만, 그러나 결코 가능한 경험의 바깥에 있는 초감성적인 대상을 포함한 모든 대상들에 관해 증명했던 것은 아닌데, 그러나 원래 문 214
제가 된 것은 바로 이것을 증명하는 것이었다.

그런데 이제 263-306쪽에 뒤따라 나오는, 위에서 말한 것을 확증하기 위해 사용하려 한 모든 것에서 만날 수 있는 것은, 우리가 쉽게 예상할 수 있듯이,《비판》의 명제들을 왜곡한 것일 뿐이며, 특히 (어떤 대상도 고려하지 않은 채) 순전히 사유의 형식에만 관계하는 논리적 명제들을 (지성이 사물들에 대한 선천적 인식을 위해 자기 자신 이외에 다른 원천을 필요로 하지 않고도 완전히 순수하게 논리적 명제들을 사용하는 방식인) 선험적 명제들과 혼동하고 잘못 해석한 것일 뿐이다. 많은 것들 중에서 첫 번째에 속하는 것은《비판》에서의 추론들을 삼단논법의 형식으로 변형시킨 것이다. 그는(270쪽) 내가 다음과 같이 추론했다고 주장한다. "현상들이 아닌 모든 표상들에는 감각적 직관의 형식들이 빠져 있다. (이것은《비판》에는 전혀 등장하지 않는 어색한 표현이지만 사용될 수도 있다.) — 사물들 자체에 관한 모든 표상들은 현상들이 아닌 표상들이다. (이것 역시 《비판》의 사용에 반하는 표현이다. 《비판》에서는 그것들은 현상들이 아닌 사물들의 표상이라고 말한다.) — 따라서 이런 표상들은 전적으로 공허하다." 여기에는 네 가지 주요 개념들이 있으며, 나는, 그가 주장하듯이, 다음과 같이 추론했어야만 했을 것이다. "따라서 이 표상들에는 감각적 직관의 형식들이 빠져 있다."

그런데 마지막 명제는 실제로 《비판》으로부터 이끌어 낼 수 있는 유일한 결론이지만, 처음의 명제는 에버하르트가 순전히 날조해서 덧붙인 것이다. 그러나 《비판》에 의하면 여기에 다음과 같은 유사 삼단논법이 뒤따라 나오는데, 이 유사 삼단논법에 의해서도 결국 위의 결론이 나타나게 된다. 즉 감각적 직관의 형식들이 빠진 표상들에는 모든 직관이 빠져 있다. (왜냐하면 우리의 모든 직관은 감각적이기 때문이다.) — 그런데 사물들 자체에 대한 표상들에는 그런 것들이 빠져 있다. 등등 — 따라서 그 표상들에는 모든 직관이 빠져 있다. 그래서 결국, 모든 직관이 빠진 (그에 대응하는 직관이 주어질 수 없는 개념들인) 표상들은 전적으로 공허하다. (그 대상에 대한 인식 없이 있다.) — 그런데 현상들이 아닌 사물들의 표상들에는 직관이 모두 빠져 있다. — 그러므로 그것들은 (인식에 관해서) 전적으로 공허하다.

에버하르트에게서 우리는 무엇을 의심해야 하는가, 그의 통찰인가, 아니면 그의 진실함인가?

215 《비판》의 진정한 의미를 그가 완전히 곡해했으며, 그 자리에 더 나은 체계를 위해 세울 수 있다고 큰소리쳤던 것이 무근거하다는 것에 관해 단지 몇 가지 증거들만이 여기서 제시될 수 있다. 왜냐하면 에버하르트의 매우 단호한 동지조차도 그의 반박들과 반대 주장들의 요인들이 서로서로 들어맞도록 연관성을 부여하는 작업에 지쳐 버릴 것이기 때문이다.

275쪽에서 그는 "누가 (무엇이) 감성에 재료를, 즉 감각들을 제공하는가?"라고 물은 다음에, 276쪽에서 "우리는 우리가 원하는 것을 선택할 수 있으며 — 그렇게 해서 우리는 사물들 자체에 도달한다"고 주장하면서 《비판》을 반박했다고 믿는다. 그런데 물론 단지 《비판》이 감각적 표상들의 재료의 이런 근거를 다시금 감관들의 대상들인 사물들 속에 정립하지 않으며, 감관들의 대상들의 밑바탕에 놓여 있으며, 우리가 그것에 관해 어떤 인식도 가질 수 없는 초감성적인 것 속에 정립한다는 것만을 제외한다면, 이것은 《비판》이 지속적으로 주장하는 것이다. 《비판》은 사물들 자체인 대상들은 경험적 직관들을(이것들은 감성에 의거하여 표상 능력을 규정하는 근거를 포함한다) 위한 재료를 제공하지만, 이 대상들이 경험적 직관의 재료는 아니라고 주장한다.

곧바로 지성이 (그것이 어디에서 주어지든) 이런 재료를 어떻게 가공하는가를 묻는다. 《비판》은 〈선험적 논리학〉에서 전적으로 순수 지성에 선천적으로 근거하고 있는, 사물들 전반에 관한 개념들인 범주들 아래로 감각적 (순수한 것이든 경험적인 것이든) 직관들을 포섭함으로써 이런 일이 이루어진다는 것을 증명했다. 이에 반해 에버하르트는 276-79쪽에서 "우리는 우리가 감관들에 의해 지각한 사물들로부터 혹은 우리가 우리 자신의 영혼 안에서 의식한 것들로부터 추상하지 않은 어떤 보편 개념들도 가질 수 없다"고 주장함으로써 자신의 체계를 드러내 보여 준다. 그러고 나서 그는 개별적인 것으로부터의 이런 추상을 동일한 단락에서 정확하게 규정한다. 이것이 지성의 첫 번째 활동이다. 두 번째 활동은, 279쪽에 의하면, 지성이 이처럼 한 단계 끌어올려진 재료로부터 다시금 개념들을 합성해 내는 것이다. 따라서 추상을 매개로 하여 지성은 (감관 표상들로부터) 범주들에 도달하며, 그리고 이제 여기서부터 그리고 또한 사물들의 본질적 부분들로부터 그것들의 속성들을 찾아 올라간다. 따라서 278쪽에서 다음과 같이 말한다. "그래서 지성은 마치 지성 스스로 추상에 의해 점점 더 보편적이며 점점 더 단순한 것으로 올라가, 가능한 것과 근거 지워진

216 것이라는 개념들로까지 나아가듯이, 이성의 도움으로 새롭게 합성된 개념들을 보유하게 된다." 등등

이렇게 올라가는 것은 (우리의 지성의 자연적인 성질에 의거하여 우리가 먼저 선천적으로 집어넣은 지적인 것만이, 즉 범주만이 남기 때문에 지성의 경험적 사용에서 경험적인 것으로부터의 추상을 찾아 올라가는 것이라 할 수 있다면) 단지 논리적인 것인데, 즉 더 보편적인 규칙들로 올라가는 것인데, 그러나 이런 규칙의 사용은 항상 가능한 경험의 영역 내에 머물러 있다. 왜냐하면 이 규칙들은 범주에 대응하는 감각적 직관이 주어지는 가능한 경험에서의 지성의 사용으로부터 추상된 것이기 때문이다. — 참으로 실제적으로 찾아 올라가기 위해서는, 즉 가장 완전한 감관을 포함하여 감관들에 전반적으로 주어질 수 있는 것과는 다른 종류의 존재자로 찾아 올라가기 위해서는 우리가 지적이라 불렀던(왜냐하면 인식에 속하지만 감각적이 아닌 것은 다른 이름이나 의미를 가질 수 없기 때문이다) 다른 종류의 직관이 필요하겠지만, 이 경우 그러나 우리는 더 이상 범주들을 필요로 하지 않을 뿐만 아니라, 범주들은 지성이 이런 성질을 가지고 있을 경우 전혀 사용되지도 않을 것이다. 그러나 누가 우리에게 이처럼 직관하는 지성을 불어 넣어 주겠는가, 혹은 이런 지성이 우리 안에 감추어진 채 있다면, 누가 우리에게 이런 지성을 깨우쳐 알려 주겠는가?

그러나 에버하르트는 이에 대한 방책을 알고 있다. 왜냐하면 290-281쪽에 따르면 "감각적이지 않은 (그러나 그렇다고 지성의 직관들도 아닌) 직관들이, — 공간과 시간 안의 감각적 직관과는 다른 직관이 있다." — "구체적인 시간의 제일 요소들과 구체적인 공간의 제일 요소들은 더 이상 현상들(감각적 직관의 객관들)이 아니다." 따라서 그것들은 진짜 사물들, 사물들 자체이다. 그는 299쪽에서 감각적 직관이란 그 안에서 어떤 것이 감관에 의해 불명확하게 혹은 섞갈리게 표상되는 직관이라는 사실을 통해 감각적 직관들과 이런 비감각적 직관을 구분하며, 또한 295쪽에서 지성을 "명

확한 인식의 능력"으로 정의하고자 했다. — 따라서 그의 비감각적 직관과 감각적 직관의 구분은 구체적인 공간과 시간 안의 단순한 부분들은 감각적 직관에서는 섞갈리게 표상되지만 비감각적 직관에서는 명확하게 표상된다는 점에 성립한다. 자연히 이런 방식으로 단순한 존재자들이란 개념에 대응하는 (단지 비감각적인) 직관이 주어지게 됨으로써, 그 개념의 객관적 실재성에 관한《비판》의 요구가 충족된다.

이것은 그럴수록 점점 더 밑으로 추락하는 올라감이다. 왜냐하면 앞서 217
의 단순한 존재자들을 직관 자체 안으로 슬그머니 집어넣었다면, 이런 존재자들의 표상들은 경험적 직관 안에 포함된 부분들로 증명되었으며, 또한 이런 표상들에도 불구하고 직관은 전체에 관해서도 그러했던 것으로, 즉 감각적인 것으로 남아 있기 때문이다. 표상에 대한 의식은 표상의 특수한 성질을 구분하지 않는다. 왜냐하면 의식은 모든 표상들과 결합될 수 있기 때문이다. 경험적 직관에 대한 의식은 지각이라 한다. 따라서 앞에서 언급된 이른바 단순한 부분들이 지각되지 않는다 해도, 감각적 직관들인 이런 표상들의 성질에서 차이는 [–] 우리의 감관이 좀 더 발달하고, 또한 동시에 감관 직관의 다양한 것을 의식적으로 파악하는 상상력도 마찬가지로 그만큼 확장된다 해도, 이런 표상이 명확하기[9] 때문에 감각적 직

9. 왜냐하면 직관에도, 따라서 단지 일반적인 의미에서의 사물들이 아니라 개별적인 사물에 대한 표상에도, 감성적[17)]이라 불릴 수 있는 명확성이 있으며, 이것은 개념들에 의한 논리적 명확성과는 전적으로 다른 것이지만(마치 호주의 원주민이 처음으로 집을 보았을 때, 집에 대한 개념을 전혀 가지고 있지 못하지만, 집의 모든 부분들을 구분할 정도로 충분히 가까이에 있는 경우처럼), 물론 논리학 교본에는 포함될 수 없다. 이런 이유 때문에 지성을 개념들에 의한 인식 능력으로 설명하는《비판》의 정의 대신에 에버하르트가 요구하듯 지성을 명확한 인식 능력으로 가정하는 것은 전혀 허용되지 않는다. 특히 처음의 정의가 유일하게 적합한 정의다. 왜냐하면 지성은 이런 정의에 의해 근원적으로 자신으로부터만 생겨나는 개념들(범주들)의 선험적 능력을 나타내지만, 이에 반해 두 번째 정의는 감관 표상들에서 징표들을 분리해 내고 순전히 명확하게 표상함에 의해 이 표상들에 명확성과 보편성을 부여하는 순전히 논리적 능력을 나타낼 뿐이기 때문이다. 그러나 에버하르트에게 중요한 것은 자신의 정의들 밑

218 관들에서 비감성적인 어떤 것을 지각할 수 있을 정도의 차이는 [-] 조금도 생겨나지 않는다. — 여기서 아마 독자는 에버하르트가 감성의 영역 너머로 고양된 적이 한 번이라도 있다면(169쪽), 그럼에도 불구하고 그가 왜 계속 비감성적이라는 말을 사용하며, 오히려 초감성적이라는 말을 사용하지 않는지에 대해 물어 볼 생각을 하게 될 것이다. 그렇지만 이것은 미리 잘 생각해 보고 한 일이다. 왜냐하면 후자[초감성적인 것]의 경우 감각적 직관은 바로 감각적인 것이기 때문에, 감각적 직관으로부터 초감성적인 것을 추출해 낼 수 없다는 것이 명백하게 드러나게 될 것이기 때문이다. 그러나 비감성적인 것은 순전한 결여(예를 들어 감관들의 대상의 표상에서 어떤 것에 대한 의식의 결여)를 나타내며, 또한 독자는 이런 표현에 의해 다른 종류의 현실적인 대상에 대한 표상이 뒷문으로 슬쩍 주어지게 된다는 것을 곧바로 깨닫지 못한다. 뒤에서 논의하려고 하지만, (사물들의 보편적 술어들 대신에) '보편적 사물들'이라는 용어의 경우나 [-] 이 용어는 특수한 종류의 존재자를 의미함에 분명하다고 독자는 생각한다 [-] 또는 (종합적이라는 표현 대신에) '비동일적 판단들'이라는 용어의 경우도 이와 마찬가지이다. 볼품없는 것들을 독자에게 중요한 것처럼 팔기 위해서는 분명하지 않은 용어들을 선택하는 기술이 많이 요구된다.

따라서 에버하르트가 직관의 감성이라는 라이프니츠-볼프의 개념을

에 이중적 의미를 지닌 징표들을 놓음으로써 매우 중요한 비판적 탐구들을 피하는 것이다. 보편적 사물들에 대한 인식이라는 (295쪽과 다른 곳에 등장하는) 용어도 이에 속한다. 이 용어는 유명론자와 실재론자 사이의 논쟁을 다시 불러일으킬 수 있는 비난 받아 마땅한 스콜라적 표현으로서, 물론 이 용어는 몇몇 형이상학 편람에 들어 있긴 하지만, 그래도 선험철학에는 전혀 속하지 않으며 오로지 논리학에 속하는 것이다. 왜냐하면 이 용어는 사물들의 성질에서의 구분을 보여 주는 것이 아니라 단지 개념들의 사용에 관한 구분만을, 즉 개념들이 일반적으로 적용되었는지 아니면 개별적인 것에 적용되었는지만을 보여 주는 것이기 때문이다. 그럼에도 불구하고 이 용어는 '비형상적인'이라는 말과 나란히 마치 이 용어에 의해 특수한 종류의 객관이, 이를테면 단순한 요소들이 생각되는 것처럼 독자들을 잠시나마 잡아 두기 위해 사용된다.

정확하게 감성은 순전히 직관에서의 표상들의 다양한 것이 섞갈린다는 점에서 성립하는 데 반해, 이 표상들은 그럼에도 불구하고 사물 자체를 표상하지만 이런 사물 자체에 대한 명확한 인식은 (앞서의 직관에서 단순한 부분들을 인식하는) 지성에 의거한다고 해석했다면, 물론《비판》도 라이프니츠와 볼프의 철학에 대해 아무것도 날조해 내지도 거짓으로 아무것도 부과하지도 않았으며, 그리고 또한《비판》이 후자[라이프니츠-볼프의 철학]가 (어떤 특수한 능력이나 수용성인) 감성의 특성을 규정하기 위해 취했던 관점이 올바르지 않다고 주장할 권리도 가지는지의 여부를 결정하는 일만이 아직 남아 있다.[10] 에버하르트는《비판》에서 라이프니츠의 철학에 부여한 감성 개념의 이런 의미가 올바르다는 것을 303쪽에서 섞갈린 표상들인 현상들의 주관적 근거를 모든 징표들을 (감관 직관의 부분 표상들을) 구분할 수 없는 무능력 속에 정립함으로써 확증하며, 그리고 219
또한 그는 377쪽에서《비판》은 이런 근거를 제시하지 않았다고 비난하면서, 이 근거는 주관의 제한들 안에 놓여 있다고 주장한다. 그러나 직관의 논리적 형식의 이런 주관적인 근거들 이외에도 현상들은 또한 객관적인 근거들을 가진다고《비판》 자체는 주장하며, 그리고 이 점에서《비판》은 라이프니츠와 상충하지 않는다. 그러나 이 객관적인 근거들이 (단순한 요소들이) 부분들로서 현상들 자체 안에 놓여 있고, 또한 단지 섞갈리기 때문

---

10. 에버하르트는 298쪽에서 이런 비난이 오만불손하다고 우습게도 투덜거리고 흥분한다. (게다가 그는 여기서 슬쩍 잘못된 용어로 바꿔 말한다.) 만일 누군가가 키케로가 훌륭한 라틴어로 글을 쓰지 않았다고 그를 비난할 생각이라면, 누군가 스키오피우스Scioppius(유명한 문법학의 열광자)[18]라면 매우 완강하게 그러나 정당하게 그에게 자제할 것을 요구할 것이다. 왜냐하면 무엇이 좋은 라틴어인가를 우리는 오직 키케로(와 그의 동시대인들)에게서 배울 수 있기 때문이다. 그러나 만일 누군가가 플라톤이나 라이프니츠의 철학에서 오류를 발견했다고 믿는다면, 라이프니츠에게조차 비난할 것이 있다는 것에 대해 분개하는 것은 우스운 일일 것이다. 왜냐하면 철학적으로 올바른 것이 무엇인가를 누구도 라이프니츠로부터 배울 수도 없고 배워서도 안 되며, 오히려 어느 누구에게나 명백한 시금석은 공통된 인간 이성이며, 또한 철학의 고전적 작가란 없기 때문이다.

에, 그 자체로 지각될 수 없으며 단지 현상에 집어넣어 증명될 수 있을 뿐이라면, 이 근거들은 감각적이지만 그럼에도 불구하고 순전히 감각적인 것은 아니며, 후자의 이유 때문에 또한 지적 직관들이라 불려야 하는데, 이것은 명백한 모순이며, 또한 라이프니츠의 현상들과 감성에 관한 개념은 이처럼 해석될 수 없다. 그리고 에버하르트는 라이프니츠의 견해를 완전히 부당하게 해석했거나 아니면 이런 견해는 주저 없이 거부되어야 한다. 둘 중의 하나이다. 직관은 객관에 관해 볼 때 완전히 지적이며, 다시 말해 우리는 사물들을 있는 대로 직관하며, 그리고 이 경우에 감성은 이처럼 다면적인 직관과는 분리될 수 없는 섞갈림에서 성립하거나, 아니면 직관은 지적이지 않으며 직관이란 그 자체로는 우리에게 전혀 알려져 있지 않은 객관에 의해 우리가 자극되는 방식만을 의미하며, 또한 이 경우 감성은 전혀 섞갈림에서 성립하는 것이 아니라 오히려 감성의 직관 역시 어쨌든 가장 높은 정도의 명확성을 가질 수도 있으며, 또한 직관 안에 단순한 부분들이 놓여 있는 한, 감성의 직관은 이런 부분들을 명확하게 구분하는 것에까지 확장될 수 있지만, 그럼에도 불구하고 순전한 현상 이상의 것은 조금도 포함하지 않을 것이다. 양자는 감성에 대한 하나의 동일한 개념에서 함께 생각될 수 없다. 따라서 에버하르트가 라이프니츠에게 부여한 감성 개념처럼, 감성은 내용에 관해 보자면 사물들 자체에 대한 순전한 지성의 표상들을 포함하기 때문에, 지성의 인식과 논리적 형식(섞갈림)에서만 구분되거나 아니면 감성은 그것이 아무리 명확한 것이라 하더라도, 객관들 자
220 체의 성질에 관한 것은 아무것도 포함하지 않으며 순전히 주관이 자극되는 방식만을 포함하기 때문에, 지성의 인식과 선험적으로, 즉 기원과 내용에 있어서 구분된다. 후자의 경우가 《비판》의 주장인데, 감성을 전적으로 주어진 직관을 포함하는 표상들의 섞갈림 속에 정립하지 않고서는 이런 《비판》의 주장에 처음의 입장을 대립시킬 수 없다.

보편적 원리들에 의거하여 규정할 수 있는 선천적 형식을 가지는 특수

한 직관 방식인 감성에 대한 이론과 이런 직관을 단지 표상의 불명확성에 의해서만 지적 직관과 구분되는 특징을 지닌 (감각적 직관인) 사물 자체에 대한 순전한 경험적 감지로 가정하는 이론 사이에 있는 엄청난 차이를 우리는 에버하르트가 자신의 의지에 반하여 행한 것보다 더 잘 설명할 수는 없을 것이다. 즉 표상력의 무능력, 무력 그리고 제한들(에버하르트 스스로 사용하는 바로 그 용어들)로부터 우리는 인식의 확장을, 즉 객관들에 대한 적극적 규정들을 이끌어 낼 수 없다. 주어진 원리는 그 자체로 그런 명제들을 위한 기체를 형성하는 적극적인 어떤 것이어야 하지만, 그러나 물론 단지 주관적으로만 그러하며, 그리고 또한 객관들이 현상들로 간주되는 한에 있어서만 객관들에 대해 타당하다. 단일 우리가 감각적 직관의 대상들의 단순한 부분들을 에버하르트에게 선물로 주고 그리고 또한 그가 할 수 있는 한 최선의 방식으로 근거의 원칙이 의거하여 이런 단순한 부분들의 결합을 이해가능하게 만들었다는 것을 인정한다 해도, 어떻게 그리고 어떤 추론들에 의해 그는 단자들 및 힘들에 의한 단자들의 결합이라는 개념들로부터, 완전한 공간으로서 삼차원들을 가지는 공간 표상, 그리고 마찬가지로 세 종류의 경계들을 가지는 [–] 이 중 두 경계들은 여전히 그 자체로 공간들이지만, 세 번째 경계, 즉 점은 모든 경계들의 경계다 [–] 공간 표상을 끌어내려고 하는가? 또는 내감의 객체들에 관해 어떻게 그는 내감의 밑바탕에 놓여 있는 조건인 시간을, 그것도 단지 일차원만을 가지는 분량인 시간을, 그리고 또한 (공간과 마찬가지로) 연속적인 분량인 시간을, 그의 의견에 따르면 감각이 물론 분리해서는 아니라 하더라도 지각하기는 하지만, 이에 반해 지성은 덧붙여 사유하는 단순한 부분들로부터 어찌해서라도 빼내려고 하며, 그리고 또한 제한들, 불명확성 그리고 따라서 순전한 결여들로부터 모든 학문들 중에서 선천적으로 가장 많이 확장하는 학문들(기하학과 보편적 자연론)의 조건들을 포함하는 그처럼 적극적인 인식을 끌어내려고 하는가? 그는 이런 모든 성질들을 (이 성질들은 바로 그 221

가 가정한 단순한 부분들과 모순되기 때문에) 거짓이며 순전히 덧붙여 꾸며 낸 것으로 간주해야 하거나 아니면 이것들의 객관적 실재성을 사물들 자체가 아니라 현상들인 사물들에서 구해야 할 것이다, 다시 말해 그는 (감각적 직관의 객관들인) 그런 대상들의 표상의 형식을 주관 속에서 그리고 주어진 대상들의 직접적 표상을 수용하는 주관의 수용성 [-] 그런데 그 형식은 선천적으로 (또한 대상이 주어지기 전에) 오직 그것 아래에서만 감관들에 객관들이 나타날 수 있게 되는 유일한 조건들에 대한 다양한 인식들의 가능성을 이해할 수 있게 만들어 준다 [-] 속에서 구함으로써 그렇게 해야 한다. 그런데 이제 이것과 에버하르트가 370쪽에서 "현상들에서 주관적인 근거가 무엇인지 칸트는 규정하지 않았다. — 이것은 주관의 제한들이다."(이것은 그의 규정이다)라고 주장한 것을 비교해 보자. 읽고 판단해 보자.

내가 "감각적 직관의 형식을, 다양한 것을 시간과 공간의 형상으로 만드는 인식력의 제한들로 이해하는지 아니면 일반적으로 이런 일반적인 형상들 자체로 이해하는지"에 대해 에버하르트는 확신을 가지지 못한다(391쪽). — "자기 자신을 그 근거들 안에서가 아니라 근원적으로 심어져 있는 것이라고 생각하는 사람은 숨겨져 있는 성질을 생각하는 것이다. 그러나 그가 위의 두 설명들 중 하나를 가정한다면, 그의 이론은 전적으로 또는 부분적으로 라이프니츠의 이론 속에 포함되어 있다." 378쪽에서 그는 앞서의 현상의 형식에 대한, 그가 말하듯, "부드러운 것이든 거친 것이든", 가르침을 요구한다. 이 단락에서는 주로 거친 목소리를 취하는 것이 그에게는 좋을 것이다. 나는 자기편에 우세한 근거들을 가지고 있는 사람에게 어울리는 부드러운 목소리를 유지하려 한다.

《비판》은 심어져 있거나 타고난 표상들을 전혀 허용하지 않는다. 직관에 속하든 지성의 개념들에 속하든, 모든 표상을《비판》은 전부 획득된 것으로 간주한다. 그러나 또한 (자연권 이론가들이 표현하듯) 근원적인 획득, 따라서 그 이전에는 전혀 현존하지 않았던 것, 따라서 이 활동에 앞서서 어떤 사태에도 속하지 않았던 것의 획득이 있다. 그런 것으로는,《비판》의 주장대로, 먼저 공간과 시간 안의 사물들의 형식이, 두 번째로 개념들에서의 다양한 것의 종합적 통일이 있다. 왜냐하면 우리의 인식 능력은 이 두 가지 중 어느 것도 객관들 자체에 주어진 것으로서 객관들로부터 가져오지 않으며, 오히려 이것들을 자기 자신으로부터 선천적으로 산출하기 때문이다. 그러나 그럼에도 주관 안에는 이를 위한 하나의 근거가 있어야 하는데, 이 근거는 논의되는 표상들이 다른 방식으로가 아니라 이런 식으로 생겨날 수 있도록 게다가 또한 아직 주어지지 않은 객관들에 관계할 수 있도록 해 주는 것으로, 적어도 이런 근거는 타고난 것이다. ('심어져 있는'이라는 표현을 정당화하기 위해 우리는 신의 현존을 이미 증명된 것으로 전제해야만 한다는 것을 에버하르트 자신도 알고 있는데, 왜 모든 인식의 제일 토대에 관계하는 비판에서 그는 '타고난'이라는 이전의 용어를 사용하지 않고 이 용어를 사용하는가?) 에버하르트는 390쪽에서 "공간과 시간의 보편적이지만, 아직 확정되지 않은 형상들의 근거들 및 이와 더불어 영혼은 창조된 것"이라고 주장하지만, 그러나 바로 다음 쪽에서는 다시 내가 (직관의 모든 형식들의 근거라고 할) 직관의 형식으로 인식력의 제한들을 의미하는지 아니면 앞에 언급한 형상들 자체를 의미하는지 의심스러워한다. 어떻게 그가 첫 번째 것[인식력의 제한들]을 단지 의심스러워하면서 추측할 수 있었는지는 전혀 알 수 없다. 왜냐하면 그는《비판》과는 반대로 감성에 대한 앞서의 설명 방식을 관철하려 한다는 것을 분명히 자각하고 있었기 때문이다. 그러나 두 번째 것, 즉 내가 시간과 공간에 관한 확정되지 않은 형상들을 의미하고 있는 것은 아닌지에 대해 그가 의심스러워한다는 점은 설명할 수는 있지만 인정할 수는 없다. 왜냐하면 도대체 어디서 내가 언제 그것들 안에서 비로소 형상들이 가능한 그런 공간과 시간의 직관들 자체를 형상들(형상들은 항상 개념을 전제하며, 이 개념들에 222

대한 현시가 바로 형상들이다. 예를 들자면 변들의 관계도 각도 주어져 있지 않은 그런 삼각형 개념을 위한 확정되지 않은 형상이 그런 것이다)이라고 불렀는가?[19] 그는 '감성적'이라는 말 대신에 '형상적'이라는 용어를 사용하는 눈속임 장치를 궁리해 냄으로써 도처에서 이 용어를 동반한다. 감각적 직관의 가능성의 근거는 둘 중 어떤 것도 아니다. 즉 인식 능력의 제한도 형상도 아니다. 그것은 우리의 마음이 (감각에서) 어떤 것에 의해 자극될 때, 자신의 주관적인 성질에 의거하여 표상을 획득하는 마음의 순전히 고유한 수용성일 뿐이다. 예를 들자면 공간 직관의 가능성의 이런 최초의 형식적 근거만이 타고난 것이며, 공간 표상 자체는 타고난 것이 아니다. 왜냐하면 인식 능력을 (언제나 하나의 고유한 활동인) 객관의 표상을 위해 규정하기 위해서는 언제나 인상들이 필요하기 때문이다. 따라서 우리가 공간이라 부르는 형식적 직관[20]은 근원적으로 획득된 (외적 대상들 전반의 형식의) 표상으로 생겨난 것이지만, 이런 표상의 근거는 그럼에도 불구하고 (순전한 수용성으로서) 타고난 것이며, 이런 표상의 획득은 이 형식에 따르는 사물들에 관한 특정한 개념들에 훨씬 선행한다. 후자의[특정한 개념들의] 획득은 파생적 획득이다. 왜냐하면 이 개념들은 이미 지성의 보
223 편적인 선험적 개념들을 전제로 하고 있는데, 이런 선험적인 지성의 개념들 역시 마찬가지로 타고난 것[11]이 아니라 획득된 것으로서 이 개념들의 획득은 공간의 획득과 마찬가지로 근원적인 것이며, 사유의 자발성의 주관적 조건들(통각의 통일과의 일치) 이외에는 어떤 것도 타고난 것으로 전제하지 않기 때문이다. 사전의 도움을 얻어《비판》을 대충 훑어보긴 했지만 곰곰이 생각해 보지 않은 사람이 아니라면, 누구도 순수한 감각적 직

11. 라이프니츠가 '타고난'이라는 말을 인식의 어떤 특정한 요소들에 관해 사용할 때 이 말을 어떤 의미로 이해하고 있는가는 이에 따라 평가될 수 있을 것이다. 토이체 메르쿠어Teutsche Merkur(1777년 10월)에 실린 히스만Hissmann의 논문[21]은 이런 평가를 용이하게 해 줄 수 있다.

관의 가능성의 근거가 지니는 이런 의미에 대해 의심할 수 없다.

어떻게 에버하르트는 《비판》의 매우 명료한 주장들조차 거의 이해하지 못했는가, 아니면 어떻게 그가 《비판》을 고의로 곡해하는가에 대한 실례로 다음의 것이 사용될 수 있다.

《비판》은 다음과 같은 것을 주장한다. (다른 모든 범주들과 마찬가지로) 실체라는 순전한 범주는 논리적 기능 이외에 [–] 이 기능과 관계하여 객관은 규정된 것으로 사유된다 [–] 전혀 다른 것을 포함하지 않으며, 따라서 우리가 이 범주 밑에 감각적 직관을 두지 않는 한 이런 범주에 의해서는 대상에 대한 어떠한 인식도, 게다가 최소한의 (종합적) 술어를 통해 산출되지 않는다. 이로부터 다음의 사실이 정당하게 추론된다. 우리는 범주들 없이는 사물들에 대해 전혀 판단할 수 없기 때문에, 초감성적인 것에 관해서는 (여기서는 항상 이론적 관점에서 이해된) 어떤 인식도 전적으로 가능하지 않다. 에버하르트는 384-385쪽에서 감각적 직관의 도움 없이도 실체라는 순수 범주의 이런 인식을 산출할 수 있는 양 큰소리친다. "이것은 우연적 속성들을 생기게 하는 힘이다." 그러나 힘 자체도 다시금 범주 (혹은 범주의 준술어), 즉 원인 범주 외에 다른 것이 아니며, 이런 범주에 대해서도 나는 마찬가지로 이 범주 밑에 감각적 직관이 놓여 있지 않다면, 실체 개념의 객관적 타당성과 마찬가지로 이 범주의 객관적 타당성도 증명될 수 없다고 주장했다. 그런데 그는 385쪽에서 이 증명을 실제로 감각적 (내적) 직관에서의 우연적 속성들의 현시에, 따라서 또한 이런 속성들의 근거인 힘의 현시에 정초한다. 왜냐하면 그는 원인 개념을 실제로 시간에서의 마음의 상태들의 연속, 즉 서로 잇따르는 표상들의 연속이나 이 표상들의 정도들과 관련시키는데, 그 근거는 "모든 현재의, 지나간 그리고 다가올 변화들에 관해 완벽하게 규정된 사물 속에 포함되어 있으며", 또한 그렇기 때문에 그는 "이 사물은 힘이며 그렇기 때문에 실체"라고 주장하다. 224
그러나 《비판》도 물론 내적인 감각적 직관에서의 힘 개념(이 개념은, 덧붙여 말하자면, 에버하르트가 실재성을 확보하고자 했던 개념인 실체 개념과는 완전히 다른 것이다)[12]의 현시 이상을 요구하지 않으며, 그리고 또한 이를 통해 감성적 존재자인 실체의 객관적 실재성이 확보된다. 그러나 문제는 순수 범주인 힘 개념의 실재성이, 다시 말하자면 이 범주가 감각적 직관의 대상들에 적용되지 않고도 증명될 수 있는지, 따라서 초감성적인, 즉 순전히 지성적인 존재자들에 대해서도 타당한 것으로 증명될 수 있는지에 관한 것이었다. 왜냐하면 이 경우 시간 조건들에 의존하는 모든 의식은, 따라서 또한 지나간 것, 현재의 것 그리고 다가올 것의 모든 연속은 변화된 마음의 상태의 연속성의 법칙 전체와 함께 폐기될 것임에 틀림없으며, 따라서 그것에 의해 우연적 속성이 주어질 수 있으며, 힘 개념을 위해 증거로 사용될 수 있을 어떤 것도 남아 있지 않기 때문이다. 따라서 요구에 맞게, 이제 그가 (그 속에 이미 물체 개념을 포함하고 있는) 인간이라는 개념을 제거하고, 마찬가지로 시간에서 현존이 규정될 수 있는 그런 표상들에 관한 개념도 제거하며, 따라서 외적이며 내적인 직관의 조건들을 포함하는 모든 것을 제거한다면(왜냐하면 그가 순수 범주들인 원인 개념과 실체 개념에, 즉 경우에 따라서는 초감성적인 것의 인식을 위해서도 사

12. '실체는 힘을 가진다'는 매우 자연스런 명제 대신에 '사물(실체)은 힘이다'는 명제는 모든 존재론적 개념들과 상충하며 또한 그 결과에 있어 형이상학에 대단히 불리한 명제이다. 왜냐하면 이를 통해 실체 개념, 즉 하나의 주체에서의 내속이라는 개념은 근본적으로 사라지며, 그 대신에 이 경우 원인에의 의존이라는 개념이 정립되는데, 이것은 이처럼 보편적으로 작용하는 힘 자체를 실체로 만듦으로써, 세계의 모든 사물들을 그것들의 공통된 원인인 근원 존재자에 보편적으로 의존하는 것으로 만들었으나, 이렇게 함으로써 사물들의 의존을 주체에서의 내속으로 변형시켰던 스피노자가 원했던 바로 그것이기 때문이다. 하나의 실체는 물론 주체로서 우연적 속성들과 (그리고 그것들의 내속과) 맺는 관계 이외에도 또한 결과들에 관계하는 원인으로서 이런 속성들과 관계를 가지긴 하지만, 그러나 전자[주체]는 후자[원인]와 동일한 것이 아니다. 힘은 우연적 속성들의 현존의 근거를 포함하는 것이 아니라(왜냐하면 그런 근거는 실체가 포함하고 있기 때문이다), 실체가 우연적 속성들의 근거를 포함하는 한에서 실체가 우연적 속성들과 맺는 순전한 관계 개념이며, 그리고 또한 이 관계는 내속이라는 관계와는 완전히 다른 것이다.

용될 수 있을 그런 것으로서의 실체 개념과 원인 개념에 실재성을 보장하려 한다면, 그는 반드시 이렇게 해야 하기 때문이다), 실체 개념에서 그에게 남는 것은 단지 그것의 현존이 주어의 현존으로 생각되지, 다른 주어의 순전한 술어의 현존으로 생각되어서는 안 되는 하나의 어떤 것에 관한 225
개념이지만, 그러나 원인 개념에서 그에게 남아 있는 것은 오직 어떤 것이 현존에서 다른 것과 맺는 관계 개념뿐인데, 이런 관계에 따르면 내가 전자를 정립한다면, 후자 역시 규정되고 필연적으로 정립되어야만 한다. 이 두 개념들로부터 그는 그런 성질을 지닌 사물에 관한 어떤 인식도 산출할 수 없으며, 게다가 그런 성질이 또한 가능한지, 다시 말해 그런 성질을 발견할 수 있는 어떤 것이 있을 수 있는지의 여부에 대해서도 전혀 알 수 없다. 여기서 이제 실천적인 선천적 원칙들과 관계하여, 만일 (지성체인) 사물에 관한 개념이 밑바탕에 놓여 있다면, 이 경우 실체 범주와 원인 범주가 이성의 순수한 실천적 규정과 관계하여 객관적 실재성을 획득하는 것은 아닌지의 여부에 대해 물어서는 안 된다. 왜냐하면 순전히 주어로서만 현존할 수 있으며 다시금 다른 주어의 술어로는 현존할 수 없는 사물의 가능성이나 또는 다른 것의 현존과 관련하여 근거의 관계를 가지지만 이와는 반대로 이 동일한 것과 결과의 관계를 가지지는 않는 그런 속성의 가능성은 이 사물에 대한 이론적 인식을 위해서는 물론 반드시 이 개념들에 대응하는 직관에 의해 증명되어야 하기 때문이다. 왜냐하면 이런 직관이 없다면, 이 개념들에 객관적 실재성은 부가될 수 없으며, 따라서 그런 객관에 대한 인식도 성립될 수 없을 것이기 때문이다. 그러나 만일 이런 개념들이 구성적 원리들이 아니라, (지성체에 관한 이념의 경우에 언제나 그런 것처럼) 이성 사용의 순전히 규제적 원리들만을 제공해 준다면, 이 개념들은 또한 그것의 가능성이 증명되지 않는 사물들에 대한 개념들을 위한 순전히 논리적인 기능들로서 이성을 위해 실천적 의도에서 필수불가결하게 사용될 수는 있다. 왜냐하면 이 개념들은 이 경우 지성체들의 가능성의 객관적인 근거들이 아니라 단지 현상체들과만 관계하는 (이성의 이론적이거나 실천적인 사용의) 주관적 원리들로서만 타당하기 때문이다. — 그럼에도 불구하고, 말했듯이, 여기서 문제가 되는 것은 언제나 오직 사물들에 대한 인식의 구성적 원리들이며, 그리고 또한 에버하르트가 의도한 것처럼, 범주를 (우리에게는 언제나 감각적인) 직관에 의해 증명하지 않고도 내가 단지 범주들을 가지고 어떤 객관에 관해 진술함으로써 이 객관에 대한 인식을 획득할 수 있는지의 여부가 문제인데, 불모의 존재론이란 사막이 풍성하다고 그가 아무리 자랑한다 하더라도 이런 인식은 성취될 수 없다.

2절. '어떻게 선천적 종합판단들이 가능한가?' 라는 과제의 해결, 에버하르트에 따른 226

이 과제는, 일반적으로 보자면, 모든 형이상학적 독단론자들이 반드시 걸려 넘어질 수밖에 없으며, 따라서 그 주위를 가능한 멀리 돌아서 가야 하는 걸림돌이다. 그렇기 때문에 나는 아직 모든 경우에 타당할 수 있는 과제의 해결에 몰두하는《비판》의 적대자를 발견하지 못했다. 에버하르트는 모순율과 (그가 단지 분석적인 것으로 제시한) 충분한 근거의 원칙에 의거하여 감히 이 일을 하고자 한다. 그가 성공했는지 곧 알게 될 것이다.

에버하르트는《비판》이 독단론이라고 부른 것을 분명하게 이해하지 못한 듯 보인다. 그래서 그는 262쪽에서 그가 실행하고자 했던 명증적인 증명들에 대해 언급하면서 다음과 같은 말을 덧붙인다. "확신을 가지고 사물들 자체를 가정하는 사람이 독단론자라면, 우리는 어떤 대가를 치르더라도 독단론자라 불리는 치욕을 감수해야 한다." 그러고 나서 그는 289쪽에서 "라이프니츠의 철학은 칸트 철학과 마찬가지로 이성 비판을 포함한다. 왜냐하면 그의 철학은 각각의 인식 능력에 의해 가능한 것이 무엇인지를 제시하고자 함으로써[22] 인식 능력의 정확한 분석 위에 자신의 독단론을 정초하기 때문"이라고 주장한다. 그런데 — 만일 라이프니츠의 철학이 실제로 이런 일을 수행한다면, 그의 철학은 물론 우리의《비판》이 언제나 이 용어를 사용하는 의미에서 독단론을 포함하지는 않는다.

《비판》은 형이상학의 독단론을 이성 능력 자체에 대한 선행하는 비판 없이 순전히 이성의 성공을 위해 이성의 원리들을 일반적으로 신뢰하는 것으로 이해한다. 그러나 회의론은 선행하는 비판 없이 순전히 이성의 주장들이 실패했기 때문에, 순수 이성에 반대하여 형성된 일반적 불신으로 이해한다.[13] 이에 반해 형이상학에 속하는 모든 것에 관계하는 수행 방식의 비판주 227

13. 선천적 원리들의 사용에서 성공한다는 것은 이 원리들이 경험에 적용되어 철저하게 확증되

의(유예로서의 회의)란 형이상학의 모든 종합명제들의 가능성의 보편적인 근거가 우리의 인식 능력들의 본질적인 조건들 속에서 통찰되기 전까지는 이런 종합명제들을 모두 일반적으로 불신하라는 준칙들이다.

262쪽에서 이루어지듯, 우리가 독단론의 형이상학적 주장들에 대한 소위 명증적인 증명들에 호소한다고 해서 독단론에 대한 이런 정당한 비난으로부터 벗어나지는 못한다. 왜냐하면 증명에서 확실한 오류가 발견되지 않을 때조차도(물론 이것의 위의 경우에 해당하지 않는다) 이런 증명들은 통상 그 자체로 실패했으며, 그리고 또한 정반대의 증명들이 자주 적지 않은 명확성을 가지고 이런 증명에 반하여 등장하게 됨으로써, 회의론자가 논증에 반대하여 아무것도 산출할 줄 모른다 할지라도, 이것들 사이에서 판결의 거부[23]를 선언할 자격을 가지기 때문이다. 단지 성숙해진 《비판》이 먼저 선천적 인식의 가능성과 또한 그런 인식의 보편적 조건들을 확실하게 제시했던 길 위에서 증명이 이루어졌을 경우에만, 형이상학자는 모든 증명에도 불구하고 비판 없이 여전히 맹목적인 독단론이라는 비난에 대해 자신을 변호할 수 있으며, 또한 이런 종류의 평가를 위한《비

는 것이다. 왜냐하면 이 경우 우리는 독단론자에게 선천적 증명을 거의 면해 주기 때문이다. 회의론을 야기하는 선천적 원리들의 사용에서의 실패란 경험이 이에 대해 아무것도 확증할 수도 반박할 수도 없기 때문에, 오로지 선천적인 증명들만이 요구될 수 있는 경우들에서만 발생하며, 그리고 또한 바로 정반대의 것을 증명하는 동일한 힘을 지닌 선천적인 증명들이 일반적인 인간 이성에 포함되어 있다는 사실에서 성립한다. 처음의 원리들은 오직 경험 가능성의 원칙들이며 〈분석론〉에 포함되어 있다. 그러나《비판》이 이런 원칙들을 먼저 그 자체로 확증하지 않았다면, 이 원칙들은 단지 경험 대상들에 대해 타당한 것 이상으로 타당한 원칙들로 쉽사리 간주되기 때문에, 초감성적인 것에 관한 독단론이 생겨난다. 두 번째 원리들은 처음의 원칙과는 달리 지성의 개념들이 아니라 경험에 결코 주어질 수 없는 이념들에 의해 대상들과 관계한다. 그런데 그것을 위한 원리들이 오직 경험 대상들을 위한 것이라 생각되는 증명들은 이 경우에는 필히 모순되기 때문에, 오직 경계선만을 확정할 수 있는 《비판》을 간과한다면, 이성의 순전한 이념들에 의해 생각되는 모든 것에 관하여 회의론이 발생할 뿐 아니라 결국에는 모든 선천적인 인식에 대한 회의가 생겨나게 되는데, 이것은 결국 일반적인 형이상학적 회의론을 초래한다.

판》의 규준은 '어떻게 선천적인 종합적 인식이 가능한가?'라는 과제의 보편적인 해결에 포함되어 있다. 이 과제가 먼저 해결되지 않았다면, 형이상학자들은 모두 [—] 그들이 다른 곳에서 이룬 공적에 의해 아직도 위대한 명성 228
을 정당하게 소유하고 있다 하더라도 [—] 이 시기까지는 맹목적인 독단론이나 회의론이란 비난으로부터 자유롭지 못했다.

에버하르트는 다른 방식으로 하고 싶어 한다. 그는 〈선험적 변증론〉에서 수많은 사례들을 통해 정당화된 경고의 소리가 마치 독단론자에게는 전혀 해당하지 않는 것처럼 행동하며, 또한 종합적으로 판단하는 우리의 선천적인 능력에 대한 비판이 이루어지기 훨씬 이전에, 그전부터 대단한 논쟁거리였던 종합명제를, 즉 시간과 공간 그리고 그 안의 사물들은 단순한 요소들로 이루어져 있다는 명제를, 초감성적인 것에 관한 이념들에 의해 감성적인 것을 이처럼 규정할 수 있는 가능성에 관한 최소한의 선행하는 비판적 탐구도 [—] 이런 탐구는 위의 명제가 수학과 도순되기 때문에, 그가 불가피하게 수행하지 않을 수 없는 탐구였다 [—] 수행하지 않은 채, 확정된 것으로 가정하며, 그리고 자신의 고유한 방식으로 진행해 나가면서 《비판》이 모든 선험철학으로부터 영원히 추방되어 있어야 하는 독단론이라고 부른 것의 최상의 실례를 제공하는데, 나는 이런 독단론의 의미를 그 자신의 실례들에 의해 이제 그가 더 잘 이해하게 되기를 바란다.

그런데 우리가 앞서 제시한 주요 과제의 해결에 착수하기 전에 당연히 먼저 《비판》이 분석판단들과 구분하면서 종합판단들을 도대체 무엇으로 이해하는지에 대해, 그리고 두 번째로 경험 판단들과 구분하여 그런 판단들을 선천적 판단들이라고 지칭하면서 말하려 한 것이 무엇인지에 대해 분명하고 확실하게 이해하는 것이 반드시 필요하다. — 처음의 것을《비판》은 필요한 만큼 명확하게 그리고 되풀이해서 설명한다. 종합판단들은 그 판단의 술어에 의해 내가 그 술어를 진술하는 주어[로 쓰이는] 개념 속에서 내가 생각한 것 이상의 것을 판단의 주어에 부가하는 그런 판단들이며, 따라서 전자[술어]는 후자[주어로 쓰이는] 개념이 포함하고 있는 것 이상으로 인식을 증가시킨다. 주어진 개념 속에서 이미 실제로 생각되고 포함되어 있던 것만을 단지 이 개념에 속하는 것으로 분명하게 표상하고 진술하는 분석판단들에 의해 이런 일은 일어나지 않는다. — 두 번째 것, 즉 경험적 판단과 구분하여 선천적 판단이란 무엇인가는 어려운 문제가 아니다. 왜냐하면 이것은 논리학에서 이미 오래전부터 알려져 있으며 명칭이 부여되었던 구분이며, 그리고 또한 처음의 것처럼 적어도 (에버하르트가 하려는 것처럼) 새로운 명칭으로 등장한 것이 아니기 때문이다. 그럼에도 불구하고 에버하르트 때문에 선천적인 명제에 의해 주어에 부가되는 술어는 바로 이렇게 해서 주어에 필연적으로 귀속하는 것으로 (주어[로 쓰
229 이는] 개념과 분리될 수 없는 것으로) 진술된다는 사실을 지적하는 것은 불필요한 일이 아니다. 이런 술어들은 또한 본질(개념의 내적 가능성)에 속하는 (본질에 속하는)[14] 술어들이라 불리며, 따라서 선천적으로 타당한 모든 명제들은 이런 술어들을 포함해야만 한다. 나머지 술어들, 즉 개념에서 (개념을 손상시키지 않고) 분리되는 술어들은 본질 외적 징표들이라 불린다. 처음의 술어들은 본질의 구성 요소로서 본질에 속하든지 아니며 본질에서 충분하게 정초된, 본질로부터 나온 결과들로서 본질에 속한다. 처음의 것들은 동일한 개념 속에 포함된 다른 술어들로부터 이끌어 낼 수 있는 술어들을 포함하지 않는 본질적 부분들을 의미하며, 이런 술어들의 총체가 논리적 본질을 형성한다. 두 번째 술어들은 속성들이라 불린다. 본질 외적[임시적인][25)] 징표들은 내적 징표들(양태들)이거나 관계 징표들이며, 또한 선천적 명제들에서 술어들로 쓰일 수 없다. 왜냐하면 이것들은 주어[로 쓰이는] 개념과 분리되어 있으며, 따라서 필연적으로 주어[로 쓰이는] 개념과 결합되어 있지 않기 때문이다. — 그런데 우리가 앞

---

14. 이 용어에서 조금이라도 순환 설명인 듯 보이지 않으려면 '본질에 속하는'이라는 말 대신, 이 자리에 동음의[등가의][24)] '내적 가능성에 속하는'이라는 말을 사용할 수 있다.

에서 선천적 종합명제의 어떤 하나의 규준을 이미 제시하지 않았다면, 선천적 종합명제의 술어는 속성이라고 주장한다고 해서 종합명제와 분석명제의 구분이 전혀 밝혀지지 않는다는 것은 분명하다. 왜냐하면 이 술어가 속성이라고 불린다는 것에 의해서 이 술어가 필연적인 결과로서 본질로부터 도출된 것일 수 있다는 것 이상이 주장되지 않으며, 그것이 모순율에 의거한 분석적인 것인지 아니면 어떤 다른 원칙에 의거한 종합적인 것인지의 여부는 여기서 전혀 확정되지 않기 때문이다. 따라서 '모든 물체는 나누어질 수 있다'는 명제에서 술어는 속성이다. 왜냐하면 그 술어는 주어[로 쓰이는] 개념의 본질적 부분으로부터, 즉 연장으로부터 필연적인 결과로서 이끌어져 나올 수 있기 때문이다. 그러나 이 술어는 모순율에 의거하여 물체 개념에 귀속하는 것으로 표상된 그런 속성이며, 따라서 명제가 주어의 속성을 진술하고 있다 하더라도, 그럼에도 불구하고 이 명제는 분석적이다. 이에 반해 지속성 역시 실체의 속성이다. 왜냐하면 지속성은 실체의 전적으로 필연적인 술어이지만 그러나 실체 개념 자체에는 포함되어 있지 않으며, 따라서 분해함으로써 실체 개념으로부터 (모순율에 의거하여) 이끌어 낼 수 없으며, 또한 '모든 실체는 지속한다'는 명제는 종합명제이기 때문이다. 그러므로 어떤 명제에 관하여 그 명제는 주어 230
의 속성을 술어로 가진다고 말할 경우, 이 명제가 분석적인지 종합적인지는 아무도 알지 못한다. 따라서 우리는 '이 명제는 종합적 속성을, 즉 종합판단에서의 (비록 파생된 것이라 하더라도) 필연적인, 따라서 선천적으로 인식가능한 술어를 포함한다'고 덧붙여야만 한다. 따라서 에버하르트에 의하면 선천적 종합판단들은 사물들에 관해 종합적 속성들을 진술하는 판단들이라고 정의된다. 에버하르트는 가능하다면 선천적 종합판단들의 특성을 더 잘 그리고 더 확정적으로 설명하기 위해서뿐만 아니라 또한 이런 판단들에 대한 정의와 함께 동시에 이런 판단들의 가능성을 평가할 수 있게 해 주는 종합판단들의 보편적 원리를 제시하려고 이런 동어반복에 빠져드는데,《비판》도 가지각색의 고된 노력에 의해 이런 일을 수행할 수 있었다. 에버하르트에 따르면(315쪽) "분석판단들은 판단의 술어가 주어의 본질이나 주어의 몇몇 본질적 부분들을 진술하는 그런 판단이지만 종합판단들은(316쪽), 그 판단들이 필연적으로 참일 경우, 속성을 판단의 술어들로 가진다." 속성이라는 말에 의해 그는 종합판단들을 (판단의 술어들이 필연적인 것이기 때문에) 선천적 판단들로 표시하지만, 그러나 동시에 그 자체로 본질 자체나 본질의 몇몇 부분들이 아니라 본질의 결과들을 진술하는 그런 판단들로 표시하며, 따라서 또한 충분한 근거의 원칙을 제시하는데, 이 원칙을 매개로 해서만 이런 결과들이 주어에 관해 술어로 진술될 수 있으며, 그리고 또한 그는 이 근거란 여기서 단지 논리적 근거일 수 있을 뿐이라는 것을, 즉 술어가 물론 단지 간접적으로이긴 하지만 그럼에도 불구하고 모순율에 따라 주어[로 쓰이는] 개념으로부터 이끌어 낸 것이라는 점만을 나타내는 그런 근거일 수 있을 뿐이라는 것을 우리가 알아차릴 수 없을 것이라는 점에 의지하지만, 그러나 이렇게 됨으로써 명제가 속성을 진술하고 있음에도 불구하고 그 명제는 분석적일 수 있으며, 따라서 종합명제의 특징을 수반하지 않게 된다. 속성이 술어로 사용되는 명제가 후자의 종류[종합명제]에 속하는 것으로 간주될 수 있으려면, 그 술어가 종합적 속성이어야만 한다는 제한이 필연적이라는 것을 [–] 왜냐하면 그렇지 않다면 동어반복이 명확하게 드러날 것이기 때문이다 [–] 알아차렸음에도 불구하고, 그는 이것을 내놓고 이야기하지 않으려 조심하며, 이렇게 해서 그는 경험이 없는 사람에게는 새롭고 뭔가 있어 보이지만 실제로는 쉽게 꿰뚫어 볼 수 있는 아지랑이에 불과한 것을 내놓았을 뿐이다.

근거와 귀결이란 실제로 서로 구분되며, 양자를 묶어 주는 명제는 이런 방식으로 종합명제이기 때문에, 그가 충분한 근거의 원칙을 실재 근거에 관한 원칙으로 이해했다고 (특히 그가 여기에서 인용한 실례들에 의거해 판단하자면) 믿게끔 그가 위에서 제시한 그의 충분한 근거의 원칙이 무엇을 말하고 있는지 우리는 이제 안다. 전혀 그렇지 않다! 오히려 그는 그때 이미 장차 이런 원칙을 사용하게 될 경우들을 매우 사려 깊게 예견했으며, 또한 이 원칙에 그때그때마다 필요한 의미를 부여할 수 있으며, 그렇게 해서 독자는 눈치채지 못한 채 이 원칙을 또한 때때로 분석판단들의 원리로 사용할 수 있도록 하기 위해 이 원칙에 대해 불확정적인 방식으로 설명했다. 그런데 '모든 물체는 나누어질 수 있다'는 명제는, 그 명제의 술어가 무엇보다도 개념에 직접 귀속하는 것(본질적 부분)으로부터, 즉 연장으로부터 분해에 의해 비로소 이끌어 낼 수 있는 것이기 때문에 덜 분석적인 것인가? 만일 모순율에 의거하여 직접적으로 개념에서 인식된 술어로부터 마찬가지로 모순율에 의거하여 이 개념으로부터 도출되는 다른 술어가 추론된다면, 이 경우 후자[개념으로부터 도출된 다른 술어]는 전자[개념에서 직접 인식된 술어]보다 이 개념으로부터 모순율에 의거하여 덜 도출된 것인가? 231

따라서 먼저 속성들에 대해 그 속성들이 종합적이라는 것을 덧붙이지 않고 그렇게 해서 명백한 동어반복을 범한다면, 주어의 속성들을 술어들로 가지는 그런 명제들에 의해 선천적 종합명제들을 설명할 수 있으리라는 희망은 수포로 돌아갈 것임은 분명하며, 두 번째로 충분한 근거의 원칙이 특수한 원리를 제공해야 한다면, 이 원칙은 단지 개념들의 종합적 결합을 정당화시켜 주는 한에서만 그 자체로 선험철학에서 허용될 것이라는 제한이 이 원칙에 정립된다는 것은 명백하다. 이것을 우리는 317쪽의 저자의 즐거운 외침과 비교해 볼 수 있다. "이처럼 우리는 이미 매우 풍요롭고도 확실한 설명 근거(이것은 그가 위에서 자랑한 존재론이라는 풍요로운 들판을 암시한다)로부터 판단들을 분석판단들과 종합판단들로 구분했을 것이며, 게다가 그 경계를 매우 정확하게 제시했을 것인데(처음의 것은 순전히 본질적인 것과 관계하며, 두 번째 것은 오직 속성에 관계한다), 게다가 이 구분이 구분 근거를 완전히 상세하게 드러내 보여 주고 있다는 것에 대해 전적인 확신을 가지고 있었을 것이다."

그러나 에버하르트는 이처럼 승리의 함성을 질렀으면서도 아직 승리에 대해 그렇게 확신하고 있지 못했던 것처럼 보인다. 왜냐하면 그는《비판》이 다른 명칭으로 작동시켰던 것과 동일한 것을 볼프와 바움가르텐은 이미 오래전에 알고 있었으며, 다른 방식으로이긴 하지만 명맥하게 나타냈다는 것을 전적으로 확실한 것으로 전제한 후에, 318쪽에서 갑자기 내가 종합판단들에서 어떤 술어들을 염두에 두고 있는지에 대해 확신을
232 가지지 못하며 또한 판단들에 등장할 수 있는 술어들을 구분하고 분류하느라 자욱한 먼지를 일으켜서, 문제가 되는 사태를 더 이상 알아볼 수 없게 만드는데, 이 모든 일은 분석판단과 구분하면서 종합판단, 특히 선천적 종합판단을 실제로 내가 정의했던 것과는 다르게 정의해야만 한다는 것을 증명하기 위한 것이다. 그러나 여기서 그런 종류의 판단들이 어떻게 가능한가라는 문제를 내가 해결하는 방식에 대해서는 논의되지 않으며, 단지 내가 이런 판단들을 무엇이라고 이해하며, 내가 이런 판단들에서 한 종류의 술어를 가정한다면 그것은 너무 넓지만(319쪽), 내가 술어들이 다른 종류의 것이라고 생각한다면 그것은 너무 좁다는(320쪽) 것만이 언급된다. 그런데 하나의 개념이 정의로부터 비로소 생겨난다면, 이 개념이 너무 좁거나 너무 넓을 수 없다는 것은 명백하다. 왜냐하면 이 개념은 이 경우 이 개념에 대한 정의가 말하고 있는 것보다 더 많은 것도 더 적은 것도 의미하지 않기 때문이다. 우리가 이 정의에 대해 비난할 수 있는 모든 것은 아마 이 정의가 설명을 위해서는 전혀 쓸모없는 이해할 수 없는 것을 그 자체로 포함하고 있다는 것일 수 있다. 그러나 분명한 것을 모호하게 만드는 뛰어난 기술자도《비판》이 종합명제들에 대해 제시한 정의, 즉 종합명제들은 그 명제의 술어가 주어[로 쓰이는] 개념 속에서 실제로 생각된 것 이상의 것을 포함하는 그런 명제들이라는 정의, 다른 말로 하자

면 종합명제는 그 명제의 술어에 의해 주어에 포함되어 있지 않았던 어떤 것이 주어의 사유에 부가되는 그런 명제들이며, 명제의 술어가 바로 이런 판단들의 주어[로 쓰이는] 개념 속에서 생각된 것과 동일한 것만을 포함하는 명제들은 분석적이라는 정의에 반대하여 아무것도 할 수 없을 것이다. 그런데 첫 번째 종류의 명제들이 선천적 명제들이라면, 이 명제들의 술어는 (판단의 주어의) 속성일 수 있거나 누군가 알고 있는 다른 어떤 것일 수도 있겠지만, 그렇다고 해도 에버하르트가 수행한 것처럼 이런 술어[속성]가 주어에 관해 매우 교훈적인 방식으로 증명된다 할지라도, 이 규정은 정의에 등장해서도 안 되며 게다가 등장할 수도 없다. 이것은 정의가 이루어진 후에야 비로소 등장해야 하는, 이런 종류의 판단들에 의한 사물들의 인식가능성의 연역에 속한다. 그러나 그는 이 정의가 이해 불가능하다고 생각한다, 즉 너무 넓거나 너무 좁다고 생각한다. 왜냐하면 이 정의는 그런 판단들의 술어에 관한 그의 이른바 더 상세한 규정에 맞지 않기 때문이다.

매우 명백하고 단순한 사태를 가능한 한 극심한 혼란에 빠뜨리기 위해 에버하르트는 갖가지 수단들을 사용하지만, 이 수단들은 그의 의도에 완전히 반하는 영향을 행사한다.

308쪽에서 "형이상학 전체는 칸트가 주장하듯 순전히 분석판단들만을 포함한다"고 말하면서 자신의 무리한 주장의 증거로서 《서언들》(33쪽)[26]에서 한 구절을 인용한다. 그는 마치 내가 이것을 형이상학 전반에 관해 주장한 것처럼 말하지만, 그러나 이 구절에서 문제가 되는 것은 그 명제들이 타당한 증명에 의거하는 한에서의 이제까지의 형이상학이다. 왜냐하면 형이상학 자체에 관해 《서언들》의 36쪽에서 "실제로 형이상학적 판단들은 전부 종합적"[27]이라고 주장하기 때문이다. 그러나 또한 지금까지의 형이상학에 대해서도 《서언들》의 인용된 구절 바로 뒤에서 "지금까지의 형이상학은 또한 종합명제들도 제시하는데, 이 명제들은 우리가 형이상학에 기꺼이 승인한 명제들이지만, 지금까지의 형이상학이 결코 선천적으로 증명하지 못했던 것들이다"고 주장한다. 따라서 언급된 구절에서 주장하는 것은 지금까지의 형이상학이 종합명제들을 전혀 포함하지 않으며 또한 이런 명제들 중 전적으로 참인 (다시 말해 가능한 경험의 원리들인) 명제들을 포함하지 않는다는 것이 아니라(왜냐하면 지금까지의 형이상학은 지나칠 정도로 많은 종합명제들을 가지고 있기 때문이다), 오히려 단지 지금까지의 형이상학은 이런 명제들을 선천적인 근거들로부터 증명하지 않았다는 것이며, 그리고 또한 이런 나의 주장을 반박하려면, 에버하르트는 단지 이런 종류의 명증적으로 증명된 명제를 제시해야 할 필요가 있다는 것이다. 왜냐하면 잡지의 163-164쪽에서 증명된 충분한 근거의 원칙은 나의 주장을 정말로 반박하지는 못하기 때문이다. 마찬가지로 314쪽의 "내가 수학이 선천적 종합판단들을 포함하는 유일한 학문이라고 주장했다"는 말 역시 꾸며 낸 것이다. 그는 내가 이런 주장을 하고 있다고 생각되는 구절을 인용하지 않았지만, 그러나 '어떻게 순수 자연과학이 가능한가?'라는 선험적인 주요 질문의 두 번째 부분(《서언들》의 71쪽에서 124쪽까지)[28]은 내가 오히려 장황하게 정반대의 것을 주장했다는 것을, [-] 그가 바로 이와 정반대되는 주장을 보고 싶어 하지 않았다 해도 [-] 그에게 확실히 명백하게 보여 주었을 것이다. 318쪽에서 그는 "수학의 판단들을 제외한다면 모든 경험 판단들은 종합적"이라는 주장이 내 주장이라고 하지만, 그러나 《비판》은 (초판의 158-235쪽) 형이상학적이며 실제로 종합적인 원칙들의 전 체계의 표상을 제시하며, 이를 선천적 증명들에 의해 명백하게 해명한다. 나의 주장은 이 원칙들은 그렇지만 오직 경험의 가능성의 원리들이라는 것이었는데, 그는 이런 주장으로부터 이 원리들은 단지 경험 판단들이라는 주장을 만들어 내며, 따라서 내가 경험의 근거라고 부른 것으로부터 경험의 결과를 만들어 낸다. 이처럼 《비판》으로부터 그의 손에 들어온 모든 것은 훼손되고 망가져서 잠시 잘못된 조명 아래 드러나게 된다.

자신의 반대 주장들에 매여 있지 않기 위해 부린 또 다른 잔재주는 그가 이런 주장들을 매우 일반적인 말로, 그리고 할 수 있는 한 추상적으로 설명하며 또한 그가 이런 주장으로써 원하는 것이 무엇인지 확실하게 알 234 아차릴 수 있게 해 주는 실례를 대지 않으려 조심하는 것이다. 그래서 그는 318쪽에서 속성들을 선천적으로 인식되는 것들이나 후천적으로 인식되는 것들로 구분하고, 내가 종합판단들을 "순전히 전적으로 필연적이지는 않게 참인 것들로 이해하고 있으며, 판단의 필연적인 술어들이 단지 인간의 지성에 의해 후천적으로만 인식될 수 있는 그런 종류의 후자의 판단들이 전적으로 필연적으로 참인 것들인" 것처럼 보였다고 주장한다. 이에 반해 내가 보기에 이 말에 의해 그가 실제로 주장했던 것과는 다른 것이 주장된 것 같다. 왜냐하면 만일 여기 있는 그대로라면, 그 속에는 명백한 모순이 있기 때문이다. 단지 후천적으로 인식되지만 그럼에도 불구하고 필연적인 것으로 인식되는 술어들은, 312쪽에 따르면, 우리가 "주어의 본질로부터 이끌어 낼 수 없는" 그런 종류의 속성들과 마찬가지로, 에버하르트 자신이 위에서 제공한 후자[속성들]에 관한 설명에 따르면, 전혀 생각될 수 없는 것들이다. 그런데 이런 주장들에 의해 어떤 것이 이해되며, 또한《비판》이 종합판단들에 관해 제공했던 정의들의 사용가능성에 반대하여 거의 이해 불가능한 이런 구분에서 에버하르트가 끌어낸 비난에 답해야 한다면, 그는 매우 기이한 종류의 앞서의 속성들에 대해 적어도 하나의 실례를 제시해야만 할 것이지만, 그러나 이렇게 한다 해도 내가 어떤 의미도 갖고 있지 않다고 생각하는 비난을 반박할 수는 없다. 그는 그가 할 수 있는 한 형이상학으로부터 실례들을 끌어대려 하지 않으며 가능한 한 수학으로부터 나온 실례들을 고집하는데, 이런 실례들을 가지고 그는 완전히 자신의 관심에 따라 진행해 나간다. 왜냐하면 그는 지금까지의 형이상학은 선천적 종합명제들을 전혀 증명하지 못했다는(왜냐하면 지금까지의 형이상학은 이런 명제들을 사물들 자체에 대해 타당한 것으로 보고 개념들로부터 증명하고자 했기 때문이다) 호된 비난을 피하고 싶어 했으며, 그래서 또한 수학의 명제들은 선천적 직관을 밑바탕에 두고 있기 때문에 엄밀한 증명에 기초하고 있으므로 언제나 수학으로부터 실례들을 선택하기 때문이다. 그러나 에버하르트는 동시에 자신의 인식을 우리에게 가능한 어떤 직관도 대응하지 않는 초감성적인 것에까지 확장하려는 모든 희망을 포기하지 않으려 하며, 그렇게 해서 심리학과 신학이라는 풍성한 열매를 약속하는 땅을 경작하지 않은 채 내버려 두지 않으려 한다면, 그는 앞서의 선천적 직관을 모든 선천적 종합명제들의 가능성의 본질적 조건으로 간주되도록 할 수는 없다. 따라서 우리가 이런 논쟁거리를 해명하려는 그의 통찰이나 의도에 특히 동의할 수 없다 해도, 단지 겉으로나마 유리해 보이는 것은 무엇이든 이용하는 그의 현명함에 대해서는 공평한 태도를 취해야 한다.

235 에버하르트가 정말 우연히 형이상학으로부터 나온 실례에 마주치는 일이 생긴다면, 그는 이 실례 때문에 언제나 불운을 겪으며 그렇게 해서 더욱이 그가 이런 실례에 의해 증명하고자 했던 것과는 정반대의 것을 증명하게 된다. 위에서 그는 모순율 이외에도 사물들의 가능성에 관한 또 다른 원칙이 있어야만 한다는 것을 증명하고자 했지만, 그럼에도 또한 이 원칙은 모순율로부터 추론되어야 한다고 주장하며, 실제로도 모순율로부터 이 원칙을 이끌어 내려고 시도한다. 그런데 319쪽에서 그는 "필연적인 모든 것은 영원하며, 필연적으로 참인 모든 것은 영원히 참이다"는 명제는 명백히 종합명제이지만 그럼에도 선천적으로 인식될 수 있다"고 말한다. 그러나 이 명제는 명백히 분석명제이며 또한 우리는 이런 예로부터 에버하르트가 철두철미하게 이해하고 있다고 큰소리쳤던, 명제들의 구분에 관해 그가 늘 얼마나 비비 꼬아서 이해하고 있었는지 충분히 통찰할 수 있다. 왜냐하면 그는 참인 것을 시간에서 현존하는 [–] 그 현존이 영원하거나 아니면 특정 시간 지속되는 [–] 특수한 것으로 간주하고 싶어 하지는 않을

것이기 때문이다. 모든 물체들은 연장된 것이다라는 명제는, 물체들이 현존하든 현존하지 않든, 잠시 현존하든 오래 현존하든 또는 모든 시간에 걸쳐서, 즉 영원히 현존하든, 필연적으로 그리고 영원히 참이다. 이 명제는 단지 그것들[물체들]은 (어떤 시간에 이루어져야 할) 경험에 의존하지 않으며 따라서 시간 조건에 제약되어 있지 않다는 것만을, 즉 그것들은 선천적으로 참인 것들로 인식될 수 있다는 것만을 주장하는데, 이것은 그것들이 필연적으로 참인 것으로 인식될 수 있다는 명제와 완전히 동일하다.

325쪽에 인용된 실례의 경우에도 사정은 매한가지인데, 여기서 그는 "나는 어떻게 사람들이 형이상학에서 모든 종합판단들을 박탈하려고 하는지 알 수 없다"고 주장하고 있기 때문에, 이 실례는《비판》의 명제들을 인용할 때 에버하르트가 얼마나 정확한가를 보여 주는 실례임에 틀림없다. 그런데《비판》은 이런 일을 하기보다는 오히려 (이미 앞에서 말한 것처럼) 참인 원칙들인 이런 판단들의 전체적이며 실제로 완전한 체계를 제시했지만, 다만《비판》은 동시에 이 원칙들은 모두 단지 (경험의 가능성의 조건인) 직관의 다양한 것의 종합적 통일만을 나타내며, 따라서 또한 직관에 주어질 수 있는 한에서의 대상들에만 적용가능하다는 것을 보여 주었다. 그런데 형이상학이 이런 명제들을 증명할 경우에라는 조심스러운 제한과 함께 선천적 종합명제들에 관해 그가 인용한 형이상학적 실례는 "모든 유한한 사물들은 변화하며, 또한 무한한 사물들은 불변한다"는 것인데, 이 두 명제들은 모두 분석적이다. 왜냐하면 그것의 규정들이 시간에서 잇따를 수 있는 것은 실제로, 즉 현존과 관련해서 변화하는 것이며, 따라서 236
오직 시간 안에서만 현존할 수 있는 것이 변화한다. 그러나 이 조건은 유한한 (실재성을 모두 가지고 있지 않은) 사물 전반에 대한 개념과 필연적으로 결합되지 않으며, 오히려 다만 감각적 직관의 대상인 사물과 결합되어 있다. 그런데 에버하르트는 자신의 선천적 명제들이 이런 후자의 조건에서 독립해 있다고 주장하고 싶어 했기 때문에, 유한한 모든 것은 그 자체로서 (즉 그 자신의 순전한 개념에 의해, 따라서 또한 지성체로서) 변화한다는 그의 주장은 거짓이다. 그러므로 '유한한 모든 것은 그 자체로 변화한다'는 명제는 단지 개념의 규정으로부터, 따라서 논리적으로 이해되어야만 한다. 왜냐하면 이 경우에 '변화하는'이라는 말은 개념에 의해 철저히 규정되지 않은 것을, 따라서 갖가지 대립적인 방식으로 규정될 수 있는 것을 의미하기 때문이다. 그러나 이 경우 '유한한 사물들, 즉 가장 실재적인 것을 제외한 모든 사물들은 논리적으로 (우리가 이런 사물들에 관해 형성할 수 있는 개념과 관련해서만) 변화한다'는 명제는 분석명제일 것이다. 왜냐하면 '나는 유한한 사물을 실재성을 모두 가지고 있지 않은 것이라고 생각한다'고 말하는 것과 '유한한 사물이라는 개념에 의해서는 그 사물에 내가 어떤 실재성을 혹은 얼마나 많은 실재성을 부여해야 하는지가 결정되어 있지 않다'고, 다시 말하자면 '나는 이 사물에 한 번은 이것을, 다른 한 번은 저것을 부여할 수 있으며, 또한 이런 사물의 유한성에 대한 개념을 건드리지 않고도 이 사물의 규정을 다양한 방식으로 변화시킬 수 있다'고 말하는 것은 완전히 같은 것이기 때문이다. 바로 이와 동일한 방식으로, 다시 말해 논리적으로, 무한한 존재자는 불변한다. 왜냐하면 만일 무한한 존재자가 그 개념 덕분에 오직 실재성만을 술어로 가질 수 있는 그런 존재자를, 따라서 그 개념에 의해 이미 철저하게 (말하자면 우리가 그것이 참으로 실재하는지 그렇지 않은지를 확실하게 알고 있는 그런 술어들에 관해) 규정된 존재자를 의미한다면, 그 개념을 건드리지 않고는 이 존재자의 어떤 술어의 자리에도 다른 술어가 대신 들어설 수 없는데, 그러나 여기서 또한 동시에 이 명제는 모순율에 의거하여 명제의 주어로부터 전개될 수 있는 술어 이외에 어떤 다른 술어도 주어에 부가하지 않는
237 순전한 분석명제라는 것이 밝혀지기 때문이다.[15] 만일 우리가 객관적 실

15. 순전히 논리학에 속하지만 표현이 애매모호하기 때문에 짐짓 형이상학에 속하는 것인 양 슬며시 끼어들어서, 분석적인 것임에도 불구하고 종합적인 것으로 간주되는 그런 명제들에는

재성은 전혀 문제로 삼지 않고 순전한 개념들만을 가지고 장난친다면, 직관을 필요로 하지 않고도 매우 쉽게 학문을 눈속임으로 확장할 수 있을 것이지만, 우리가 객관에 대한 증가된 인식을 목표로 하자마자 사태는 완전히 달라진다. 또한 이런 순전히 겉보기만의 확장에 속하는 명제로는 다음의 명제가 있다. (앞서의 형이상학적 의미에서 취해진) 무한한 존재자는 그 자체로 실제로 변화하지 않는다, 즉 이런 존재자에서 규정들은 시간에서 잇따르지 않는다. (왜냐하면 순전한 지성체인 이런 존재자의 현존은 모순 없이 시간에서 생각될 수 없기 때문이다.) 이 명제는 우리가 현상체들인 사물들의 형식적 직관들인 시간과 공간에 관한 종합적 원리들을 전제할 경우, 또한 마찬가지로 순전한 분석명제일 뿐이다. 왜냐하면 이 명제는 가장 실재적인 존재자라는 개념은 현상체에 대한 개념이 아니다라는《비판》의 명제와 동일하며, 또한 이 명제는 종합명제로서 무한한 존재자에 대한 인식을 전혀 확장시키지 않고, 오히려 개념에서 직관을 박탈함으로써 개념에서 모든 확장을 배제하기 때문이다. — 게다가 에버하르트가 위에서 언급

또한 '사물들의 본질들은 불변한다, 즉 우리는 사물들이라는 개념 자체를 동시에 제거하지 않고는 이 개념에 본질적으로 속하는 어떤 것도 변경할 수 없다'는 명제가 속한다. 이것은 바움가르텐의《형이상학》§132[29]에, 더 자세히 말하자면 변화하는 것과 불변하는 것에 관한 장에 [─] 여기서 변화는 (정당하게) 사물의 서로 잇따르는 규정들의 현존(규정들의 잇따름)에 의해, 따라서 시간에서의 이런 규정들의 연속에 의해 설명된다 [─] 있는 명제로서, 마치 이 명제에 의해 (여기서는 특히 시간에서의 현존이 문제가 되기 대문에) 감관들의 대상들에 관한 우리의 개념을 확장하는 자연의 법칙이 설명되는 것처럼 들린다. 그러므로 학생들 역시 이를 통해 무엇인가 중요한 것을 배웠다고 믿으며, 또한 예를 들어 사물들의 본질들은 불변한다고 주장함으로써 규토는 아마 점차 반토로 변화될 수 있을 것이라는 몇몇 광물학자들의 의견을 간단하고 확실하게 폐기시킨다. 그러나 이런 형이상학적 금언은 사물들의 현존 및 이 사물들의 가능한 혹은 불가능한 변화들과는 전혀 관계하지 않으며, 오히려 전적으로 논리학에 속하는 보잘것없는 동일명제인데, 어차피 아무도 부정할 생각조차 할 수 없는 것을, 말하자면 내가 하나의 동일한 객관에 관한 개념을 유지하고자 한다면, 나는 이 개념에서 아무것도 변경해서는 안 된다는 것을, 즉 내가 이 개념에 의해 생각한 것과 정반대의 것을 이 개념의 술어로 사용해서는 안 된다는 것을 엄격하게 가르친다.

된 명제들을 제시하면서 "형이상학이 이 명제들을 증명할 수 있을 경우에"라는 말을 조심스럽게 덧붙인다는 사실에 주목해야 한다. 형이상학이 마치 종합명제들을 동반하는 것처럼 속이곤 했던, 이 명제들의 증명 근거를 나는 곧바로 함께 제시했으며, 또한 이 증명 근거는 (불변하는 것이란
238 규정들처럼) 단지 (개념의) 논리적 본질과 관련하여 특정한 의미를 가지는 규정들을 나중에 완전히 다른 의미에서 실재적 본질(객관의 본성)에 관해 사용할 수 있게 해 주는 유일하게 가능한 증명 근거다. 그러므로 독자는 유보적인 답변(이것은 결국 개념을 사태로 간주하는 친애하는 바움가르텐에게로 귀결될 것이다)에 의해 지체할 필요가 없으며, 이 자리에서 스스로 판단할 수 있을 것이다.

우리는 이 장의 논의 전체로부터 에버하르트가 선천적 종합판단들을 전혀 이해하지 못했거나, 아니면, 이게 더 그럴듯한데, 독자가 명확하게 파악할 수 있는 것에 대해 의심하도록 이 개념을 고의로 헷갈리게 만들려 했다는 것을 알 수 있다. 정확히 살펴보면 분석적인 것임에도 불구하고 그가 기꺼이 종합적인 것처럼 슬그머니 넘어가게 만들고 싶어 했던 두 개의 유일한 형이상학적 실례들은 "필연적으로 참인 것들은 모두 영원하며(여기에 그는 마찬가지로 '불변하는'이라는 말을 사용할 수도 있었을 것이다), 필연적인 존재자는 불변한다"는 것이다.《비판》이 그에게 진정으로 종합적인 많은 실례들을 제시해 주었음에 비해 이런 실례들이 매우 형편없는 것이라는 점은 매우 잘 설명될 수 있다. 그의 관심거리는 그가 순전한 주어[로 쓰이는] 개념으로부터 나온 주어의 속성들로 증명할 수 있었던 술어들을 자신의 판단들을 위해 가지는 것이었다. 그러나 술어가 종합적이라면, 이것은 문제가 되지 않기 때문에, 그는 형이상학에서 이미 일상적으로 가지고 장난쳤던 [–] 이 술어를 한 번은 단순히 주어[로 쓰이는] 개념과의 논리적 관계에서 고찰하고, 다른 한 번은 대상과의 실재적인 관계에서 고찰하면서도, 그럼에도 그 안에서 오직 하나의 의미만을 발견했다고 생각했던 [–]

그런 술어를 찾아내야만 했는데, 그것은 '불변하는'과 '변화하는'이라는 개념으로서, 이 술어는, 우리가 그 주어의 현존을 시간 안에 정립한다면, 물론 주어의 속성과 종합명제를 제공하지만, 그러나 그 경우 단지 현상체들이라 할지라도 사물 자체와 감각적 직관을 전제하는데, 이런 것을 종합판단들의 조건으로 가정하는 것은 그에게 전혀 어울리지 않는 일이었다. 그런데 '불변하는'이라는 술어를 (현존하는) 사물들에 대해 타당한 것으로 사용하는 대신에 그는 이 술어를 사물들에 대한 개념들에 사용한다. 왜냐하면 그 경우에만 실제로 불변성은 필연적으로 어떤 특정한 개념에 [-] 이 개념 자체에 어떤 대상이 대응하든 아니면 그 개념이 공허한 개념이든 [-] 속하는 모든 술어들의 속성이기 때문이다. — 앞에서 그는 이미 근거의 원칙을 가지고 동일한 장난을 쳤다. 우리는 그가 선천적으로 사물에 관해 어떤 것을 규정하는 형이상학적 명제를 진술하고 있다고 생각해야 하지만, 이 명제는 하나의 판단이 명제이기 위해서는 이 판단은 순전히 가능한 것(미정인 것)으로뿐만 아니라 동시에 (분석적이든 종합적이든 그것은 매한가지인데) 근거 지워진 것으로 표상되어야 한다는 것 이상을 말하고 있지 않은 순전히 논리적 명제일 뿐이다. 인과성이란 형이상학적 원칙도 그에게 떠올랐지만, 그러나 이 원칙을 언급하지 않으려 조심한다. (왜냐하면 그가 후자[인과성의 원칙]에 관해 제시한 실례는 모든 종합판단들의 이른바 최상의 원칙의 보편성에 적합한 것이 아니기 때문이다.) 그 이유는 그가 전적으로 분석적이며 사물들의 모든 성질을 도외시한 논리적 규칙을 형이상학이 문제로 삼는 자연 원칙인 양 슬쩍 끼워들게 하고 싶어 했기 때문이다. 239

에버하르트는 독자가 이런 속임수를 결국 간파해 내지 않을까 걱정했으며, 그래서 독자가 이런 속임수를 전혀 알아차리지 못하도록 하기 위해, 이 장의 마지막에(331쪽) "어떤 명제가 분석명제인지 종합명제인지에 대한 논쟁은 논리적인 참에 관해 보면 사소한 논쟁에 불과하다"고 주장한다. 그러나 소용없는 일이었다. 평범한 상식에 이 문제가 명백하게 제시되자마자, 상식은 이 문제를 꽉 움켜쥘 것이 분명하다. 내가 주어진 개념 너머로 나의 인식을 확장시킬 수 있다는 것을 나는 점점 확대되어 가는 경험에 의해 나의 지식들이 매일 증가한다는 것에 의해 알 수 있다. 그러나 만일 누군가가 내가 주어진 개념들을 넘어서서 또한 경험 없이도 나의 인식을 증가시킬 수 있다고, 즉 선천적으로 종합적으로 판단할 수 있다고 주장하면서, 이에 덧붙여서 이를 위해서는 개념들을 가지는 것 이상의 것이 반드시 필요하며, 내가 개념들 속에서 이미 생각한 것 이상을 실제로 부가하기 위한 근거가 또한 여기에 속한다고 말한다면, 그가 나에게 내가 선천적으로 사물에 관한 개념에 속하기는 하지만 그럼에도 불구하고 개념 속에 포함되어 있지는 않다고 생각한 그 이상의 것은 속성이라고 생각해야 하기 때문에, 내가 나의 개념을 넘어서서 이 개념 속에 놓여 있는 것 이상을 말하기 위해서는 또한 어떤 하나의 근거를 가져야 한다는 명제는 인식의 확장을 위해 충분한 원칙이라고 주장할 경우, 그를 비웃을 것이다. 왜냐하면 나의 개념에 본질적으로 고유한 것이며 또한 내가 이미 알고 있는 것 이외에도 속성으로서 필연적으로 하나의 사물에 속해 있지만, 그 사물에 대한 개념에는 포함되어 있는 않은 다수의 것들을 나에게 알려 주는 이 근거가 도대체 어떤 근거인지 알고 싶기 때문이다. 그런데 나는 경험에 의한 나의 인식의 확장은 경험적인 (감관들의) 직관에 의존하며, 이런 직
240 관에서 나는 나의 개념에 대응하는 많은 것을 만나지만, 그러나 또한 이 개념 속에서 아직 사유되지는 않았지만 이 개념과 결합되어 있는 많을 것을 배울 수 있다는 것을 안다. 나의 개념을 넘어서는 인식의 확장이 선천적으로 발생해야 한다면, 아까의 경우 경험적 직관이 필요했던 것과 마찬가지로 이를 위해서는 순수한 선천적 직관이 필요하다는 것을 누군가가 나에게 제시한다면, 나는 이것을 쉽게 파악할 수 있지만, 다만 이런 직관을 어디서 발견할 것이며 이런 직관의 가능성을 어떻게 설명해야 할지 당황스러울 뿐이다. 이제 《비판》은 나에게 경험적인 모든 것, 혹은 시간과 공

간 안의 실제로-감각가능한 모든 것을 제거하라고, 즉 경험적 표상과 관련하여 모든 사물들을 폐기하라고 지시하는데, 그렇게 함으로써, 마치 개별적인 존재자들처럼 시간과 공간이 남아 있는 것을 발견하는데, 이 시간과 공간에 대한 직관은 시간과 공간 안의 사물들 및 사물들에 대한 개념들에 선행하며, 이런 근원적인 표상 방식이 어떤 성질을 가지든 나는 이것들을 언제나 사물들 자체의, 즉 모든 감각적 직관의 객관들의 형식들이 아니라 (순전히 감성에 의한 표상들의 명확성의 결여로서가 아니라), 나의 감성의 순전한 주관적인 (그렇지만 적극적인) 형식들로, 따라서 순전한 현상들의 형식들로 생각해야만 한다. 이를 통해 나는 이런 선천적 직관들이 인식의 확장을 가능하게 하며, 이런 직관의 객체를 사유하기 위해 지성이 언제나 직관의 다양한 것에 제공해야 하는 종합적 통일은 이런 확장을 현실적인 것으로 만들기 때문에, 어떻게 수학에서뿐만 아니라 자연과학에서도 선천적 종합판단이 가능한지를 명확하게 알게 될 뿐만 아니라, 또한 동시에 지성은 자신의 편에서는 직관할 수 없기 때문에 이런 선천적 종합명제들은 감각적 직관의 한계를 넘어서 추구될 수 없다는 것도 깨달게 될 것이 분명하다. 왜냐하면 이런 영역을 넘어서 있는 모든 개념들은 공허하며, 그것들에 대응하는 대상 없이 있을 것이 틀림없지만, 이런 인식들에 도달하려면, 나는 감관들의 대상들에 대한 인식을 위해 사용하는 저장품 중에서 이런 인식에서는 결코 제거되어서는 안 되는 몇 가지 것을 제거해야 하거나 또는 다른 것을 그것이 마치 이것과는 전혀 결합될 수 없는 것처럼 그렇게 결합해야 하며, 이렇게 해서 그 안에 모순이 없음에도 불구하고 내가 그것들에 도대체 하나의 대상이 대응할 수 있는지 아닌지의 여부를 결코 알 수 없으며, 따라서 나에게는 완전히 공허한 그런 개념들을 감히 형성하려고 해야 할 것이기 때문이다.

그런데 만일 독자가 여기서 이야기된 것을 316쪽부터 에버하르트가 종합판단들에 대한 자신의 설명에 관해 자랑했던 것과 비교해 본다면, 우 241

리 둘 중 누가 사태에 대한 인식이 아니라 공허한 잡동사니 말들을 공공연히 늘어놓았는지 스스로 판단할 수 있을 것이다.

게다가 316쪽에 의하면 종합판단들은 영원히 참인 경우에는 주어의 속성들을, 시간적으로 참인 경우에는 우연적인 성질들이나 관계들을 그 술어들로 가진다는 것이 이런 판단들의 특성이며, 그리고는 또한 317쪽에서 그는 이런 특성과 317쪽의 매우 풍요롭고 가장 명백한 이런 구분 근거에 의거하여, 《비판》이 종합판단들에 관해 제공한 생각, 즉 종합판단들이란 그 원리가 모순율이 아닌 판단들이라는 생각과 비교한다! "그렇다면 어떤 원리이지?"라고 에버하르트는 불쾌한 듯 묻고는, 곧이어 (이른바 라이프니츠의 저서들에서 끌어낸) 자신의 발견을, 즉 분석판단들이 축으로 삼아 도는 모순율과 나란히, 인간의 지성이 그것도 종합판단들에서 축으로 삼아 도는 두 번째 지도리인 근거의 원칙을 거론한다.

그런데 내가 지성 비판의 분석적 부분의 결과로 짧게 요약해서 제시했던 것으로부터, 지성 비판은, 종합판단들에 대한 정의로부터 필연적으로 귀결되는 종합판단들 전반의 원칙을 필요한 만큼 상세하게 설명하고 있다는 것을, 다시 말해 종합판단들은 판단의 주어[로 쓰이는] 개념 밑에 놓여 있는 직관이라는 [–] 만일 종합판단들이 경험 판단들이라면 경험적 직관이지만, 판단들이 선천적 종합판단들이라면 선천적인 순수 직관이라는 [–] 조건 아래에서만 가능하다는 것을 알 수 있다. 단지 인간의 이성 사용의 한계를 규정하기 위해서뿐만 아니라 우리의 감성의 진정한 본성을 통찰하기 위해 이 명제가 어떤 결과들을 가지고 있는지를(왜냐하면 이 명제는 공간 표상과 시간 표상을 이끌어 내는 것에 의존하지 않고 증명될 수 있으며, 그렇게 해서 우리가 시간 및 공간의 내적 본성으로부터 그것들의 관념성을 추론해 내기 이전에 이미 시간과 공간의 관념성을 증명하기 위해 사용될 수 있기 때문이다) 모든 독자는 쉽게 통찰할 것이 분명하다.

이제 이것을 선천적 종합명제들의 본성에 대한 에버하르트의 규명에

동반되는 억지 원칙과 비교해 보자. "선천적 종합명제들은 주어[로 쓰이
는] 개념에 관해 주어의 속성들을" 즉 필연적이지만 단지 결과로서만 주어
에 속하는 그런 것들을 "진술하는 명제들이며", 그리고 또한 이런 속성들
은 그 자체로 보자면 근거에 관계하는 것이기 때문에, 이런 속성들의 가
능성은 근거의 원칙에 의해 파악된다. 그러나 이제 우리는 종합판단의 술
어의 이 근거가 모순율에 의거하여 주어 안에서 찾아져야 하는지(이 경우 242
판단은 근거의 원칙에도 불구하고 언제나 단지 분석적일 것이다) 아니면
모순율에 의거하여 주어[로 쓰이는] 개념으로부터 이끌어 낼 수 없는 것
인지 [–] 이 경우 속성만이 종합적이다 [–] 에 대해 정당하게 묻는다. 따라
서 속성이라는 명칭뿐만 아니라 충분한 근거의 원칙도 종합판단들을 분
석판단들로부터 구분해 주지 않으며, 만일 종합판단들이 선천적 판단들
을 의미한다면, 이런 명칭만으로는 그런 판단들의 술어가 필연적으로 주
어[로 쓰이는] 개념의 본질 속에 어떤 방식으로든 근거 지워진 것이지만, 따
라서 속성이지만 그러나 순전히 모순율에 의한 것만은 아니라는 것 이상
을 주장할 수 없다. 그러나 이 술어는 주어[로 쓰이는] 개념의 분해에 의해
주어[로 쓰이는] 개념으로부터 끌어낼 수 없기 때문에, 어떻게 이 술어가
종합적 속성으로서 주어[로 쓰이는] 개념과 결합되는지는 속성의 개념으
로부터 그리고 또한 '그런 술어의 근거가 있다'는 명제로부터 밝혀지지 않
으므로, 따라서 에버하르트의 규명은 완전히 공허하다. 그러나 《비판》은
이런 가능성의 근거를 명백히 제시한다, 즉 이것은 주어[로 쓰이는] 개념
밑에 놓여 있는 순수 직관임에 틀림없으며, 이런 직관에서 그리고 이런 직
관에서만이 종합적 술어를 선천적으로 개념과 결합하는 일이 가능하다.

여기서 결정적인 것은 논리학은 '어떻게 선천적 종합명제들이 가능한가?'라는 질문에 대해 전혀 아무런 정보도 제공할 수 없다는 것이다. 만일 논리학이 '너희들의 개념의 본질을 형성하는 것으로부터 이를 통해 충분히 규정된(이 경우에는 속성들이라고 불리게 될) 종합적 술어들을 이끌어

내라'고 말하고자 한다면, 우리는 전보다 더 나아간 게 없을 것이다. 나의 개념을 가지고 이 개념을 넘어서 나아가며 그리고 이 개념 속에서 생각되었던 것 이상의 것을 이 개념에 대해 말하기 위해 어떻게 시작해야 하는가? 만일 논리학이 하듯이 우리가 순전히 지성의 측면에서만 인식의 조건들을 고려한다면, 그 과제는 결코 해결되지 않는다. 감성이, 더 자세히 말하자면, 선천적 직관의 능력인 감성이 여기서 함께 고려되어야 하며, 논리학이 (당연히 그래야 하듯 개념들의 모든 객관들을 추상함으로써) 개념들에 관해 행한 분류들에서 위로를 찾았다고 잘못 생각하는 사람은 공들이고 노력한 것을 잃어버리게 될 것이다. 이에 반해 에버하르트는 이런 의도에서 그리고 그가 속성들이라는 개념(그리고 오로지 이런 속성들에 속하는 선천적 종합판단들의 원칙, 즉 충분한 근거의 원칙)으로부터 가져온
243 표식에 따라 논리학을 선험철학의 모호한 문제들의 해명을 위해 많은 것을 약속하는 매우 풍성한 것이라고 평가하며, 이렇게 해서 그는 더 나아가 322쪽에서 논리학을 위해 판단들의 새로운 분류표를 기획하는데(그러나 《비판》의 저자는 그곳에서 그에게 할당된 자리를 거절한다), 그를 이렇게 하도록 유도한 것은 야콥 베르눌리Jakob Bernoulli의 320쪽[30]에 인용된 이른바 판단들의 새로운 분류이다. 이런 종류의 논리적 발명에 대해 사람들은 아마도, 이미 언젠가 식자층의 신문에서 이야기된 것처럼, '유감스럽게도 헛되도다! 새로운 온도계가 다시 발명되었구나'라고 말할 수 있을 것이다. 왜냐하면 우리가 구분의 확고한 두 점, 즉 물의 빙점과 비등점만으로도 만족하고, 이 두 점들 중 한 점에 있는 온도가 절대 온도와 맺는 관계를 규정할 수 없이 지내는 한, 중간 영역이 80도나 100도 등등으로 구분되는지의 여부는 아무래도 좋기 때문이다. 따라서 주어[로 쓰이는] 개념 자체로부터 전개되어 나올 수 없는 (종합적이라고 이해된) 속성들이 도대체 어떻게 주어의 필연적인 술어가 될 수 있는지(322쪽, I, 2) 또는 더 나아가 속성들이 그 자체로서 어떻게 주어와 함께 수용될 수 있는지에 대해

일반적으로 가르침을 받지 못하는 한, 판단들의 가능성을 동시에 제시해 준다고 하지만 물론 이런 일을 거의 할 수 없는 앞서의 모든 체계적인 분류는 기억에 전혀 쓸모없는 짐이 될 뿐이며, 또한 (에버하르트가 매우 모순되게 비본질적 판단들이라 부른) 선천적 종합판단들의 순전한 이념이 전혀 논리학에 속하지 않는 것과 마찬가지로, 논리학의 어떤 최신 체계에도 자리 잡기 어려울 것이다.

마지막으로 에버하르트에 의해 그리고 또한 다른 사람들에 의해 제기된 주장인 종합판단들과 분석판단들의 구별은 새로운 것이 아니라 이미 오래전부터 알려져 있던 (짐작컨대 중요하지 않기 때문에, 단지 소홀하게 다루어져 왔던) 것이라는 주장에 대해 살펴보자. 참인 것에 관계하는 사람이 특히 적어도 지금까지 시도되지 않았던 방식의 구별을 사용할 때, 이 구별이 이미 누군가에 의해 이루어진 것은 아닌지는 그에게 거의 중요하지 않을 것이며, 또한 학문들에서 새로운 모든 것이 [–] 그것에 반대하여 아무것도 제기될 수 없다 해도 [–] 적어도 이미 오래전에 고대인들에게는 알려져 있던 것으로 발견되는 일은 물론 이처럼 새로운 것이 겪는 일상적인 운명이다. 그러나 새로운 것이라고 제시된 설명으로부터, 만일 이런 설명이 이미 다른 곳에서 행해졌다면, 간과되었을 리 없을 정도로 명백히 중요한 결과들이 곧바로 눈에 띌 경우에도, 이런 구분이 올바른 것인지 혹은 중요한 것인지에 대한 회의는 생겨날 것이며, 이 회의는 이런 구분을
사용하는 데 방해가 될 수 있을 것이다. 그러나 이 구분이 의심 없이 정립 244
되고 동시에 또한 필연성이 [–] 이 필연성에 의해 이런 결과들이 스스로 강제된다 [–] 명백하다면, 우리는 이런 구분이 이루어진 적이 없다는 것을 매우 그럴듯한 것으로 가정할 수 있다.

그런데 '어떻게 선천적 인식이 가능한가'라는 물음은 이미 오래전부터, 특히 로크의 시대 이후로 제기되어 왔으며 다루어져 왔는데, 우리가 인식에서 분석적인 것과 종합적인 것의 구분을 명백히 깨닫자마자 이 일반적

인 질문을 특수한 질문으로, 즉 '어떻게 선천적 종합판단들이 가능한가'라는 질문으로 제한하는 것보다 더 자연스러운 것이 무엇이겠는가? 왜냐하면 이런 질문이 제기되자마자 형이상학의 성립과 몰락은 오직 후자의 과제가 해결되는 방식에 의거하고 있다는 것이 모든 사람에게 명백해지며, 또한 우리가 이 유일한 과제에 관해 충분한 정보를 얻을 때까지 우리는 형이상학과 관련된 모든 독단적인 수행을 확실히 중지했을 것이고, 그리고 또한 순수 이성 비판은 하나의 구호가 되었을 것이며, 그 앞에서 형이상학의 독단적 주장들의 매우 큰 나팔소리조차도 필적할 수 없었을 것이기 때문이다. 그런데 이런 일이 일어나지 않았기 때문에, 우리는 논의되는 판단들의 구별이 결코 적절하게 통찰된 적이 없었다고밖에 달리 판단할 수 없다. 또한 판단들의 술어들로부터 속성들을 주어의 본질적 부분 및 본질과 순전히 구분한 에버하르트처럼 이 구분을 평가하고 그렇게 해서 이런 구분을 논리학에 귀속시켰다면, 필히 이처럼 판단하게 된다. 왜냐하면 논리학은 결코 내용과 관련하여 인식의 가능성을 문제 삼지 않으며, 단지 논증적 인식인 한에서 인식의 형식만을 문제 삼지만, 그러나 대상들에 대한 선천적 인식의 기원을 탐구하는 일은 오로지 선험철학이 떠맡아야 하기 때문이다. 만일 언급한 구분이 분석판단들과 종합판단들이라는 용어들 대신에 동일판단들과 비동일판단들이라는 매우 잘못 선택된 용어들로 바뀌었더라면, 이 구분은 이런 통찰에 도달할 수도 확정적으로 사용될 수도 없었을 것이다. 왜냐하면 후자의 용어들에 의해서는 표상들의 이런 선천적인 결합가능성의 특수한 방식이 조금도 지시되지 않지만, 이에 대비하여 (분석판단과 대립하는) 종합판단이란 용어는 곧장 선천적 종합 전반을 암시해 주며, 또한 자연스럽게 더 이상 논리적인 것이 아니라 이미 선험적인 탐구를 유발할 것이 분명하기 때문이다. 선험적 탐구란 객관 전반에 대한 개념
245 을 위하여 (어떤 하나의 직관에서의) 다양한 것의 순순한 종합적 통일만을 말해 주며, 또한 선천적으로 모든 객관에 대한 인식의 밑바탕에 놓여 있는

개념들(범주들)이 있는지에 대한 것이며, 그리고 또한 이런 개념들은 단지 대상 전반에 대한 사유에 관계하는 것이므로, 그런 종합적 인식을 위해 이 개념들이 주어져야 하는 방식이, 즉 직관의 형식이 마찬가지로 선천적으로 전제되어 있지 않은지에 대한 것이다. 왜냐하면 이 경우 이런 문제들에 주목한다면, 다른 경우에는 아무런 쓸모도 없을 앞서의 논리적 구별은 필히 선험적 과제로 변형될 것이기 때문이다.

그러므로 《비판》이 처음으로 동일률이나 모순율에 전적으로 의존하는 판단들을 또한 다른 원칙을 필요로 하는 판단들과 구분하고 이를 종합판단들과 대립하여 분석판단들로 명명함으로써 이런 구분을 알아차릴 수 있게 만들었다면, 이것은 단순히 말치레에 불과한 것이 아니라 사태에 대한 인식에 한발 더 가까이 다가선 것이었다. 왜냐하면 주어진 개념 이외에도 술어들을 가지고 이 개념을 넘어갈 수 있도록 해 주는 어떤 것이 기체로서 또한 부가되어야만 한다는 것은 종합이라는 용어에 의해 명확하게 제시되며, 따라서 탐구는 인식 전반을 위한 표상들의 종합의 가능성으로 향하게 되는데, 이렇게 되어 곧바로 직관을, 그러나 선천적인 인식을 위해서는 순수 직관을 인식의 불가피한 조건들로 인정하지 않을 수 없었을 것인데, 그러나 이런 일은 종합판단들을 비동일판단들이라고 설명하는 것에 의해서는 기대할 수도 없으며 또한 결코 이로부터 귀결될 수도 없는 것이다. 이 점을 확실하게 하기 위해 우리는 언급된 구별이 이미 완전히 전개되어, 비록 다른 용어들로 표현되긴 했지만, 철학에서 알려져 있었다는 것을 증명하기 위해 지금까지 인용했던 실례들을 검사해 보아야 한다. (내 스스로, 그러나 단지 다소 유사한 것으로 인용했던) 처음의 실례는 로크[31]로부터 나온 예인데, 로크는 그가 명명한 함께 있음과 관계의 인식들을, 전자는 경험 판단들에서 후자는 도덕 판단들에서 제시하지만, 그러나 그는 일반적으로 판단들에서 종합적인 것에는 명칭을 부여하지 않았으며, 게다가 그는 동일성의 명제들을 이처럼 구분함으로써 선천적인 순수 인식 전반을 위한 보편적인 규칙을 조금도 이끌어 내지 못했다. 로이쉬Reusch[32]로부터 이끌어 낸 예는 완전히 논리학을 위한 것이며, 또한 객관들과 관련된 인식의 확장에는, 특히 선천적인 인식의 확장에는 신경도 쓰지 않고 단지 주어진 개념들에 명확성을 부여하는 상이한 두 가지 방식들만을 제시한
246 다. 크루시우스Crusius[33]로부터 이끌어 낸 세 번째 예는 단지 모순율에 의해서는 증명될 수 없는 형이상학적 명제들을 언급할 뿐이다. 따라서 누구도 이런 구별을 이성 전반의 비판을 위해 일반적으로 파악한 적이 없다. 왜냐하면 그렇지 않았다면, 선천적인 종합적 인식들을 매우 풍부하게 가진 수학이 위에서 가장 먼저 예로 제시되었어야 했으며, 순수 철학 및 (분석명제들은 충분히 풍부하게 가지고 있는 데 반해) 이런 종류의 명제들에 관련된 순수 철학의 빈곤과 수학의 뚜렷한 대조는 수학의 가능성에 관한 탐구를 불가피하게 야기했을 것이기 때문이다. 반면에 만일 누군가가 단지 이런 이유에서 문제가 된 탐구가 불필요하며 그리고 또한 탐구의 목적이 이미 오래전에 달성되었다고 이런 탐구를 등한시하지 않는다면, 그가 이런 구분을 일반적으로 이미 알고 있으며, 그리고 또한 다른 사람에게서 발견했다는 것을 의식하고 있는지 아니면 그렇지 않은지에 대한 판단은 그에게 남겨져 있다.

* * *

형이상학의 방대한 요구들을 정당화시켜 주는, 이른바 다시 재건된, 이전의《순수 이성 비판》에 대한 이런 해명만으로도 지금도 그리고 영원히 충분할 것이다. 이런 비판이 있었다 하더라도, 적어도 에버하르트에게는 이런 비판을 보고 이해하거나 비록 간접적으로라도 철학의 이런 요구들을 어느 정도 충족시키는 것이 허락되지 않았다는 것은 충분히 명백하게 밝혀졌다. — 지금까지 자신들의 반박들에 의해 비판적 작업을 계속

진행시키려고 노력해 왔던 다른 용감한 사람들은 (어떤 형식적인 논쟁에도 결코 끼어들지 않으려는) 나의 결단의 이번의 유일한 예외를 그들의 논증들이나 그들의 철학적 명성이 나에게는 별로 중요하지 않은 것처럼 여겨졌기 때문이라고 해석하지는 않을 것이다 이런 일은 이번 경우에는 단지 무언가 특징적인 것을 그 자체로 가지고 있으며, 에버하르트에게 고유하며 또한 주목할 만한 가치가 있어 보이는 특정 태도에 주의를 환기시키기 위해 일어났다. 그 외에도《순수 이성 비판》은, 할 수 있다면, 내적 견고성에 의해 계속 곧게 유지될 수 있을 것이다.《비판》이 한 번 유통되고 나면, 적어도 지금까지 존재했던 것보다 더 확고한 순수 철학의 체계를 야기하지 않은 채 사라지지는 않을 것이다. 그러나 우리가 이런 경우를 시험삼아 생각해 본다면, 지금의 사태의 진행만으로도 오늘날《비판》의 적대자들 사이를 지배하는 겉보기의 일치는 단지 은폐된 불화일 뿐이라는 것 247
을 충분히 알 수 있다. 왜냐하면 그들이《비판》의 자리에 놓고 싶어 하는 원칙들에 관해서 볼 때, 그들은 서로 엄청나게 대립하고 있기 때문이다. 그러므로 만일 그들이 그들의 공통의 적과의 논쟁을 잠시 동안 유보하고, 이를 위해 먼저 그들이 그들의 적에 대항하여 가정하고자 했던 원칙들에 관해 합의를 볼 것을 약속한다면, 매우 우습지만 동시에 교훈적이기도 한 광경이 벌어질 것이다. 그러나 강을 가로질러 다리를 놓는 대신에 강을 따라 다리를 놓으려는 사람이 작업을 마칠 수 없는 것처럼 이들 역시 이 일을 끝낼 수 없을 것이다.

철학하는 민족은 보이지 않는 것, 즉 이성을 그들의 유일한 지배자로 인식하기 때문에, 철학하는 민족들을 필연적으로 지배하는 무정부주의에도 불구하고 위대한 어떤 한 사람을 합일점으로 삼아 이 사람의 주위에 한 무리의 소란스런 사람들을 모으는 일은 항상 구제책이 되어 왔다. 그러나 이 위대한 사람을 이해하는 일은 자신의 고유한 지성을 가지고 있지 않았거나 자신의 지성을 사용하는 일에 흥미를 가지지 않았던 사람들에게는, 혹은 이 양자 중 어떤 것도 빠져 있지는 않지만 그럼에도 자신의 지성을 다른 사람에게 기대어 놓고 있었던 사람들에게는 어려운 일인데, 이런 어려움이 지금까지 견고한 헌법을 제정하지 못하도록 방해해 왔으며, 또한 적어도 일정 기간 동안은 이런 헌법을 제정하는 일을 매우 어렵게 만들 것이다.

라이프니츠의 형이상학은 무엇보다도 세 가지 특성들을 가진다. 1. 순전히 필연적으로 참인 것들을 인식하려면 모순율로는 불충분하다는 것을 지시해 주는 한에서의 충분한 근거의 원칙. 2. 단자론. 3. 예정 조화의 이론. 이 세 원칙들 때문에 그는 그를 이해하지 못했던 많은 적대자들에 의해 괴롭힘을 당했을 뿐만 아니라, 또한 (그의 철학에 정통한 사람들과 훌륭한 칭송자들이 기회가 될 때마다 이야기하듯) 이른바 그의 추종자들과 해석자들[34)]에 의해서도 잘못 다루어져 왔는데, 이런 일은 고대의 다른 철학자들도 경험했던 일로, 그들은 아마 이렇게 말했을 수 있을 것이다. 신은 단지 우리 친구들에게서 우리를 지켜 준다. 우리 적들 앞에서는 우리 스스로 조심하고자 한다.

I. 라이프니츠가 지금까지의 철학을 보충해 준다는 점에서 충분한 근거의 원칙을 매우 중요시했다고 해서, 그가 이 원칙을 객관적으로 (자연법칙으로) 이해하고자 했다는 것을 믿을 수 있는가? 이 원칙은 물론 이처럼 일반적으로 알려져 있으며, 또한 (적절한 제한들이 가해질 경우) 매우 분명한 것이므로 아무리 머리가 나쁜 사람이라도 이 원칙에 의해 새로운
248 것이 발견됐다고 믿을 수는 없을 것이지만, 또한 이 원칙은 이 원칙을 잘못 이해한 적대자들에 의해 많은 조롱을 받아 왔다. 그러나 라이프니츠에게 이 원칙은 순전히 주관적인 것, 즉 이성 비판에 관계하는 원칙이었다. 왜냐하면 모순율을 넘어서서 또 다른 원칙들이 추가되어야 한다는 말이 무엇을 의미하겠는가? 이 말은 단지 모순율에 의해서는 객관에 관한 개념들 속에 이미 놓여 있는 것만이 인식될 수 있을 뿐이며, 만일 그 이상의 것

이 객관에 대해 진술되어야 한다면, 이 개념을 넘어서는 무엇인가가 부가되어야만 하는데, 이것이 부가될 수 있으려면, 또한 모순율과 구분되는 특수한 원칙을 찾아야 한다는 것을, 다시 말해 이것은 자신의 특수한 근거를 가져야만 한다는 것을 의미할 뿐이다. 그런데 후자와 같은 종류의 명제들은 (지금으로서는 적어도) 종합적이라 불리기 때문에, 라이프니츠는 단지 (분석명제들의 원칙인) 모순율을 넘어서서 또 다른 원칙이, 즉 종합판단들의 원칙이 추가되어야 한다는 것만을 주장하고자 했을 뿐이다. 이것은 형이상학에서 아직 수행되어야 할 (그리고 실제로 바로 얼마 전에 수행되었던) 탐구들을 새롭게 그리고 주목할 만한 방식으로 지시해 주는 것이었다. 그런데 그의 추종자가 그 당시에는 아직 찾아져야 했던 특수한 원칙에 대한 이런 지시를 라이프니츠가 그것에 의해 새로운 발견을 했다고 생각했던 그런 (이미 발견된 종합적 인식의) 원칙이라고 억지 주장한다면, 그는 라이프니츠를 칭송하고 있다고 생각하면서 그를 조롱하고 있는 것은 아닌가?

II. 그처럼 위대한 수학자!인 라이프니츠가 물체들을 단자들로부터 (또한 이와 더불어 공간을 단순한 부분들로부터) 합성해 내고자 했다는 것을 믿을 수 있는가? 그가 의미한 것은 물체의 세계가 아니라 우리에게는 알려져 있지 않는 물체의 세계의 기체인 순전히 이성의 이념 안에 있는 지성계이며, 이 세계 내에서 우리는 실제로 우리가 합성된 실체라고 생각한 모든 것이 단순한 실체들로 이루어져 있다고 표상해야만 한다. 또한 그는 플라톤과 더불어 인간 정신에 이런 초감성적인 존재자에 대한 지금은 비록 모호해졌지만 근원적인 지적 직관을 부여한 것처럼 보이지만, 라이프니츠는 이런 능력을 전혀 감성적 존재자들과 관계시키지 않았는데, 이 감성적 존재자들을 그는 우리에게 가능한 인식들을 위해 우리가 유일하게 할 수 있는 특수한 종류의 직관과 연관된 사물들로, 즉 가장 엄밀한 의미에서 (그 종류에 있어 고유한) 직관의 형식들인 순전한 현상들로 간주하고자 하는데, 이 경우 우리는 라이프니츠가 감성을 섞갈린 표상 방식으로 설명한다는 것 때문에 구애 받아서는 안 되며 오히려 그의 의도에 좀 더 들어맞는 다른 설명을 여기에 대체해야 한다. 왜냐하면 그렇지 않을 경우,
249 그의 체계는 앞뒤가 서로 들어맞지 않을 것이기 때문이다. 그런데 (마치 모방자가 원본과 완전히 유사하게 되려고 태도나 언어의 실수마저도 모방하듯이) 이런 오류를 라이프니츠가 일부러 현명하게 조심한 것뿐이라고 받아들인다면, 그들이 그들의 스승의 명예를 위해 공을 세웠다고 평가하기는 어려울 것이다. 라이프니츠가 단지 경험적 기원만을 인정한 로크에 반대하기 위해 사용한, 우리 인식의 선천적 원리들에 관계하는 근본 능력을 위한 용어인 특정한 개념들의 타고남을 우리가 문자 그대로 받아들인다면, 마찬가지로 잘못 이해하는 것이다.

III. 라이프니츠가 영혼과 육체의 예정 조화에 의해 본성에서 서로 독립적이며 또한 고유한 힘들에 의해서도 상호성을 형성할 수 없는 두 존재자들 사이의 일치를 의미하려 했다고 믿을 수 있는가? 이것은 바로 관념론을 예고하는 일이 될 것이다. 왜냐하면 만일 영혼에서 발생하는 모든 것이 영혼이 완전히 고립적으로 행사하는 영혼의 고유한 힘들의 결과로 간주될 수 있다면, 도대체 왜 우리가 육체를 가정해야만 하겠는가? 영혼과 우리가 육체라 부르는 우리에게는 전적으로 알려져 있지 않은, 현상들의 기체는 물론 전혀 상이한 존재자들이지만, 그러나 이 현상들 자체는 주관의 (영혼의) 속성에 의존하는 직관의 순전한 형식들로서 순전한 표상들이며, 또한 이 경우 어떤 선천적 원칙들에 의거하여 동일한 주체에서 감성과 지성 사이의 상호성이 생각될 수 있으며, 그럼에도 동시에 외적 사물들을 관념론에 내맡기지 않고서도 외적 사물에 대한 후자[감성]의 필연적인 자연적 의존성이 생각될 수 있다. 지성과 감성 사이의 이러한 조화가 보편적인 자연 법칙들에 대한 인식을 선천적으로 가능하게 만드는 것인 한,《비판》도 근본적으로 이런 조화가 없다면, 어떤 경험도 가능하지 않으며, 따

라서 대상들은 (왜냐하면 대상들은 한편에서 직관과 관련해 볼 때 우리의 감성의 형식적 조건들에 따른 것이기도 하지만, 다른 한편에서 다양한 것의 결합과 관련해 볼 때는 대상들에 대한 인식의 가능성의 조건인 하나의 의식으로 모아 질서를 부여하는 원리들에 따른 것이기 때문에) 우리에 의해 의식의 통일로 받아들여져서 경험이 되지 않는다는 것을, 다시 말해 대상들은 우리에게 아무것도 아닐 것이라는 것을 지적했다. 그러나 그럼에도 왜 우리가 양자의 결합에 의해 경험을 가능하게 만드는 바로 그런 종류의 감성과 그런 지성의 본성을 가지고 있는지에 대한 근거를 제시할 수는 없으며, 또한 더 나아가 왜 다른 경우에는 완전히 이질적인 인식 250
의 원천들인 감성과 지성이 경험 인식 전반의 가능성을 위해, 그러나 주로 《판단력 비판》이 이 점을 지적하게 되겠지만) 지성이 선천적으로 우리에게 아무것도 가르쳐 주지 않는 그런 다양하게 특수하며 또한 순전히 경험적인 법칙들 아래에 있는 자연에 대한 경험 가능성을 위해, 마치 자연이 우리의 파악 능력을 위해 의도적으로 설계되어 있는 것처럼 언제나 서로 잘 일치하는지에 대해 우리는 (그리고 어느 누구도) 더 이상 설명할 수 없다. 라이프니츠는 특히 물체들의 인식과 관련하여 그리고 또한 물체들 중 이런 관계의 매개적 근거인 우리 자신의 육체에 대한 인식과 관련하여 이런 조화의 근거를 예정조화라고 명명했는데, 이런 조화에 의해 분명히 라이프니츠는 앞서의 일치를 설명하지도 또한 설명하고자 하지도 않았으며, 오히려 단지 우리는 이런 조화에 의해 최상의 원인에 의한 우리 자신뿐만 아니라 우리 바깥의 모든 사물들의 배치에서 어떤 합목적성을 생각하지 않을 수 없으며, 그리고 또한 이 합목적성은 물론 이미 창조할 때 집어넣은 것(예정된 것)이지만, 그러나 서로 바깥에 놓여 있는 사물들에 대한 예정이 아니라 우리 안의 마음의 능력들인 감성과 지성 사이의 [–] 마치 《비판》이 이들 능력들은 사물에 대한 선천적인 인식을 위해 우리의 마음에서 상호 관계 맺어야 한다고 가르친 것처럼 [–] 그들 각자의 고유한 속성에 따른 상호적인 예정으로 생각해야만 한다는 것만을 제시했다. 이것이 비록 명확하게 전개되지는 않았지만 진짜 라이프니츠의 의견이라는 것은 라이프니츠가 앞서의 예정조화를 영혼과 육체 사이의 일치를 훨씬 넘어선 것에까지, 즉 자연의 왕국과 은총의 왕국(최종목적, 즉 도덕법칙들 아래에 있는 인간들과 관계하는 목적들의 왕국) 사이의 일치로까지 확장한다는 사실에서 알 수 있는데, 이 경우 조화는 우리의 자연 개념들로부터 나온 결과들과 자유 개념으로부터 나온 결과들 사이의 조화로, 즉 우리 안의 완전히 종류가 다른 원리들에 종속하는 두 가지 완전히 상이한 능력들 사이의 조화로 생각되어야지 (도덕이 실제로 요구하듯) 두 가지 상이한, 서로 바
251 깥에 조화롭게 있는 사물들 사이의 조화로 생각되어서는 안 되지만, 그러나 이 조화는《비판》이 가르치듯이 세계 존재자들의 속성으로부터 파악될 수 없으며, 우리에게는 적어도 우연적인 일치로서 단지 지성적인 세계원인에 의해서만 파악될 수 있다.

이처럼《순수 이성 비판》은 라이프니츠를 위한 진정한 변론이며, 그것도 그를 명예롭게 해 주지 못하는 칭송의 말로 라이프니츠를 높이는 그의 추종자들에 반하는 변론일 것이며, 또한 많은 철학의 역사 서술가들이 순전한 개념들로부터 나온 이성의 순수한 산물들을 모두 해석할 수 있는 열쇠를, 즉 (모든 것을 위한 공통의 원천인) 이성 비판 자체를 등한시했으며, 또한 이전의 다양한 철학자들이 말했던 낱말에 대한 탐구를 넘어서서 철학자들이 주장하려고 한 것을 알지 못했기 때문에, 이들 철학자들에게 칭송의 말을 바쳤음에도 불구하고 이들의 의도를 알아차리지 못한 채 순전히 무의미한 말만을 늘어놓았다면,《순수 이성 비판》은 이들 이전의 다양한 철학자들을 위한 진정한 변론일 수도 있을 것이다.

역자 주석

1) 로크J. Locke는 그의 주저《인간 지성론An Essay concerning Human Understanding》에서 문제가 되는 주장을 공격하려고 하는 사람을 위협하기 위해 권위에 호소하는 논증을 'argumentum ad verecundiam'이라는 라틴어로 표현하고 있다.(XVII장, 19절을 참조할 것)

2) 칸트가 지적한 두 구절에서 에버하르트는 그가 자신의 목소리로 말하고 있는 것이 아니라 오히려 라이프니츠를 대신하여 말하고 있음을 독자에게 상기시키고 있다.

3) 'ὕστερον πρότερον'이란 그리스어는 증명되어야 할 것을 먼저 참이라고 가정하여 증명하는 선결문제 요구의 오류를 지칭한다.

4) Quintillianus퀸틸리아누스(Marcus Fabius Quintillianus, 35? 95?)는 고대 로마시대의 저명한 수사학자이자 교육학자이다. 베스파시아누스황제에 의해 공적인 수사학 교사로 임명되었고, 물러난 뒤에는 도미티아누스황제의 명으로 후계자 교육을 맡았다. 그의 주저라 할 수 있는《수사학 교본Institutio Oratio(12권, 95?)》은 수사학자 양성 입문서로 초등교육·수사학·제재·배열·문체·연설법·성격·교양 등을 논하고 있다. 특히 잘 알려진 것은 10권인데, 웅변술을 배우는 사람을 위한 독서 안내로서, 그리스·로마의 여러 작가와 작품 등을 열거하여 수사학적 관점에서 간결하게 비판하였다. 그는 중세기에 교사로서 높이 평가받았으며, 근대의 에라스무스D. Erasmus를 비롯한 인문주의자들에게 큰 영향을 미쳤다. 여기서 칸트가 인용한 구절은《수사학 교본》5권 12장, 1.522에 나오는 내용인데, 칸트의 인용구는 라틴어 원전과 조금 차이를 보인다. 아마 칸트가 교본을 보고 인용한 것이 아니라 기억한 것을 인용한 것처럼 보인다.(Si possunt valere quia magna sunt, valebunt quia multa sunt. — Singula levia sunt et communia, universa tamen nocent; etiamsi non ut fulmine, tamen ut grandine.)

5) 아폴로니우스Apollonius Pergaeus(대략 BC 262-190)는 고대 그리스의 기하학자이자 천문학자로서 원뿔곡선의 분할에 관한 이론으로 잘 알려져 있었다. 특히 원뿔곡선의 영역에서 그가 사용했던 혁신적인 방법이나 용어는 프톨레마이오스

Ptolemaeos나 뉴턴 등을 포함한 후대의 학자들에게 많은 영향을 주었다. 우리가 알고 있는 타원ellipse, 포물선parabola, 쌍곡선hyperbola 등의 이름을 부여한 것도 아폴로니우스였다. 그는 《원뿔곡선Conica》이란 책을 셨는데, 여기서 논의되는 구절들은 그의 책 8권에 포함되어 있다.

6) 보렐리Giovanni Alfonso Borelli(1608-1679)는 르네상스 시대의 이탈리아의 물리학자이자 수학자이며 생리학자이다. 그는 아폴로니우스의 《원뿔곡선Conica》 5권-7권을 1661년에 편집하였다.

7) 에버하르트가 나중에 인정했듯이(《철학 잡지》 III, 205-7), 그가 보렐리의 설명이라고 생각한 구절은 잘못된 구절이다. 왜냐하면 그는 1661년의 보렐리의 책으로부터 인용하지 않고, 1665년 리카르두스Claudius Ricardus에 의해 편집된 아폴로니우스의 《원뿔곡선》에서 인용했기 때문이다.

8) Subiectum enim definitum assumi potest, ut affectiones variae de eo demonstrentur, licet praemissa non sit ars, subiectum ipsum efformandum delineandi (보렐리의 아폴로니우스의 《원뿔곡선》의 편집본에 대한 비망록Admonitio에서 나온 구절로 에버하르트가 직접 자신의 논문에서 인용한 구절이다. 《철학 잡지》 1권, 159) 여기서 'subiectum'을 바이셰델 판에서는 'Gegenstand'로 번역하며, 영어 번역본에서는 'subject'로 번역하는데, 여기서는 바이셰델 판을 좇아 '대상'이라 번역하였다. '기체', '주체' 등의 번역보다는 우리말로 '대상'이라고 번역하는 것이 자연스럽게 보이기 때문이다.

9) ab esse ad posse valet consequentia

10) 여기서 원문은 "es könnte etwas zugleich sein und nicht sein"으로서 우리말로 정확하게 번역한다면, "어떤 것은 동시에 이면서 아닐 수 있다"로 되어야 한다. 왜냐하면 원문은 한 대상에 동시에 모순되는 술어가 부가될 수 없다는 모순율에 관련된 것이므로, 주어와 술어와의 긍정적 결합과 부정적 결합이 동시에 일어날 수 없음을 의미하고 있는데, 이 문장을 "어떤 것은 동시에 있으면서 있지 않을 수 없다"라고 번역할 경우 마치 "어떤 대상이 동시에 현존하면서 현존하지 않을 수 있다"라는 뜻으로 오해될 여지를 남기기 때문이다. 이런 오해를 없애기 위해 '있[이]다'의 방식으로 원문의 정확한 뜻을 전달하려 했다.

11) 칸트가 언급한 바움가르텐A. G. Baumgarten의 증명은 그의 《형이상학

Metaphysica》 §20에 있는 증명이다. 아디케스E. Adickes에 의하면 칸트가 사용한 학술원판 17권에 인쇄된 바움가르텐의《형이상학》 네 번째 판본에 담겨 있는 증명은 다음과 같다. "가능한 모든 것은 근거를 갖거나 근거를 가지지 않는다. 만일 그것이 근거를 가진다면, 어떤 것이 그것의 근거이다. 만일 그것이 근거를 가지지 않는다면, 무가 그것의 근거이다. 그러므로 가능한 모든 것의 근거는 무이거나 어떤 것이다. 만일 무가 가능한 어떤 것의 근거라면, 그것이 왜 가능한지는 무로부터 알려질 수 있을 것이다. 따라서 무 자체는 표상될 수 있으며, 어떤 것, 즉 어떤 무일 수 있다. 또한 어떤 불가능한 것이 가능할 수 있다. 그러므로 가능한 모든 것은 어떤 것을 그것의 근거로 가진다, 즉 가능한 모든 것은 근거 지워진 것이다, 말하자면 근거 없이 있는 것은 아무것도 없거나 또는 어떤 것이 정립된다면, 그 근거인 어떤 것도 정립된다.(Omne possibile aut habet rationem, aut minus. Si habet rationem, aliquid est eius ratio. Sie non habet, nihil est eius ratio. Ergo omnis possibilis ratio aut nihil est, aut aliquid. Si nihil foret ratio alicunius possibilis, foret ex nihil cognoscibile, cur illud sit, hinc ipsum nihilum representabile et aliquid, nihil aliquid. Hinc quoddam possibile impossibile. Ergo omnis possibilis aliquid est ratio, s. omne possbile est rationatum, s. nihil est sine rationem, seu, posito aliquid, ponitur aliquid eius ratio, AK 17, 31)

칸트의 반박에 응답하면서, 에버하르트는 단순히 바움가르텐의 증명을 이어받아 자신의 증명으로 만들어 냈다는 칸트의 비난을 부정한다. 그는 자신의 증명이 바움가르텐의 증명과 똑같은 방식으로 시작한다는 점을 인정함에도 불구하고, 그 자신의 증명은 완전히 다른 것이라고 (어떤 점에서는 정당하게) 주장한다. 왜냐하면 바움가르텐의 증명에 의하면, 충분한 근거의 원칙을 부정할 경우 어떤 것으로 간주된 아무것도 표상될 수 없게 되지만, 이에 반해 그의 증명은 충분한 근거의 원칙을 부정할 경우 어떤 것은 동시에 그것의 반대물로 있게 된다는 점을 강조하고 있기 때문이다.(《철학 잡지》 3권, 188-9쪽을 참고할 것)

12) 여기서 'abstrahieren'은 일반적으로 '추상하다'로 번역하지만, 문맥에 따라 '추출하다' 또는 '도외시하다'로도 번역하였다.

13) 주사(朱砂)는 Zinnober의 번역어이다.

14) 킬John Keill(1671-1721)은 스코트랜드 출신의 수학자이며 뉴턴의 뛰어난 제자들 중 한 사람이다. 1725년 라이든Leiden에서 그의 강의록들이 출간되었는데, 그 책이 바로 여기서 인용된《참 물리학 입문 또는 물리학 강의Introductio ad veram physicam. seu lectiones physicae》이다.

15) '비-감각가능한'은 조금 어색한 표현 방식이긴 하지만 'nicht-empfindbar'라는 독일어의 표현 방식을 살리기 위한 번역어이다.

16) I. Newton, Optics, Bk. II, pt. III.

17) 여기서 '감성적'은 'ästhetisch'에 대한 번역어이다. 물론 'ästhetisch'는 지적인 것과 구분되는 의미로서 주관의 표상에 대해 사용되는 말이므로 번역의 원칙에 따라 '감각적'이라 번역할 수도 있겠지만, 여기서는 sinnlich와 구분되는 말로서, 〈감성론〉과의 관계를 생각해서 '감성적'이라 번역했다.

18) 칸트가 지칭한 인물은 쇼페Caspar Schoppe (1576 — 1649)로서 그는 독일의 논쟁가이자 문법학과 철학으로 알려진 인물이었다. 그의 주요 저작으로는 《철학적 문법Grammatica philosophica》(1628) 《비판의 기술 De arte critica》 (1597) 《반기독De Antichristo》 (1605) 등이 있다.

19) 실제로 《순수 이성 비판》에서 칸트는 "외적 감관들 앞의 모든 분량의 순수 형상은 공간이지만, 감관들 전반의 모든 대상들의 순수 형상은 시간이다"(A142/B182)고 말하고 있다. 이 구절에 따르면 시간과 공간 자체가 바로 순수 형상이다

20) 칸트는 《순수 이성 비판》에서 직관의 형식인 시간과 공간을 형식적 직관인 시간과 공간과 구분하여 "직관의 형식이 순전히 다양한 것을 제공한다면, 형식적 직관은 표상의 통일을 제공한다. 이 통일은 (…) 그것에 의해 모든 공간 개념과 시간 개념들이 가능하게 되는 종합을 전제하는 것이기는 하지만, 모든 개념들에 앞서는 것"이라고 설명한다. 여기서 설명하는 개념들에 앞서는 종합적 통일의 활동이 바로 시간과 공간이라는 순수 직관을 가능하게 하는 활동이며, 이 활동에 의해 시간과 공간이 근원적으로 획득되는 것이다.

21) Michael Hissmann, "Bemerkungen für die Geschichtschreiber der philosophischen Systeme; über Dutens Untersuchungen; und über die angeborenen Begriffe des Plato, Descartes und Leibniz" Teutsche Merkur 1777, 4. Viertel, 22-52쪽.

22) 이 구절의 칸트 인용은 부정확하다. 따라서 바이셰델 판에서 주석으로 병기된 《철학잡지》에 실린 에버하르트의 주장을 그대로 번역하였다.

23) 'non liquet'는 배심원이 유죄인지 무죄인지에 대한 판결을 거부할 때 사용되는 것

으로 로마법에서 나온 표현인데 여기서는 '판결의 거부'로 번역했다.

24) 이 구절에서 초판에는 '동음의gleichlautend'라는 말이 쓰였지만, (재판에 의거한) 바이셰델 판에는 '등가의gleichgeltend'라는 말이 사용된다.

25) 학술원판에는 'außerwesentlich'로 표기되어 있지만, 바이셰델 판에서는 'außerordentlich'로 표기되어 있다. 바이셰델판은 1790년에 출간된 초판이 아니라 1791년에 나온 재판에 의존하는데, 재판이 전반적으로 더 나은 판본이며 칸트 자신도 초판의 교정이 필요하다고 생각했다. 따라서 학술원판본과 바이셰델 판을 병기하여 '본질 외적[임시적인] 징표'로 표기하였다.

26) 《서언들》AK, 4. 271.

27) 《서언들》AK, 4. 273.

28) 《서언들》AK. 4. 294-326.

29) 바움가르텐의 《형이상학》에 나오는 구절은 "사물들의 본질들은 … 절대적으로 그리고 또한 내적으로 불변한다Essentiae rerum … sunt absolute et interne immutabiles"이다.

30) 베르눌리J. Bernoulli(1654-1705)는 베르눌리 가문의 저명한 수학자들 중의 한 사람으로서 바젤 대학에서 수학을 가르쳤다. 여기서 에버하르트는 정확히 베르눌리의 어떤 저작인지를 밝히고 있지 않다.

31) 《서언들》(AK. 4. 270)의 한 구절에 의하면 칸트는 로크의 저작에서 종합판단들과 분석판단들을 구별할 수 있는 암시를 얻었다. 칸트가 로크의 저서에서 언급한 구절은 로크의 《인간 지성론》 Bk. IV, ch. III, sec. 9인데 여기서 로크는 우리의 관념들과 관념들이 함께 있음의 동일성과 차이에 대한 지식을 구분한다. 칸트에 의하면 대략 전자[동일성에 대한 지식]가 칸트의 분석판단에 대응하며, 후자[차이에 대한 지식]가 종합판단에 대응한다.

32) 로이쉬Johann Peter Reusch(1691-1758)는 볼프주의 논리학자로서, 저서로는 《논리 체계Systema logicum》, 《형이상학 체계Systema metaphysicum》 등이 있다.

33) 여기서 언급되는 구절은 반볼프주의자이며 신학자인 크루지우스C. A. Crusius의 《인간 인식의 확실성과 신뢰로의 길Weg zur Gewißheit und Zuverlässigkeit der menschlichen Erkenntniss》(Leibzig, 1747) § 260 이다. 에버하르트는 칸트의 종합판단과 분석판단의 구분이 전체적으로 이미 크루시우스의 이 저작 속에 담겨 있다고 주장한 칸트의 해석자이자 추종자를 언급하고 있는데(《철학잡지》 1권, 311쪽), 마이어Maier에 의하면 이 사람은 슈미트Carl Christian Erhard Schmid이다. 슈미트는 《칸트의 저작들을 더욱 편리하게 사용할 수 있게 해 주는 사전Wörterbuch zum leichtern Gebrauch der Kantischen Schriften》(Jena, 1786)에서 "우리는 특히 크루지우스에게서 이미 판단들을 종합판단들과 분석판단들로 구분하는 것에 대한 흔적을 발견할 수 있다. 이 위대한 사람이 그의 《인간 인식의 확실성과 신뢰로의 길》에서 전제된 개념들로부터 나온 가설적인 귀결들이라 부른 것은 칸트의 분석적인 인식들과 비교될 수 있으며, 그가 '실재적 명제들Realsätze'이라고 부른 것은 칸트의 종합적인 인식들과 비교될 수 있다"고 말한다.

34) 마이어Maier에 의하면, 칸트가 여기서 염두에 두고 있는 것은 히스만M. Hissmann의 《라이프니츠 남작의 생애 Versuch über das Leben der Freih. von Leibnitz》(Münster, 1783)의 58-61쪽이다.

해 제

라이프니츠와 볼프의 시대 이후 독일에서 형이상학이 이룬 실질적인 진보는 무엇인가?

I.

〈라이프니츠와 볼프의 시대 이후 독일에서 형이상학이 이룬 실질적인 진보는 무엇인가?〉(이하 〈형이상학의 진보〉로 약칭함)는 칸트 생전에 출간된 글이 아니라 칸트 사후에 그의 저녁 식사의 친구였던 테오도르 링크Theodor Rink에 의해 편집되어 간행된 글이다. 이 저작은 링크의 서문에도 나타나듯이, 베를린 왕립 학술원에 의해 1791년에 공표된 현상 논문 공모전에 아마도 응모하기 위해 준비했던 그러나 완성하지 못한 글인데, 1800년-1802년 사이의 언젠가 칸트는 원고를 링크에게 건네주었으며, 이 원고를 기반으로 하여 링크는 칸트 사후 2개월 뒤인 1804년에 이 저작을 편집하여 출간하였다.

베를린 왕립 학술원에 의해 제안된 1791년 현상 논문 공모에는 30편이 넘는 기고문들이 제출되었으며, 1795년에 볼프주의자로서 에버하르트와 함께 반칸트주의를 표방하는《철학 잡지Philosophisches Magazin》의 공저자인 슈밥Johann Christof Schwab에게 일등상이, 그리고 라인홀트Karl Leonard Reinhold와 아비히트Johann Heinrich Abicht에게는 이등상이 수여되었으며, 선외가작은 또 다른 칸트주의자인 예니쉬Christian F. Jennish에게 수여되었다. 다음 해인 1796년에 당선 논문들은 학술원에 의해 출간되었다.[1]

1. 〈형이상학의 진보〉에 관한 좀 더 구체적인 설명은 Immanuel Kant, Theoretical Philosophy after 1781, ed. by H. Allison and P. Heath in The Cambridge Edition of the Works of Immanuel Kant.

왕립 학술원에 의해 현상 과제가 공표되었을 때, 칸트가 언제 현상 과제에 응모할 결심을 하고 글을 준비하기 시작했는지, 또 어떤 이유에서 그리고 언제 자신의 계획을 포기하게 되었는지 확실하지 않다.[2] 그러나 확실한 것은 학술원의 현상 과제는 칸트의 관심을 끌기에 충분한 것이었다는 사실이다. 이 현상 과제는 특히 1790년에 칸트 스스로 참여했던, 볼프주의자인 에버하르트J. A. Eberhard와의 논쟁을 상기시켜 주는 것으로서, 라이프니츠와 볼프의 철학과 연관하여 《순수 이성 비판》이 가지는 의미와 위치에 대한 최종적인 답변을 할 수 있는 기회를 칸트에게 마련해 주는 것이었기 때문이다. 그럼에도 불구하고 칸트는 논문을 완성하지 않았으며, 우리에게는 아쉽게도 단지 불완전한 형태의 수고들만이 남아 있다.

칸트가 현상 과제를 위한 글을 기획하고 있었음을 알려 주는 최초의 자료는 1793년의 두 개의 "낱장 문서들"이다. 이 "낱장 문서들"은 칸트가 링크에게 건네준 수고에는 포함되어 있지 않았으며, 따라서 링크에 의해 편집되어 1804년에 출간된 저작에는 포함되어 있지 않지만, 학술원판의 편집자인 레만G. Lehmann에 의해 저작과 연결되어 출간되었다. 링크가 편집한 세 수고들 중, 첫 번째 수고는 들어가는 말과 형이상학의 첫 번째 단계에 대한 논의를 포함하며, 두 번째 수고는 형이상학의 두 번째와 세 번째와 단계에 대한 설명과 전체의 개관을 포함한다. 세 번째 수고는 가장

(Cambridge University Press, 2002) 339-40 참조.

2. 칸트의 서한에서조차 우리는 왕립 학술원에 의해 공모된 현상 과제에 대해 칸트가 어떤 태도를 취했는지를 알 수 있게 해 주는 구체적인 언급을 찾아볼 수 없다. 칸트가 현상 과제를 준비하다 포기하게 된 이유로는 일반적으로 칸트의 나이, 다른 작업에 몰두해야 할 수밖에 없는 상황, 베를린의 보수적인 정치권력이나 성직자에 의한 보복에 대한 두려움 등이 열거되곤 한다. 그러나 블레쇼베H. J. de Vleeschauwer는 이런 이유들보다 먼저 칸트가 기고문을 완성하지 않은 이유로 현상 과제의 주제에 대한 완벽한 답변을 제시하려면 첫 번째 비판과 같은 분량의 작품을 써야 한다는 부담감이나 칸트가 현상 과제에 응모했더라도 상을 타지 못했을 것이라는 점 등을 들고 있다.(H. J. de Vleeschauwer, "La Cinderella dans l'œuvre Kantienne" in Kant-Studien, Akten des 4. Internationalen Kant-Kongress, Mainz 6-10 April 1974, Teil I, 304-6쪽 참조)

마지막에 집필된 수고로서 이미 첫 번째 수고에 담겨 있는 시작하는 논의와 첫 번째 수고의 마지막 부분에 해당하는 형이상학의 두 번째 단계에 대한 새로운 판본, 그리고 두 번째 수고의 여변 주석을 모은 것으로 부록으로 편집되었다. 링크의 편집 방식에 대해서는 많은 비판들이 제기되곤 하지만,[3] 그럼에도 링크의 편집본과 "낱장 문서들"이 우리가 접근할 수 있는 현상 과제에 대한 칸트의 논의들 전부이다.

II

〈형이상학의 진보〉의 내용은 크게 두 부분으로 나눠서 다루어질 수 있다. 하나는 형이상학의 진보와 연관하여《순수 이성 비판》이 차지하는 위치와 역할에 대한 칸트 자신의 입장이며, 다른 하나는 라이프니츠와 볼프의 철학으로 대변되는, 당대 학계를 지배하던 이성론 철학에 대한 칸트의 최종적인 평가이다. 이 양자가 결합되어 칸트 자신이 역사적 문맥에서 비판철학의 전 체계가 차지하고 있다고 생각한 위치와 공헌에 대한 간략하면서도 풍성한 전체상을 우리에게 제공해 준다.

그러나 이 글의 이해를 방해하는 가장 커다란 걸림돌은 '도대체 칸트가 형이상학으로 무엇을 의미하는가?'하는 문제이다. 왜냐하면 형이상학은 한 번은《순수 이성 비판》자체를 의미하는 것으로 이해되기도 하지만, 다른 한 번은 초감성적인 것에 대한 이론적-독단적 학문의 체계로 정의되

---

3. 링크의 편집 방식에 대한 것은 이 저작뿐만이 아니라 칸트가 건네준 수고에 기초하여 링크가 편집하고 출간한 두 저작들, 즉《자연 지리학 강의》와《교육학 강의》의 편집 방식에 대해서도 바이스코프T. Weisskopf는 마찬가지로 불만을 제기하고 있다. 특히 레만과 블레쇼베는 링크가 칸트로부터 건네받은 자료들에 대해 좀 더 자세한 설명을 하지 않았으며, 그가 세 번째 수고에 포함시킨 여변 주석이 원전에서 차지하고 있던 위치를 제시하지 못했으며, 더군다나 링크가 칸트의 논증이 불완전하다고 생각한 곳에 공백을 나타내기 위해 별표를 사용한 것에 대해 비판하고 있다. 이에 대한 자세한 논의는 de Vleeschauwer, "La Cinderella dans l'œuvre Kantienne", 3108쪽과 AK. 20. 483쪽 이후를 참고할 것.

기도 하며, 또 다른 경우에는 초감성적인 것에 대한 실천적-독단적 이론으로 간주되기도 하며 때론 자연의 형이상학의 체계로 이해되기도 하기 때문이다. 이러한 혼란은 칸트가 형이상학의 걸음들과 단계들을 구분하는 것에서도 드러난다. 칸트는 이 저작에서 형이상학의 걸음들Schritte과 단계들Stadien을 서로 구분하는데, 형이상학의 걸음들, 즉 형이상학의 역사적 전개가 문제시될 때, 칸트는 형이상학의 행보를 독단주의, 회의주의, 비판주의로 구분하면서, 비판주의에 도달하기 이전 시기까지 형이상학은 독단주의와 회의주의 사이에서 동요하고 있었다고 설명한다. 그러나 순수 이성의 내재적인 전개 과정과 연관되어 논의되는 형이상학의 단계는 이론적-독단적 전진인 학문론의 단계, 회의적 정지 상태와 지혜론으로 이해되는 초감성적인 것으로의 실천적-독단적 이행의 단계로 구분한다. 게다가 칸트는 형이상학이 내디뎌 온 걸음들이 문제가 될 경우 마치 역사적 서술인 것처럼 이야기하면서도 아무런 근거도 제시하지 않은 채, 이런 시간적 순서는 곧바로 인간 이성의 본성에 근거하고 있는 것이라고 주장하기도 한다. 이 경우 형이상학의 역사적 순서로 이해되는 형이상학의 걸음들과 순수 이성의 내재적 전개라 할 수 있는 형이상학의 단계들은 서로 교차하게 된다. 그런데 이 양자는 한편에서는 서로 일치하면서도 다른 한편에서는 서로 들어맞지 않는 차이점을 가지고 있기 때문에, 칸트가 정확하게 무엇을 염두에 두고 이런 용어들을 사용하고 있는지를 확정하기가 쉽지 않다. 이외에도 칸트는 《순수 이성 비판》을 한편에서는 형이상학의 예비학이나 현관으로 규정하면서도, 다른 한편에서는 이론적-독단적 형이상학 자체와 동일시하기도 한다. 즉 형이상학의 첫 단계로서 이해된 학문론인 이론적-독단적 진행은 존재론으로서, 이 존재론은 칸트의 선험철학, 특히 〈선험적 감성론〉과 〈선험적 분석론〉의 결과와 곧바로 동일시된다. 그러나 칸트는 존재론을 때로는 볼프의 분석과 동일시하기도 하며 때로는 아리스토텔레스의 시대 이후 거의 한걸음도 앞으로 나아가지 못한 분석적

지식의 불모의 영역으로 간주하기도 하지만, 다른 한편에서는《자연과학의 형이상학적 제일 원리들》과 동일시하기도 한다. 이러한 혼란들은 수고의 불완전성에서 기인하는 듯 보이긴 하지만, 그럼에도 불구하고 처음 수고와 두 번째 수고의 내용을 종합해서 살펴보면, 형이상학의 단계들, 걸음들, 그리고 이러한 형이상학의 진행 과정에서《순수 이성 비판》이 차지하는 위치에 관한 칸트의 입장을 어느 정도 일관되게 정리할 수 있다.

칸트는 저작을 시작하면서 형이상학에서 형식적인 것과 재료적인 것을 구분한다. 전자는 형이상학에서의 이성의 수행 방식에서 형식적인 측면을 다루며, 후자는 재료적인 측면을 다룬다. 처음의 형식적인 부분에서 칸트는 '어떻게 선천적 종합판단이 가능한가?'라는 질문에 대한 대답을 통해 순수 이성에 의한 선천적 인식의 가능성을 설명한다. 이것은《순수 이성 비판》의 〈선험적 감성론〉과 〈선험적 분석론〉에 의해 이루어진 결과에 대한 개관이라 할 수 있다. 형이상학에서 형식적인 것에 관계하는《순수 이성 비판》은 형이상학의 정초를 목적으로 하는 형이상학의 예비학 또는 현관이라 할 수 있다. 형이상학의 예비학은 형이상학으로 나아가는 걸음이긴 하지만, 그렇다고 해도 진정한 형이상학에서의 실질적인 전진은 아니다.

그 뒤에 칸트는 순수 이성의 진행을 세 단계로 구분한다. 이 구분에 따르면 첫 단계인 학문론은 순수 이성의 이론적-독단적 사용에 의한 단계이다. 칸트는 순수 이성의 세 단계를 실질적으로 검토하기 전에 순수 이성의 이론적-독단적 사용의 범위를 문제로 삼는다. 여기서 그는 앞 절과 유사한 방식으로《순수 이성 비판》의 기본 주장들을 검토하면서 최종적인 결론을 이끌어 낸다. 즉 순수 이성의 이론적-독단적 사용은 경험 대상에로 제한되며 초감성적인 것에 대한 인식은 불가능하다. 따라서 지성적인 것에 대한 이론적-독단적 학문은 있을 수 없다. 이를 통해 감성 없이 지성의 순수 개념에 객관적 실재성을 부여하려는 모든 시도들이 부당한 것임이 확인된다.

2절에 와서야 칸트는 비로소 형이상학에서 재료적인 것, 즉 형이상학의 최종목적과 관련하여 라이프니츠와 볼프의 시대 이후 이루어진 것이 무엇인가를 탐구한다. 이것은 바로 학술원의 현상 과제와 연관된 본격적인 탐구라 할 수 있다. 그런데 칸트에 의하면 학술원의 현상 과제에서 문제로 삼고 있는 진정한 형이상학은 "이성에 의해 감성적인 것에 대한 인식으로부터 초감성적인 것에 대한 인식으로 전진해 가는 학문"이다. 여기서 칸트는 형이상학의 최종목적인 초감성적인 것과 관련하여 형이상학의 단계를 이론적-독단적 전진의 단계와 회의적 정지 상태, 그리고 형이상학의 실천적-독단적 완성의 단계로 구분한다. 첫 번째 단계는 존재론의 한계에서 이루어진 단계이며, 두 번째 단계는 선험적 우주론의 한계에서 이루어지며, 마지막인 세 번째 단계는 신학의 단계로 규정된다.

존재론인 이론적-독단적 단계에서 칸트는 라이프니츠와 볼프의 철학을 비판적으로 고찰한다. 존재론은 순수 지성의 개념들과 선천적 원칙들의 분석에 관계하는 영역이다. 이 단계는 칸트가 형이상학의 역사를 정리하면서 플라톤과 아리스토텔레스 이전의 시기로 거슬러 올라가는 독단주의라 부른 단계이기도 한데, 그러나 여기서는 학술원의 과제에 따라 라이프니츠와 볼프의 철학만이 논의된다. 칸트는 앞 절에서 획득한 결과를 시금석으로 삼아 과연 라이프니츠와 볼프의 철학이 형이상학에서 실질적인 진보를 이루었는지를 검사하고자 한다. 여기서 라이프니츠의 형이상학의 네 가지 중심 원리들인 '구별불가능한 것들의 동일성의 원칙', '충분한 근거의 원칙, '예정조화의 체계' 그리고 '단자론'이 체계적으로 비판되고 반박된다. 라이프니츠와 볼프에 의해 시도된 이론적-독단적 단계에서 형이상학의 진보는 실질적으로 이루어지지 않았으며, 라이프니츠-볼프의 형이상학을 위한 이론적-독단적 시도들은 실패했으며, 라이프니츠와 볼프의 존재론은 아리스토텔레스의 경우와 마찬가지로 여전히 불모의 영역으로 남아 있으며 또한 남아 있을 수밖에 없다.

두 번째 단계는 회의적 정지 상태인데, 이 단계는 형이상학의 역사에서 독단주의만큼 오래전에 생겨난 회의주의에 대응하는 단계이다. 그런데 여기서 칸트가 명명한 회의론은 감성계의 인식에 관계하는 퓌론이나 흄의 회의론이 아니라 초감성적인 것에 대한 이성 사용에 관한 회의론, 즉 이율배반과 연관되어 있는 선험적 우주론의 한계 내에서 이루어진 회의적 정지 상태이다. 따라서 이 장에서 실질적으로 논의되는 회의론의 단계는 바로《순수 이성 비판》의〈선험적 변증론〉의 이율배반에 대응하는 단계이다. 여기서는〈변증론〉에서 논의되었던 수학적, 역학적 이율배반의 성립과 그 해소 방안이 간략하게 설명되며, 이를 통해 자연 필연성을 넘어선 자유의 사유가능성이 인정된다.

이제 마지막으로 형이상학의 세 번째 단계인 초감성적인 것으로의 실천적-독단적 이행의 단계가 등장한다. 칸트는 여기서 실제로 학술원이 의도한 형이상학은 이론적 차원에서의 형이상학, 즉 '자연 형이상학'이지 '도덕 형이상학'이라는 실천적-독단적 학문은 아니라는 점을 다시 환기시킨다. 그러므로 자연 형이상학에서 도덕 형이상학으로의 이행은 완전히 다른 영역으로 잘못 넘어가는 것일 수 있으며, 따라서 이 경우 형이상학의 세 번째 단계, 즉 초감성적인 것으로의 실천적-독단적 이행은 불가능한 것일 수 있다.

그러나 칸트는 자연의 영역으로부터 도덕의 영역으로의 이행의 가능성을《판단력 비판》의 중심 개념인 자연의 합목적성이라는 개념에서 구한다. 즉 칸트는 자연과 자유, 감성계와 지성계를 매개하는 자연의 합목적성이라는 개념에 의거하여 자연으로부터 자유로의 이행을, 이론적 영역으로부터 도덕의 영역으로의 이행을 시도한다. 자연의 합목적성이라는 개념은 경험에 주어진 대상들(살아 있는 유기체들)에 적용될 수 있는 자연대상을 지시하는 개념이지만, 다른 한편으로는 이런 대상들을 자연 기계론의 산물이 아니라 오히려 목적의 관점에서 활동하는 지성적 원인의 산물인 것처럼 생각할 것을 요구하는 것이기 때문에, 자연을 넘어서 있는 초감성적인 어떤 것을 지시하며, 이를 통해 초감성적인 것으로의 이행의 가능성이 정초될 수 있다. 여기서 우리는 칸트가 《판단력 비판》에 부여한 체계적 중요성을 확인할 수 있다.

그러나 초감성적인 것을 지시하는 자연의 합목적성이라는 개념만으로는 초감성적인 것으로의 완전한 이행이 이르어지지 않는다. 따라서 칸트는 세 번째 이율배반의 해소에 의해 획득된 자유의 가능성과 자연의 합목적성을 연결함으로써 초감성적인 지성계로의, 즉 목적의 세계로의 실제적인 이행을 감행한다. 자유 개념은 우리에게 최종목적이라는 이념을 제공해 줌으로써 자연의 합목적성이라는 개념을 보충해 준다. 최종목적은 세계 내에서 가능한 최고선이라는 이념이다. 그러나 최고선이란 자연에 의해 획득가능한 것으로 사유될 수 없는 목적이므로, 자연의 초감성적인 근거 및 이런 목적의 획득에 필요한 다른 조건들에 대한 사유를 동반하지 않을 수 없다. 이것이 초감성적인 것에서 우리가 생각할 수 있는 유일한 것인 "우리 안의" 초감성적인 것인 자유와 "우리를 넘어선" 초감성적인 것인 신, 그리고 "우리 이후의" 초감성적인 것인 영혼불멸이다. 이렇게 해서 칸트는 신, 자유, 영혼불멸이라는 형이상학의 진정한 대상을 확정한다.

그리고 칸트는 이제 본격적으로 학술원 과제를 해결하기 위해 '초감성적인 것에 관련해서 형이상학은 어떤 진보를 이룰 수 있는가?'를 탐구한다. 여기서 감관의 대상들을 넘어서 있는 초감성적인 것과 관련해서는 이론적-독단적 이성 사용에 의한 인식의 확장은 불가능하다는 것을 다시금 강조한 후 그럼에도 불구하고 이 세 가지 초감성적 대상들에 대한 실천적-독단적 인식은 가능한 것이 아닌지 묻는다. 이에 대한 답은 자유로운 인정에 기초한 이성적 믿음에 의거하여 신, 자유, 영혼불멸에 대한 실천적-독단적 의도에서의 인식 가능성이 허용될 수 있다는 것이다. 그러나 초감성적인 것에 대한 도덕적-실천적 인식이란 단지 세계 내의 모든 선의 원천이며 최종목적인 신이 현존하며, 신의 의지에 일치하는 최고선의 이념에 적합한 도덕적 행위가 세계에서 발견될 수 있으며, 모든 인간에게 내세의 삶이 있다는 것에 대한 이성적 믿음일 뿐이다. 이것은 바로 칸트의 도덕 신앙의 핵심이기도 하다. 이 도덕 신학을 칸트는 평범한 상식에 의해서도 파악가능한 것으로서 사변 철학으로서의 이론적 형이상학에 대해 우위를 가지는 것으로 정립한다. 이것이 바로 순수 이성의 본성에 의거한 초감성적인 것으로의 이행의 완성인 형이상학의 실천적-독단적 단계이다.

그런데 여기서 실천적-독단적이라는 의미는 칸트가 《순수 이성 비판》의 〈선험적 방법론〉에서 종합명제들을 주장들dogma과 가르침들mathema로 구분한 것에 따른 것이다. 《순수 이성 비판》의 설명에 따르면, 주장들은 개념으로부터 직접 이끌어 낸 모든 선천적 종합명제들을 포함하며, 가르침들은 (수학에 속하는) 개념의 구성으로부터 나온 선천적 종합명제들을 포함한다. 이런 의미에서 볼 때 신, 자유, 영혼불멸에 대한 실천적 차원의 논의들은 주장에 속하는 것이지 가르침은 아니다. 그러므로 이것들은 주장들로서 이론적-독단적 사용과 연결되어 그 의미를 가지지만, 그러나 이론적 차원에서의 이런 주장들은 무의미한 것, 혹은 월권적인 주장일 뿐이며, 실천적 차원에서의 주장들만이 도덕의 가능성에 적합한 정도의 타당성을 가진다. 이에 근거하여 형이상학에서의 초감성적인 것으로의 이행은 실천적-독단적 관점에서만 가능하며, 그 밖의 이론적-독단적 차원에서의 초감성적인 것에 대한 모든 초월적 주장은 공허하며 부당한 것으로 판결 받게 된다.

칸트는 이러한 판결에 이어 이른바 라이프니츠와 볼프의 철학에서 초월 신학적 논의들, 도덕 신학적 주장들, 그리고 이성적 심리학을 비판적으로 검토한다. 특히 초월 신학에 관한 절에서는 신의 현존을 증명하는 이른바 존재론적 증명과 우주론적 증명이 반박된다. 반박의 근거는 《순수 이성 비판》과 마찬가지로 현존이란 사물의 성질이 아니라 인식 능력이 객관과 맺는 관계만을 포함하는 양태 개념이라는 사실에 놓여 있다. 이런 검사를 통해 칸트는 라이프니츠와 볼프에 의해 이루어진 초감성적인 것으로의 모든 전진의 시도들은 실제로는 실질적인 진보가 아님을 재차 확인한다. 즉 이제까지 초감성적 대상으로 이행하려는 모든 시도들은 아무런 성과를 얻지 못한 다나오스의 딸들의 구멍 뚫린 항아리에 불과한 것이었다. 이에 반해《순수 이성 비판》에서 이루어진 성과를 토대로 하여 새롭게 형이상학의 체계를 다시 건설할 수 있게 되었다. 이것은 바로 칸트의《순수 이성 비판》이 라이프니츠와 볼프의 시대 이후에 독일에서 이룬 실질적인 성과이며, 칸트의《순수 이성 비판》에 의해 이제 초감성적인 것에 관계하는 형이상학은 오직 도덕 형이상학으로서만 가능한 것임이 확정된다.

모든 새로운 순수 이성 비판을 이전의 비판에 의해 불필요하게 만드는 발견

I.

1790년 4월에 출간된 칸트의 소논문인 〈모든 새로운 순수 이성 비판을 이전의 비판에 의해 불필요하게 만드는 발견〉(이하 〈발견〉으로 약칭함)은 할레 대학의 교수였던 요한 아우구스트 에버하르트Johann August Eberhard(1739-1809)에 의해 이루어진 칸트 철학에 대한 비판을 논쟁적으로 반박하는 칸트의 응답서라 할 수 있는 글이다. 철저한 볼프주의자였던 에버하르트는 1781년《순수 이성 비판》이 출간된 후 그의 강의에서 칸트 철학을 지속적으로 비판해 왔다. 이런 확고한 입장을 견지하고 있던 에버하르트는, 1787년《순수 이성 비판》의 재판이 출간되자, 칸트 철학에 대한 비판을 좀 더 확장시켜 많은 사람들에게 알려야 하겠다는 필요에 의해, 마스J. G. Mass, 슈밥과 함께 1788년《철학 잡지Philosophisches Magazin》를 창간한다. 이 잡지는 특히 칸트의 친구이자 동료인 슐츠J. S. Schulz에 의해, 주로 칸트의 비판철학을 널리 퍼트릴 목적으로 1785년 예나에서 간행된《일반 문헌지 Allgemeine Literatur-Zeitung》에 대항하려는 취지에서 간행되었으며, 이를 통해 그들은 라이프니츠와 볼프의 이성론의 관점에서 칸트 철학에 대한 전면적인 공격을 감행한다.

1788년과 1789년에 출간된《철학 잡지》1권에 담겨 있는 네 가지 논쟁들의 주제는 한마디로 요약하자면, 칸트의《순수 이성 비판》에서 참이라 생각되는 주장들은 모두 이미 라이프니츠 철학에서 발견되며, 그렇지 않을 경우 칸트의 주장들은 거짓이라는 것이다. 이런 주장들은 곧장 레베르크A. W. Rehberg와 라인홀트의 논평에 의해 《일반 문헌지》에서 반박되었다. 그 뒤 1790년에 에버하르트와 그의 공동 저자들은《철학 잡지》 2권을 간행하여 이 논평에 답하면서 새로운 반론들을 제시하였으며, 계속해서 1791년과 1792년에 두 권의 잡지를 간행하였다. 여기에도 여전히 칸트 철학을 옹호하는 학자들의 논지들에 대한 반론들과 특히 칸트의 〈발견〉에서 제기된 반론들에 대한 에버하르트의 응답이 포함되어 있는데, 이것은 몇 가지 새로운 비판들을 담고 있긴 하지만 대부분 이전의 논증들을 고쳐 쓴 것들이라 할 수 있다. 이후《철학 논총 Philosophisches Archiv》이《철학 잡지》의 뒤를 이어 1793년과 1794년에 2권으로 간행되었으며, 여기서도 계속해서 칸트의 비판철학을 공격했으며, 그 밖에도 자신의 독자적인 입장을 형성하기 시작한 라인홀트의 철학에도 주의를 기울여 비판했다.[4]

칸트가《철학 잡지》에서 이루어진 에버하르트의 반박에 대한 응답의 글을 쓰게 된 것은 서신 교환에 의해서였다. 물론 그 이전부터 칸트는 야콥Ludwig Heinrich Jakob[5]이나 베렌스Johann Christoph Berens[6]의 편지에 의해 에버하르트가 할레 대학에서 칸트의 비판 철학의 체계에 대해 혹독한 비판을 하면서 학생들에게《순수 이성 비판》을 읽지 못하도록 하며,《철학 잡지》를 간행하여 칸트 철학을 공개적으로 비판하기 시작했다는 것을 알고 있었다. 그러나 에버하르트의 비판에 응답하도록 한 결정적인 동인을 제공한 것은 라인홀트와의 서신 교환이었다. 라인홀트는 1789년 4월 9일의 서한에서 에버하르트의 활동에 대해 보고하면서, 에버하르트의 잘못된 해석에 의해 형성된 부정적인 결과들을 언급하고 있다. 라인홀트는 이런 잘못된 해석이 통용되지 않도록 조처를 취해야 하지만, 그렇

4. 칸트가 〈발견〉이라는 글을 쓰도록 한 동인을 제공한《철학 잡지》의 간행을 둘러싼 좀 더 구체적인 논의는 Immanuel Kant, Theoretical Philosophy after 1781, 273쪽에서 찾아볼 수 있다.

5. AK 10. 458-461. AK 11. 4-7 참조.

6. AK 10. 507-8 참조.

다고 칸트 스스로 에버하르트에 의해 야기된 논쟁에 참여하는 것은 소중한 시간과 에너지의 낭비일 것이라고 이야기하면서 직접적인 참여를 만류한다. 오히려 자신이 에버하르트의 논점을 반박할 수 있도록 몇 가지 주요 논점들에 대해 말해 줄 것을 부탁한다.[7]

칸트는 라인홀트의 편지를 받고 공공 도서관에 가서 에버하르트의《철학 잡지》를 읽게 되며, 이 잡지를 읽고 난 후 5월 12일에 매우 분노하면서 라인홀트에게 답신을 보냈다. 칸트는 "에버하르트가 다른 많은 사람들과 마찬가지로 나를 이해하지 못했다는 것은" 그리 중요한 것이 아니지만 "그가 실제로 나를 오해했으며 이해 불가능하게 만들었다"[8]고 토로한다. 여기서 칸트는 주로 분석판단과 종합판단의 구별에 관해 에버하르트의 특정 구절들을 언급하면서 이에 대해 비판적으로 논의하고 있는데, 이 논의는 〈발견〉의 두 번째 부분의 토대가 된다.

일주일 후 칸트는 다시 라인홀트에게 편지를 보내면서 앞서의 편지에서 언급했던 비판을 좀 더 구체적으로 진행시켜 논의하면서 라인홀트에게 이 구절을 그의 반박문에 사용할 것을 위임하지만, 자신은《판단력 비판》을 마쳐야 하기 때문에 이 논쟁에 직접 참여할 수 없음을 비춘다.[9] 다시 한 번 라인홀트로부터 편지를 받은 후, 9월 21일 서신[10]에서 칸트는 논쟁에 직접 참여하지 않으리라는 자신의 입장을 바꿔, 에버하르트를 반박하는 짧은 글을 준비하고 있으며 미가엘 축제(9월 29일) 때까지 완성할 것이라는 내용을 담은 편지를 라인홀트에게 보낸다. 그리고 다시 12월 1일 라인홀트에게 보낸 편지[11]에서 칸트는 에버하르트에 관한 글을 준비

7. AK 11. 18 참조.

8. AK 11. 33.

9. AK 11. 40-48 참조.

10. AK 11.88-9 참조.

11. AK 11. 111-2 참조.

중인데, 오랫동안 기다려 왔던《판단력 비판》과 함께 부활절 즈음에 보낼 예정이라고 전한다. 여기서 언급된 글이 바로 〈발견〉으로, 이 글은《판단력 비판》과 함께 1790년 4월 20일에 출간되었다.

II.

〈발견〉의 논의들은 에버하르트가《철학 잡지》에서 행한 반박의 순서에 따라 진행된다. 먼저 대응하는 감각적 직관이 주어질 수 없는 "이성의 이념"에 속하는 개념들인 충분한 근거 개념과 단순자 개념의 실재성을 증명하려는 에버하르트의 시도들을 비판하며, 다음에 종합판단과 분석판단의 구분에 대한 에버하르트의 반박에 대한 재반박 및 자신의 입장에 대한 옹호가 이어진다. 물론 칸트는 에버하르트의 논지들을 비판하면서《순수 이성 비판》의 논의틀을 넘어서는 새로운 관점을 끌어들이고 있지 않으며,《순수 이성 비판》의 관점과 근본적으로 일치하는 토대 위에서 논의를 전개하고 있다. 그러나 〈발견〉은《순수 이성 비판》의 기본적인 주장들 — 예를 들자면 종합판단과 분석판단의 구분이나 순수 지성의 개념이나 순수 직관의 근원적 획득의 이론 등 — 에 대한 좀 더 명료하거나 확장된 설명을 제공해 주고 있다. 〈발견〉에서 이루어진 에버하르트의 논의에 대한 칸트의 비판은 주로 에버하르트가《순수 이성 비판》의 기본적인 주장들을 오해하거나 의도적으로 곡해하고 있으며, 잘못된 추론들과 고의적인 혼란을 만들어 냄으로써《순수 이성 비판》의 모든 주장들을 이해할 수 없는 것으로 만들어 버렸다는 점에 놓여 있다.

먼저 에버하르트가 수행한 충분한 근거의 원칙에 대한 논의에서 칸트가 주목하는 것은 에버하르트 스스로는 충분한 근거의 원칙을 사물 전반에 타당한 선험적 원칙으로 증명했다고 생각했지만, 실제로는 충분한 근거의 원칙을 모순율로부터 증명함으로써 단지 명제들에 대해 타당한 논리적(형식적) 원칙을 증명했을 뿐이라는 점이다. 칸트는 에버하르트가 인식의 논리적(형식적) 원칙과 선험적(재료적) 원칙이 지닌 상이성을 보지 못하게 만드는 모호한 형식을 고의로 선택함으로써 자신의 문제점을 덮어 버리려 한다고 비판한다. 즉 '모든 명제는 근거를 가져야만 한다'는 것은 인식의 논리적 원칙으로 모순율로부터 귀결되는 원칙이지만, '모든 사물은 자신의 근거를 가져야만 한다'는 것은 인식의 선험적 원칙으로 결코 모순율에 의해 증명될 수 없는, 모순율을 넘어서는 원칙이다. 그런데도 에버하르트는 이런 차이를 덮어 버리기 위해 모든 사물이나 모든 명제라고 말하는 대신 '모든 것'이라는 말을 사용하여 '모든 것은 근거를 가진다'는 모호한 명제를 제시함으로써 원래는 선험적 원칙인 이 원칙을 모순율로부터 증명해 낸 척하며, 이를 통해 충분한 근거의 원칙의 선험적 타당성이 증명되었다고 큰소리친다. 칸트가 보기에 이것은 잘못된 추론에 의한 거짓 주장에 불과하다.

두 번째로 에버하르트는 현상의 최종적인 구성 요소들이지만, 그 자체로는 감성에 속하지 않는, 따라서 비감성적인 단순한 존재자들의 실재성을 증명하고자 한다. 단순한 존재자 개념에 실재성을 부여하려는 에버하르트의 시도에서 핵심을 이루는 것은 감성적인 것과 비감성적인 것 사이의 구분인데, 칸트는 에버하르트가 감성에 대한 이론을 체계적으로 오해함으로써 비감성적인 것과 감성적인 것의 차이를 선험적으로 구분하지 않고 단지 논리적으로 구분하고, 이런 구분에 의거하여 부당하게 그 자신의 증명을 수행하고자 했지만, 실제로는 아무것도 증명하지 못했다고 비판한다.

에버하르트에 의하면, 시간과 공간 혹은 감각적 직관을 구성하는 부분들 중, 어떤 감각가능한 부분도 가장 작은 부분이 아니므로 시간과 공간을 구성하는 단순한 요소들은 전적으로 감성의 영역 바깥에 있으며, 지성은 감각적 형상이 가능하지 않은 비형상적 단순자를 감성의 영역 바깥에서 발견한다. 그에 따르면, 이 단순한 것들은 감성의 형상을 형성하는 요소 표상으로 공간과 시간의 객관적 근거들이지만, 이 객관적 근거들은 감각에 의해 지각되지 않으며 오직 지성에 의해서만 명확하게 파악될 뿐이다. 그런데 칸트에 따르면, 이것은 단지 라이프니츠와 볼프에 의해 수행된 감성과 지성 사이의 논리적 구분을 통해서만 지지될 수 있는 주장이다. 라이프니츠는 감성과 지성을 단지 논리적으로 구분함으로써 감성과 지성의 차이를 정도의 차이로 간주했다. 즉 감관들은 지성이 명확하고 분명하게 파악하는 것을 모호하거나 섞갈리게 표상할 뿐이다. 이런 이론에 따르면, 우리는 시간과 공간의 요소 표상들인 단순한 것들을 감각에 의해서 명확하게, 혹은 분리해서 지각할 수 없지만, 우리의 지성은 명확하게 파악할 수 있다. 그렇기 때문에 이 단순한 것들은 지성적인 것 — 또는 에버하르트가 혼란을 일으키기 위해 의도적으로 사용한 용어에 따르면 — 비감성적인 것(비형상적인 것)이다.

그러나 이에 반해 칸트는 감성과 지성을 선험적으로 구분하며 — 즉 전혀 상이한 종류의 표상 방식으로 구분하며, 이런 칸트의 입장에 따르면 비감성적인 것은 가장 작은 부분에서조차 감각적 직관에 포함될 수 없는 것, 즉 순전히 지성적인 것이며, 이 지성적인 것(즉 비감성적인 것)은 우리의 감관에 의해 전혀 직관될 수 없는 이념적인 것으로 순전히 지성에 의해 사유된 것에 불과하다. 그러나 에버하르트는 단순한 존재자 개념의 실재성을 증명하기 위해 이 지성적인 것을 감성적인 것에서 구한다. 즉 그는 감관들의 대상들(즉 감성적인 것)에서 그것들을 구성하는 요소 표상(단순한 것)인 비감성적인 것을 찾아냈다고 억지 주장하는데, 그가 이렇게 할 수 있었던 것은 그의 논의의 밑바탕에 라이프니츠의 이론을 두고 있었기 때문이다. 에버하르트는 이처럼 라이프니츠의 이론에 근거하여 비감성적인 것을 감성적인 것에서 이끌어 낸 척 하면서, 이를 통해 단순자 개념의 실재성이 증명되었다고 주장함으로써 감성에 관한 서로 다른 설명들 사이의 차이를 모호하게 얼버무린 채 논증한다. 칸트는 에버하르트가 의도적으로 이런 혼란을 끌어들여 교묘하게 자신의 증명의 정당성을 주장하려 한다고 비판한다.

〈발견〉의 두 번째 부분에서는 분석판단들과 종합판단들의 구분에 대한 문제가 다루어진다. 이 부분은《철학 잡지》에서 이루어진 에버하르트의 비판에서 칸트가 가장 주목했던 부분인데, 에버하르트는 분석판단들과 종합판단들의 구분은 칸트에게서 기원하는 것이 아니라고 비판할 뿐 아니라 또한 그 설명 방식이 가지는 불명확성에 대해 공격한다. 에버하르트의 비판은 주로 칸트 자신의 설명 방식에 초점을 맞추고 있다. 칸트는 분석판단이란 술어에 의해 주어[로 쓰이는] 개념에 아무것도 부가하지 않고 단지 주어[로 쓰이는] 개념을 설명하는 판단이지만, 이에 반해 종합판단이란 주어[로 쓰이는] 개념에서 어떤 방식으로든 전혀 생각되지 않았던 술어를 주어[로 쓰이는] 개념에 부가함으로써 우리의 인식을 확장해 주는 판단이다. 에버하르트는 이러한 칸트의 설명을 라이프니츠의 이론에 의거하여 해석한다. 라이프니츠의 술어 이론에 의하면, 참인 명제의 술어는 명시적으로든 암묵적으로든 주어[로 쓰이는] 개념에 이미 포함되어 있다. 이에 의거하여, 에버하르트는 술어들을 본질에 속하거나 또는 개념의 내적 가능성에 속하는 그런 술어들과 개념에서 분리되는 본질 외적 징표들로 구분한다. 본질에 속하는 술어들은 본질의 구성 요소로서 본질에 속하거나 본질에서 충분하게 정초된, 본질로부터 나온 결과들로서 본질에 속하는 것인데, 이런 술어들은 개념의 본질적 부분을 형성하는 것으로 분석판단들의 술어가 바로 이런 것들이다. 이에 반해 본질 외적 징표들이란 속성, 즉 본질을 이루는 부분은 아니지만 충분한 근거의 원칙에 의거하여 본질 속에 그 근거를 가지고 있는 성질이거나 아니면 우연적인 성질이나 관계를 나타내는 징표들인데, 이런 술어들이 바로 종합판단의 술어로 쓰일 수 있는 것들이다. 특히 속성을 그 술어로 가지는 종합판단은 선천적인 종합판단들이며, 우연적인 성질이나 관계를 술어로 가지는 종합판단은 후천적인 종합판단이다. 이런 방식으로 에버하르트는 칸트의 설명을 좀 더 명확하게 설명했다고 큰소리 치면서 이런 방식의 구분이 칸트에 의해 새롭게 이루어진 독창적인 구분이 아니라는 것을 어렵지 않게 주장한다. 왜냐하면 이런 구분은 이미 볼프나 바움가르텐에 의해 이루어진 동일판단들과 비동일판단들 사이의 구분에 불과하기 때문이다. 더욱이 이처럼 해석할 경우 선천적 종합판단들을 가능한 경험의 대상들에 제한할 필요가 없기 때문에, 에버하르트는 이러한 구분이 형이상학에 대해 가지는 의미를 전적으로 부정한다.

이에 대한 칸트의 재반박은 주로 분석판단들과 종합판단들의 구분이 하나의 판단에서 주어[로 쓰이는] 개념과 술어[로 쓰이는] 개념 사이의 관계에 대한 단순히, 에버하르트의 설명이 의존하고 있는, 논리적 구분이 아니라는 점에 초점이 맞추어져 있다. 칸트는 술어[로 쓰이는] 개념이 주어[로 쓰이는] 개념의 논리적 의미에서의 본질을 형성하든 아니면 본질 외적인 속성을 형성하든 그것은 판단이 종합적인지 분석적인지를 결정하는 토대로 사용될 수 없다. 오히려 칸트가 문제로 삼는 것은 주어[로 쓰이는] 개념과 술어[로 쓰이는] 개념이 결합 가능하다는 것을 알 수 있게 해 주는 인식 근거이다. 칸트에 의하면 만일 모순율에 의거하여 술어가 주어[로 쓰이는] 개념과 결합된다면, 이때 술어가 본질인지 속성인지와는 무관하게 이 판단은 분석판단이다. 그러나 만일 이런 결합의 가능성이 경험적 직관에 의거한다면, 이 판단은 후천적인 종합적 판단이며, 이처럼 경험에 의한 인식의 확장은 언제나 경험적 직관에 의존한다. 그러나 이와는 달리 결합이 순전히 선천적 직관에 의거한다면, 이 판단은 선천적 종합판단이며, 따라서 개념을 넘어서는 인식의 선천적 확장이 문제가 될 경우, 선천적 직관이 반드시 필요하다. 이처럼 칸트는 선천적 종합판단이란 선천적인 순수 직관에 의한 것임을 명확하게 제시해 주는데, 이런 방식으로 판단들을 구분한 것은 칸트의 독창적인 구분임이 틀림없으며, 형이상학에 대해 이런 구분이 가지는 의미 역시 간과될 수 없는 것으로 드러난다.

찾아보기

ㄴ

ㄷ

ㄹ

ㅁ

ㅂ

ㅅ

ㅇ

ㅈ

ㅊ

ㅋ